레비나스, 타자를 말하다

레비나스, 타자를 말하다

초판 1쇄 발행 2023년 5월 3일
초판 2쇄 발행 2023년 6월 20일

—

지은이 우치다 다쓰루
옮긴이 박동섭
펴낸이 이방원
책임편집 박은창 **책임디자인** 박혜옥
마케팅 최성수 · 김 준 **경영지원** 이병은

—

펴낸곳 세창출판사
신고번호 제1990-000013호 **주소** 03736 서울특별시 서대문구 경기대로 58 경기빌딩 602호
전화 02-723-8660 **팩스** 02-720-4579 **이메일** edit@sechangpub.co.kr **홈페이지** http://www.sechangpub.co.kr
블로그 blog.naver.com/scpc1992 **페이스북** fb.me/Sechangofficial **인스타그램** @sechang_official

—

ISBN 979-11-6684-195-8 03160

레비나스, 타자를 말하다

우치다 다쓰루 지음
박동섭 옮김

세창출판사

한국어판 서문

여러분 안녕하세요. 우치다 다쓰루입니다. 『레비나스, 타자를 말하다他者と死者』 한국어판을 구입해 주셔서 감사드립니다. 서점에 서서 책을 들고 살지 말지 잠시 망설이는 분도 계실 것으로 생각합니다. 일단은 이 「한국어판 서문」만이라도 읽어 보고 가시길 부탁드립니다. 「한국어판 서문」을 읽고 "음…. 이것은 나하고는 관계가 없는 책이다"라고 느끼면 곧바로 서가에 돌려놓으십시오. 다음 기회에 다른 책에서 만날 수 있기를 바랍니다.

이 책은 저의 인생과업life work인 「레비나스 3부작」 중 제2부에 해당합니다. 제1부가 『레비나스와 사랑의 현상학』(갈라파고스, 2013) 그리고 제3부가 『레비나스의 시간론』[1]입니다.

1 옮긴이 주: 2023년 갈라파고스에서 출간 예정이다.

세 권 모두 박동섭 선생님의 번역으로 한국 독자의 손에 닿게 되었습니다.[2]

박 선생님의 노고에 먼저 깊은 감사의 말씀 올립니다. 정말로, 언제나 고맙습니다.

제3부인 『레비나스의 시간론』에 관해서는 이 책의 「저자후기」에서 "앞으로 쓰겠습니다"라고 예고를 했었는데요. 6년에 걸쳐 무사히 완성할 수 있었습니다. 책이 출판되기 전부터 이미 박 선생님께서 번역을 시작하신 바람에 한국 서점에서는 곧 3부작 전부를 만나 보실 수 있으리라 생각합니다.

먼저 제가 레비나스라는 철학자를 탐구하는 자세를 밝혀 두고자 합니다. 저는 레비나스 선생님을 '철학상의 스승'으로 모시고 있습니다. 제 서재의 책상 앞에는 1991년 8월에 레비나스 선생님으로부터 받은 편지가 액자 안에 보관되어 있습니다. 프랑수아 푸아리에François Poirié가 레비나스 선생님을 인터뷰한 *Emmanuel Lévinas. Qui êtes-vous?*(Édition La Manufacture, 1987)의 일본어 역본인 『폭력과 성성暴力と聖性』(国文社, 1991)[3]을 레비나스 선생님께 보내드렸는데, 이

2 옮긴이 주: 『레비나스와 사랑의 현상학』은 내가 아닌 다른 사람이 번역한 것이라고 몇 번이나 말씀드렸음에도 끝내 오해하신 듯하다. 스승이신 우치다 다쓰루 선생님의 원문을 그대로 싣기 위해 옮긴이 주를 달아 해명을 남겨 둔다.

3 옮긴이 주: 이 책 한국어판이 2022년 4월 20일, 출판사 '두번째 테제'에서 출간되었다. 한국어판 제목은 『레비나스와의 대화 – 에세이와 대담(*Emmanuel Lévinas: Essai et entretiens*)』이다.

것을 받은 선생님께서 고마운 마음을 담아, 제게 보내 주신 답장입니다.

> "당신의 일에 진심으로 감사드립니다. 저는 비록 일본어를 읽지 못하지만, 당신이 하는 일이 훌륭할 것이라 확신하고 있습니다. 당신은 나에 대해 아주 정확히 알고 계시리라 생각합니다. 프랑스에 일 혹은 관광 등으로 오실 일이 있으면 잊지 말고 파리에 있는 나를 찾아주세요. 당신에게 공감과 감사를 전합니다. 당신의 철학적 미래가 풍양하기를 기원합니다."

이 편지를 받았을 때 저는 막 40세가 되었습니다. 아직 학술적인 업적다운 업적도 없는 신출내기 불문학자였습니다. 그러니 이 답장을 읽고는 그야말로 뛸 듯이 기뻤음을 여러분도 어렵지 않게 상상할 수 있으실 테죠. 저는 그로부터 4년 전인 1987년 여름에 파리의 레비나스 선생님 댁을 방문해서 몇 시간에 걸쳐 이야기를 나눈 적이 있습니다. 선생님을 직접 뵌 건 그때가 처음이자 마지막이었습니다. 1990년에 프랑스에 갔을 때는 전화로 일정을 여쭈어 보니 선생님은 '곧 학회로 이탈리아에 가게 되어 시간이 없다'고 말씀하셨습니다. 이 편지는 그다음 해에 받은 것입니다. 1995년이 저물 무렵에 선생님이 돌아가셨기에 이것이 제가 레비나스 선생님으로부터 받은 처음이자 마지막 편지가 되었습니다. 이런 편지를 받은 제가, 일생 동안 레비나스 선생님의 철학적 업적이 얼마나 풍부한 것인가를 계속 이야기하는 것을 과업으로 삼게 된 이유는 이제 충분히 아셨으리라 생각합니다.

『레비나스와 사랑의 현상학』과 『레비나스, 타자를 말하다』, 그리고 『레비나스의 시간론—시간과 타자 읽기』는 레비나스 선생님의 묘 앞에 바친 것입니다. 돌아가신 선생님의 학문적 은혜[學恩]에 대한 제 감사의 마음을 담아서 쓴 책입니다. 이 책은 '레비나스 연구자에 의한 레비나스 철학 연구'가 아닙니다. 저는 '레비나스 연구자'가 아니라 '레비나스의 제자'이기 때문입니다. 저는 철학적인 사고방식과 용어법 대부분을 레비나스 선생님으로부터 배웠습니다. '레비나스 읽기를 레비나스 자신으로부터 배운 사람'을 '연구자'라고 부를 수 없습니다. 단지 스승이 얼마나 위대한 철학자인지를, 그것을 여러분에게 전하는 것만이 저의 일이라고 생각합니다.

그러므로 제가 쓴 레비나스론을 읽어도 아마도 여러분에게 "아하 그렇군. 그런 거였어. 이제야 레비나스를 알겠다"라며 무릎을 치는 일은 일어나지 않을 것이라 생각합니다. 그런 식으로 '레비나스를 직접 읽지 않고도 안 것 같은 느낌이 든다'는 것은 제가 가장 원치 않는 일이기 때문입니다. 제가 "레비나스는 이러이러한 이야기를 쓰고 있습니다"라고 조술하는 것은 이것을 읽은 여러분으로부터 "아, 알 것 같은 느낌이 든다"라는 말을 듣기 위함이 아닙니다. '레비나스에 대한 결착을 맺기' 위함도 아닙니다. 이야기는 오히려 그 반대입니다. 저는 이것을 읽고 "뭔가 점점 더 모르겠다"라며 머리를 부여잡고는 "자 그렇다면 내가 직접 레비나스를 읽을 수밖에 없겠군" 하고 결심하는 독자를 한 명이라도 늘리고 싶어서 책을 쓰고 있습니다.

이 책을 읽은 후, 실제로 레비나스 책을 들고 저와는 전혀 다른 읽기를 하는 독자(그리고 가능하다면 '자신의 독창적인 레비나스론을 쓰고 싶다'고 생각한 독자)가 한국에도 등장해 줄 것을 저는 진심으로 바라고 있습니다.

자, 그러면 다음은 꼭 『레비나스의 시간론』에서 만나고 싶습니다.

우치다 다쓰루

옮긴이의 말

과묵과 태만의 속사정

2019년에 작고한 일본의 문예비평가인 가토 노리히로[加藤典洋]는 우치다 다쓰루가 일본의 문단에 혜성처럼 등장했을 때의 모습을 다음과 같이 회상하고 있다.

"당시 우치다 다쓰루는 50대 중반이었는데, 불과 4년 전까지만 해도 프랑스 현대철학 기수 중 한 명인 에마뉘엘 레비나스 철학서의 번역을 통해 관심 있는 사람들에게 조금 알려진 정도의 작가였다. 그런데 어떻게 돌연 이러한 작가가 나타났을까. 아니 이렇게 묻는 것은 잘못되었다. 이렇게 바꾸어 물어야 할 것이다. 왜 이 정도로 탁월한 작가가 50세에 이르기까지 번역서 이외에는 불과 몇 권의 공저를 내는 일밖에 하지 않은, '과묵'하고 '태만'한 작가였을까? 따라서 우리는 이 시점에서 '2005년을 기점으로 그가 딱 집필활동을 그만두고 과묵하고 태만한 작가로 돌아갔다'는 사실 또한 비평사적으로 문제로 삼아야 한다고 생각한다."

우치다 다쓰루에 대한 가토의 의문과 경외를 포함한 복잡한 감정이 뒤섞인 비평에 대해 정작 우치다 본인은 별다른 반응을 보이지 않았던 것으로 알고 있다. 따라서 이 장을 빌려 우치다 다쓰루를 대신해서 가토 노리히로의 '물음'에 답해 보고자 한다. 그리고 나의 '대답'은 우치다 다쓰루가 레비나스 철학의 조술자 혹은 전도사로서 취한 '방법론'의 본질에 닿아 있을 것으로 생각한다. (희망적 관측)

우치다 다쓰루에게 잠시 빙의(?)해서 가토의 물음에 대답해 보자면, "가토 씨, 제가 글쓰기에 태만했던 가장 큰 이유는 '남자 혼자서 육아로 눈코 뜰 새 없는 시간을 보냈기 때문'입니다. 아 그리고 한 가지 더 이유를 추가하자면요…. 제가 한때 근무했던 대학에서 교무처장 일로 바쁜 나날을 보냈기 때문입니다."

그렇다. 우치다 다쓰루는 '육아'와 '학교 일'을 이유로 태연히 글쓰기를 그만두는 작가이다. 그리고 우리가 그의 레비나스론에 깊게 매료되어 배움의 쾌락에 힘입은 기쁨과 안도의 숨을 깊게 '후' 내쉬고 "맞아 맞아"라며 크게 무릎을 치는 것은 '육아와 학교 일로 집필을 그만두는 사람'이라는 그의 '삶의 태도'에 의해 담보된다고 생각한다.

우치다 다쓰루는 「우치다 다쓰루론」 집필을 위한 나와의 인터

뷰에서 이런 말을 들려준 적이 있다.

> "작가를 포함해서 많은 언론인이 '쓰는 것'에서 벗어나지 못하고 계속 '쓰면서' 자기 생각을 확산시키는 것에 대해 생각해 보면, 때로는 '쓰지 않는 것', 생계를 꾸리는 일로서 '쓰는 것', 대신에 다른 수단을 선택하는 것, 누구를 사랑하고 미워해 보는 것, 장사를 해 보는 것, 노동을 해 보는 것이 오히려 비평적 행위를 하는 데 도움이 될 것이라 생각합니다."

역시 우치다 다쓰루다. 세상일의 본질을 잘 꿰뚫어 보고 있다.

'비평성'이란 '비평'이 지적 상품으로서 시장원리를 갖는 장소에서만 성립하는 것임을 나를 비롯한 우리는 오랫동안 잊고 살고 있었다. 따라서 누군가 그러한 비평의 장이 성립하는 방식 그 자체를 묻는 '비평성'을 확보하고자 한다면 그 사람은 비평 이외에 '생활인'의 길을 먼저 확보해 둘 필요가 있다. 그리고 바로 '생활인'의 삶을 살고, 그 생활인의 자세를 견지하면서 '철학서'를 읽고, 철학을 살고, 거기서 길어 올린 지혜를 사람들에게 전파하는 행위야말로 레비나스 철학에 가까이 다가가기 위한 유일한 길이라고 생각한다.

물론 이런 생각은 나의 독창이 아니다. 바로 우치다 다쓰루의 실존적 경험이 그 사실을 잘 뒷받침해 주고 있다. 우치다 다쓰루가 레비나스 철학을 처음 접한 것은 『곤란한 자유*Difficile liberté: Essaie Sur* *le judaism*』라는 책을 통해서다. 그런데 이 책을 펼쳐서 읽어 보니 한 줄도 제대로 이해하지 못하는 자기 자신을 발견하고 당혹감을 감출 수가 없었다고 한다. 우치다 다쓰루는 석사논문 집필도 있고 해서 여하튼 필사적으로 『곤란한 자유』를 '일본어'로 번역하는 시간을 보내게 된다. 일단 문법적으로는 정확한 일본어로 번역을 하였지만 직역한 일본어 번역문을 아무리 읽어도 역시 의미를 전혀 알 수 없었다. 출판사에 번역을 약속하였으므로 2년에 걸쳐서 번역을 끝내긴 하였는데, 역자가 이해할 수 없는 것을 독자가 알 수 있을 리가 없으니 이런 번역 수준으로는 도저히 책을 낼 수 없다고 생각하고 장롱에 원고를 넣어 두게 된다.

우치다 다쓰루는 그대로 레비나스 원고 일은 잊고 다른 일에 집중하였다. 번역 원고를 잊고 있는 동안 여러 일이 있었다. 병이 나서 몸이 안 좋아지거나 가족과 다툼이 있거나 취직하거나 이혼을 하고 혼자서 육아를 하고 아이키도 수련에 집중하는 나날을 보낸다. 그러던 어느 날 오래간만에 출판사 담당 편집자로부터 연락이 와서 "번역은 어떻게 되었습니까"라고 묻는 것이다. 그래서 어쩔 수 없이 장롱에서 원고를 주섬주섬 끄집어내서 원고를 읽어 본다. 그런데 이게 웬일인지 그 난해한 내용을 조금 알 수 있는 것이 아닌가. 그 세월 동안 철학사적 지식이 늘었던 것도 아니고 프랑스어 실력이 향상된 것도 아닌데 말이다.

그러면 우치다 다쓰루가 레비나스 철학을 이전보다 조금 더 이해하게 된 원동력은 어디에 있을까? 그것은 취직이 잘 안 되었다든지, 결혼한다든지, 이혼한다든지, 그리고 혼자서 아이를 키워야 하는 일에 내몰리거나, 역으로 육아가 자식을 사랑하는 것에 대한 의미를 발견하는 계기가 되는 등 인생의 쓴맛과 단맛을 경험한 것이 레비나스 철학을 조금 이해할 수 있는 자양분이 된 것이다. 즉 사랑하거나 사랑받거나, 미워하거나 미움을 받거나, 원망하거나 원망을 받거나, 배반하거나 배반당하는 등 다양한 경험을 한 덕분에 이전보다는 조금은 어른이 된 자기 자신을 발견하게 된 것이다. 그것이 자양분이 되어 레비나스의 난해한 철학서에 대한 이해가 조금은 깊어진 것이다.

우치다 다쓰루에게 레비나스 철학이 난해하게 다가왔던 것은 어학력과 지식의 문제라기보다는 자신이 미숙한 '아이'이다 보니 레비나스와 같은 성숙한 '어른'이 말하는 것을 이해할 수 없었다는 것에 기인한다. 그는 인생을 살아 보면서 그 사실을 알게 된 것이다.

이처럼 철학자가 쓴 글을 읽는 것은 철저하게 개인적인 일이다. 읽는 이가 거기에 상처받기 쉽고 무너지기 쉬운, 그렇지만 뜨겁게 숨 쉬고 있는 신체를 밀어 넣지 않는 한, 레비나스와 같은 현자는 그 예지를 우리에게 보여 주지 않는다. 본문에도 등장하지만 레비나스는 '말하여지지 않은 것non-dit'이 개시開示되는 것은 어떤 경우인가에 관해 우리에게 아주 인상 깊은 말을 들려준다.

"해석은 본질적으로 이 간청을 포함하고 있다. 이 간청 없이는 문맥과 행간에 내재하고 있는 '말하여지지 않은 것'은 텍스트의 무게로 인해 숨이 끊어지고 문자 안에 매몰되어 버릴 것이다. 간청은 개인으로부터 발한다. 눈을 크게 뜨고 귀를 쫑긋 세우고 해석해야 할 텍스트를 포함한 에크리튀르[4] 전체에 주의를 기울이고 동시에 자신이 사는 마을에, 자신의 매일의 일에, 자신의 가

4 옮긴이 주: '에크리튀르'라는 것은 롤랑 바르트가 창안한 개념이다. 바르트는 인간의 언어활동을 세 가지 층으로 나누어서 고찰하였다. 첫 번째 층은 '랑그(langue)'로, 이것은 국어 혹은 모국어를 가리킨다. 우리는 어떤 언어집단 안에서 태어나 거기에서 언어라는 것을 배운다. 여기에 선택의 여지는 없다. 즉, 유용성을 위해 선택사항으로 주어지는 것이 아닌, 태어난 상황에 따라 형성되는 언어이다. 두 번째 층이 '스틸(style)'이다. 이것은 언어를 활용하는 데 있어 '개인적인 취향'(편견)을 가리킨다. 문장의 길이, 리듬, 음운 등 언어활동이 신체를 매개하는 이상 거기에는 생리적 심리적인 개인적 편차가 발생하는 것을 피하기는 어렵다. 어떤 음운을 기피하고 어떤 문자를 선호하고 어떤 리듬을 마음 편하게 느끼는 반응은 거의 생득적인 것이라서 개인적인 결단으로 이것을 조작할 수 없다. 이런 언어활동상의 '치우침'은 주체적 결단으로 어떻게 할 수 있는 것이 아니다. 그것이 '스틸'이다. 음운에 관해서 혹은 표기에 관한 개인적인 좋고 싫음은 누구에게나 있다. 누구도 그것에 관해서 '옳다'라든지 '잘못되었다'라는 판단은 할 수 없다. "아 그래"라고 말하는 수밖에 없다. 그것이 '스틸'이다. 그리고 세 번째 층으로서 '에크리튀르'라는 존재가 있다. 이것은 '사회적으로 규정된 언어의 사용방식'을 가리킨다. 어떤 사회적 입장에 있는 사람은 거기에 걸맞은 언어의 사용방식을 취하지 않으면 안 된다. 발성법도 어휘도 인토네이션(intonation)도 목소리의 피치(pitch)도 음량도 제식화(制式化)된다. 그것뿐만이 아니다. 언어활용에 준해서 발성법도 어휘도 인토네이션도 피치도 음량도 결정된다. 나아가 언어운용, 표정, 감정표현, 복장, 머리형, 몸동작, 생활습관, 그리고 정치 이데올로기, 신교, 사생관, 우주관에 걸쳐서까지 영향을 받는다. 중학교 2학년 학생이 소위 말하는 '노는 아이의 에크리튀르'를 선택한 경우, 그는 어휘와 발성법뿐만 아니라 표정도 복장도 사회관도 그 패키지대로 '노는 아이'로 바뀔 것을 강제당한다. '노는 아이'인데도 불구하고 일요일에는 교회를 다닌다거나 마르크스주의자라거나 레비나스를 애독하는 일은 일어나지 않는다. 그러한 선택은 개인의 자의로 결정할 수 없기 때문이다. 에크리튀르와 삶의 방식은 '세트가 되기 때문이다. 바르트가 말하고 있듯이 우리는 '어느 에크리튀르를 선택할 것인가'하는 최초의 선택의 단계에서는 자유다. 하지만 일단 에크리튀르를 선택하면 더 이상 자유는 없다. 우리는 '자신이 선택한 에크리튀르'는 수인-죄수[虜囚]가 된다. 즉 우리의 자유에 맡겨지는 것은 고작 '어느 감옥에 들어갈까' 하는 선택뿐이다.

족과 친구에 깊은 관심을 가진 개인으로부터. 간청은 그 둘도 없음을 통해서 그때마다 대체 불가능한 의미를 기호로부터 벗겨 내는 개인으로부터 발한다." (内田樹, 『最終講義』, 文春文庫, 2013, p. 227)

레비나스 철학을 만날 때 가져야 할 독자의 마음가짐에 관해서 이 이상의 말은 필요하지 않을 것이다.

'레비나스 사상'을 독해할 때 나를 포함한 독자에게 부과된 것은 다른 어떠한 독자도 거기서부터 읽어 내지 못했던 '읽기'를 '기호로부터 벗겨 내는 일'이다. 실제로 우치다 다쓰루는 레비나스가 창시한 난해한 개념 중 하나인 '존재하는 것과는 다른 방식으로' 혹은 '존재의 저편에서'라는 개념이 신체화되어 절박하게 다가온 순간을 다음과 같이 회상하고 있다.

"그 개념이 제게 절박하게 다가온 것은 아버지가 돌아가시고 아무도 없는 집에 귀가할 때마다 작은 납골과 유영을 둔 선반을 향해서 '다녀왔습니다' 하고 인사를 하고 손을 합장하는 것이 습관으로 자리 잡았을 때의 일입니다. 돌아가신 아버지는 더는 존재하지 않습니다. 그런데 나는 아버지가 말한 것, 말하려고 한 것, 혹은 아버지가 결국 말하지 않은 것에 관해서 돌아가신 후가 되어서야 비로소 몇 번이나 생각하였습니다. 그리고 그렇게 해서 나의 '해석의 대상이 된 돌아가신 아버지'가 나의 이런저런 일에 관한 판단의 규준으로서 활발하게 기능하고 있다는 것을 어느 날 자각하였습니다. 이미 존재하지 않는 자가 존재하는 것과는 다른 방식으로 살아 있는 자에게 '닿는다'는 것은 이런 일이구나 하고 크게 무릎을 쳤습니다."

'다른 사람들에게 주의를 기울이는 일'이 없이는 텍스트의 '말하여지지 않은 부분'은 열리지 않는다는 레비나스의 말을 우치다 다쓰루의 경험을 통해 비추어 본다면, '다른 사람들'이라는 말 속에는 죽은 자[死者][5]들이 포함되어 있음을 알 수 있다. 그런 면에서 본다면 우치다 다쓰루가 '레비나스의 타자론'을 말하는 이 책의 제목을 왜 『레비나스, 타자를 말하다』(타자와 사자)라고 붙였는지도 납득이 간다. 아니 포함된다고 말하는 것으로는 부족하다. 이 책의 4장과 5장이 '죽은 자'에 대한 이야기로 채워져 있다는 것을 보면 레비나스에게 있어 '타자'는 거의 '죽은 자'를 의미한다.

'존재하는 것과는 다른 방식으로 당신네는 나에게 계속 닿고 있다'는 말은 살아 있는 자로부터 죽은 자를 위해 발신되는 '진혼'의

5 옮긴이 주: 해당 번역의 원어는 '사자(死者)'이나 이를 '죽은 자'로 번역하였다. 본문이 말하는 '사자'는 '타자'의 한 형태로서, 죽어서 부재하는 존재가 아니라 여전히 존재할 뿐 아니라 산 자에게 영향을 미치는 존재를 포괄한다. 즉, 산 자와는 다른 형태로 존재하는 자를 의미한다. 우리말에서 죽은 자를 지칭하는 표현인 '망자' 등으로 번역하지 않은 이유 또한 일상적으로 쓰이는 용어와 표현을 분리함으로써, '사자'가 단지 '죽어 없어진 자'가 아니라 '산 자와는 다른 양태로 다르게 존재하는 자 혹은 존재하는 저편에 있는 자'라는 의미를 강조하기 위함이다.

말 이외에 또 무엇이 있을까. 제2차 세계대전 후 600만 명의 동포의 죽음 후에 살아남은 유대인이었던 레비나스에게 있어 '진혼' 이외에 긴급한 과제가 있을 리가 없었을 것이다.

레비나스는 '윤리'를 말한다. 물론 그 윤리란 우치다 다쓰루가 몇 번이나 강조하고 있듯이 '사변'이 아니다. 그것은 '동포들과 함께 사는 방법'을 의미한다. '함께 사는' 동작 안에 죽은 자들도 애써 불러들일 필요가 있다. 레비나스는 그렇게 생각했다. 그렇게 생각하지 않으면 홀로코스트 후에도 살아남을 수가 없다.

본문에도 자주 등장하지만, 후설 현상학에서 '타아'에는 '죽은 자'가 포함되어 있다. 죽은 자들은 우리와 함께 대상의 초월론적 구성에 참여하고 있다. 하이데거 존재론에서 '공존재'에는 '죽은 자'가 포함되어 있다. '공존재는 타자라는 것이 사실 수준에서 존재하지 않고 그로 인해 지각되지 않더라도 실존론적으로 현존재를 규정하고 있다.' (マルティン・ハイデッガー,『存在と時間〈上〉』, 細谷貞雄 訳, 筑摩書房, 1994)

이처럼 죽은 자들과 함께 우리는 세계를 만들고 있다는 기본적 입장에서 레비나스는 확실히 후설과 하이데거의 학통을 이어받고 있다.

여기서 '타자―죽은 자'라는 언명을 이해하기 위해서는 논리적인 가교가 필요할 것 같다. 그것은 후설이 말한 '타아'와 레비나스가 말한 '타자'는 어떻게 다른가에 대한 설명을 버팀목으로 삼는 일이 될 것이다. 통상 우리는 '타자'라는 말을 '멀리 있는 사람', '나와 떨어져 있는 사람', '경계선 너머에 있는 사람', '나와 말이 잘 통하지 않는 사람'이라는 식으로 이해하고 있다. 한편으론 이러한 이해 방식도 유용하지만 한 가지 난점이 있다. 그것은 이러한 규정이 모두 '공간적 표상'에 의거하고 있다는 것이다. 후설의 '타아'에 대한 설명은 '집'과 '책상', 그리고 '주사위' 등과 같은 대상을 사용한 탁월한 비유로 이루어지는데 이러한 것들은 모두 '어떤 공간을 점하고 있는 물체'이다. "내가 '집 앞면'을 보고 있을 때 나는 그것을 '집 앞면'이라고 확신하고 있다. 어떻게 확신할 수 있는가 하면 내가 터벅터벅 걸어서 집 옆쪽으로 돌면 '집 옆면'이 있고 조금 더 돌아가면 '집 뒷면'이 있고 사다리를 걸치면 '집 지붕'이 보이고 마루 밑으로 들어가면 지하실이 보인다"는 사실에 관해 흔들리지 않는 확신이 있기 때문이다. '거기에 가면 그러한 것이 보인다'는 확신이 있으므로 나는 내가 지금 보고 있는 것이 집의 '앞면'이라고 판단할 수 있다. 이 상상 속에 상정된 '거기에 가서 집을 옆 혹은 뒤에서 보고 있는 나 아닌 나', 그것이 '타아'다. 내가 세계를 앞에 두고 '나'로서 자기를 규정할 수 있는 것은 무수한 이 '상상 속의 나', 즉 타아들과의 공동작업을 전제로 하고 있기 때문이다. 그래서 후설은 '모든 주관성은 그때마다 늘 공동주관성이다'라고 말했다. 그리고 후설의 '타아론'의 핵심은 바로 다음 설명에 있다.

이 타아들은 현사실적으로 존재할 필요가 없다. 타아는 일종의 '가상적인' 기능에 지나지 않는다. 그래서 설령 나 외의 세계 모든 사람이 페스트로 다 죽었다고 해도 '세계는 존재한다'는 나의 확신은 흔들리지 않는다. 그때 내가 "뭐라고…. 드디어 인류가 다 죽고 나 혼자만 살아남은 거야. 이것 참 어쩌지…"라고 독백했을 때, 그 말을 들어줄 사람이 한 사람도 없는 세계에서 그 말이 발화되고 있음에도 나는 한국어 통사법에 기초해서 한국어의 음운을 이용해서 '듣는 이가 제대로 들을 수 있는 말'로 할 것이다. 그것 이외의 말하는 방법을 나는 모르기 때문이다. 즉, 타아는 현사실적으로 존재하지 않아도 계속 '타아'로서 기능한다. 레비나스가 후설의 타아론에서 특히 착목한 것은 이 점이다.

레비나스가 현상학을 조술할 때 특히 강조한 것은 '거기에', '이미 있었던 자/아직 있지 않은 자'도 또한 '지향적 대상'일 수 있다는 눈이 휘둥그레지는 탁견이었다. 나는 거기에 '이미 있었던 자/아직 있지 않은 자'에 의해 영향을 받는다. '이미 있었던 자/아직 있지 않은 자'가 자아의 동일성을 기초 짓고 '내'가 말하는 것을 조율하고 그 통사법과 음운과 어휘를 정하는 일이 있을 수 있다. 아니, 레비나스라고 하면 이렇게 말하였을 것이다. '내'가 존재하는 것은 원래 '그런 일'이다. '세계에서 마지막으로 살아남은 인간'이 된 내가 그럼에도 현사실적으로는 존재하지 않는 '타아'들과의 공동주관성 속에서밖에 살 수 없듯이 나는 거기에 '이미 있었던 자/아직 있지 않은 자'와의 관계 속에서만 '나'인 것이다.

레비나스는 그런 '현사실적으로 존재하지 않음에도 존재하는 나에게 관계를 맺는 자'를 단적으로 '타자'라고 불렀다. '이미/아직'이라는 부사가 잘 보여 주듯이 레비나스의 '타자'는 공간적으로 떨어진 실존자를 의미하는 것이 아니라, '시간적으로 떨어진' 점을 두드러진 특징으로 한다. 후설은 인간이 집의 앞면과 옆면을 동시에 인식할 수 없음에도 '보이지 않는 것'을 '보이는 것'과 동시에 인식하지 않고서는 애당초 '보는' 행위가 성립하지 않음을 지적하였다.

후설의 지향성은 '동시에 다른 장소에 있는 것'을 목표로 한다. 반면에 레비나스의 지향성은 '다른 때에 똑같은 장소에 있는 것'을 목표로 한다. 내가 '여기'에 오기 전에 먼저 '여기'에 있었던 사람, 내가 '여기'로부터 떠난 후에 '여기'에 올 사람, 레비나스는 그러한 '시간차'에 의해 구축되는 공동주관성의 파트너를 '타자'로 불렀을 것이다. 그래서 레비나스의 '타자'를 공간적 표상을 이용해서 기술하려고 하는 모든 시도는 원리적으로 실패의 좌절을 맛보게 된다. 타자는 나와는 다른 시간의 흐름 속에 속해 있어서 '존재하는 것과는 다른 방식으로' 내 생각과 감각에 계속 닿고 있다. 그래서 '타자란 죽은 자다'라는 우치다 다쓰루의 대담한 가설을 그대로 받아들이면 레비나스의 타자론은 그 생생한 모습을 우리에게 보여 준다고 할 수 있다.

반면, 후설과 하이데거의 죽은 자들은 어떤 의미에서 '조용히 죽어 있다.' 좀 과격한 표현을 사용하자면 '현사실적으로 유용한' 방식으로 죽어 있다. 그것은 예를 들면 하이데거가 제국을 위해 목숨을 바친 독일 젊은이를 표창하는, 뽐내는 말투에서도 찾아볼 수 있다.

그런데 레비나스의 죽은 자들은 그것과는 다르다. 죽은 자들은 '타아'와 '공존재'로서의 세계의 구성에 참여하고 살아 있는 자들을 위해서 세계의 의미에 두터움을 가져다주는 것과 같은, 이른바 유용한 일을 하기보다도 레비나스에게는 먼저 그 아픔과 슬픔을 진정시키지 않으면 안 되는 자로서 절박하게 다가온다. 에마뉘엘 레비나스 철학은 홀로코스트를 경험한 20세기 유럽에서밖에 나올 수 없는 사유였다. 그러한 역사적 상황이 레비나스 철학의 출현을 요청한 것이다.

하이데거의 존재론에 의하면 죽은 자들은 끝나지 않는 고통과 절망 속에서 '존재하지 않는다'는, 이른바 '존재론의 어법'에 묶인 존재로서 강제당한다. 레비나스는 그들로 하여금 '어법의 우리'에서 벗어나게 하기 위해 죽은 자들을 '존재하는 것과는 다른 방식으로' 진혼하지 않으면 안 된다고 본 것이다.

철학자 레비나스의 '둘도 없음'은 이 긴급한 책무를 자신의 철학 주제로서 받아들인 점에서 존재한다. 그리고 그런 '둘도 없는' 철학을 많은 사람이 읽고 이해할 수 있도록 자신의 언어로 생명을 불어넣고 복원시켜 놓은 철학자 우치다 다쓰루의 '둘도 없음' 덕분에 우리는 2023년 현재에도 레비나스 철학의 '대체 불가능성'에 닿을 수 있는 것이다.

박동섭

저자서문

이 책은 라캉의 정신분석 사상을 가져와서 레비나스 사상을 독해하려는 시도입니다. 레비나스와 라캉 사상 사이에는 꽤 두드러진 친근성이 있다는 것을 자각한 것은 비교적 최근의 일이었습니다. 계기는 「레비나스와 라캉」이라는 제목이 붙은 영문 연구서의 타이틀을 본 것에 있습니다.

『레비나스와 라캉의 어긋난 만남*Levinas and Lacan, The Missed Encounter*』(Sarah Harasym ed., State University of New York, 1998)이라는 제목을 본 순간(책 내용은 읽지 않고) 제 안에서 그때까지 여기저기 흩어져 있던 여러 데이터가 '탁탁탁탁' 소리를 내면서 연결되기 시작했습니다.

"아 그렇구나. 이 두 사람은 '그런 관계'였구나" 하고 무심코 무릎을 치고 말았습니다.

그런데 '무릎을 친 것'과 '이해한 것'은 다른 일입니다. '무릎을 쳤다'는 것은 지적인 경험이라기보다는 오히려 뭔가 '사태의 조리'가 보이는 듯한 느낌, 일종의 신체적인 경험입니다.

"아아 그런 거였구나!"
"뭐가 그렇단 말이야?"
"그건 말이지…."

이와 같은 형식으로 긴 이야기를 하나 하지 않으면 "아아 그런 거였구나!"의 '그런 거'는 말이 되지 않습니다. 그리고 말이 끝날 때까지 말하고 있는 당사자도 자신이 무엇을 '본' 것인지 알지 못하는 것이죠.

레비나스, 그리고 라캉과 같은 스케일의 사상가가 생각하는 것은 마치 긴 '선체'를 가진 배와 비슷합니다. 먼저 뱃머리가 보이고 그것이 시야를 통과해서 꽤 시간이 지나고 나서야 이윽고 배꼬리가 보이는데 그때는 이미 뱃머리는 시야 바깥에 있습니다.

거대한 스케일의 사상에 관해서는 우리 같은 보통 사람은 결코 '한눈에 내려다보듯이' 말할 수 없습니다. 거기에는 아무래도 '시간'이라는 요소가 필요합니다. 긴 시간을 들여 사고의 역정歷程을 더듬는, 인내심 강한 작업이 필요합니다. 읽기 시작했을 때는 그 의미를 몰랐던 개념이 신체화되고 그때까지의 상식이 허물어져 가는 자기 변화의 프로세스를 경험하지 않으면 안 됩니다.

영미 계열의 학술논문을 보면 먼저 '서론'에서 '전체의 구성'이 나옵니다. 그러고 나서 정연하게 논증을 진행하는 식으로 포맷이 정해져 있습니다. '서론'에서 전체 구성이 제시되지 않으면 논문으로서 평점을 받을 수 없죠. 그런 형식으로는 글쓴이가 전체를 통제하지 못한다고 판정받기 때문입니다.

확실히 그럴지도 모릅니다. 아마도 대부분의 학술논문은 영미식의 중추적인 지적 통제를 따라야 해서, 그렇지 않은 경우는 글쓴이의 지력이 부족하다고 판단합니다.

그러나 세상에는 '그런 식으로' 쓸 수 없는 주제도 드물게 존재합니다. 레비나스와 라캉에 관해서 논하는 경우가 그렇습니다. 이러한 위대한 사상가를 상대로 하면 논의의 출발점에서 "나는"이라고 말하는 논술의 주체가 논의가 진행됨에 따라 점차 변화를 거듭해서, 논의의 종점에 이르게 되면 쓰기 시작했을 때와는 '다른 사람'이 되고 마는 일이 일어나기 때문입니다.

그 사태를 다음과 같이 말할 수도 있을 것입니다. 논술 주체 자신의 변화 없이는 앞으로 진행할 수 없다는 사실 안에 이러한 위대한 사상가의 '위대성'이 있다고도 말할 수 있습니다.

제가 앞에서 '시간'이라는 요소를 강조한 것은 그 사실을 말씀드리고 싶었기 때문입니다.

위대한 책이 위대한 것은 그것이 우리에게 윤택한 학술정보를 제공하고 우리를 지적으로 풍성하게 만들어 주기 때문이 아닙니다. 오히려 그들의 책을 읽는 경험은 우리를 일시적으로 혼돈 상태에 몰아넣습니다. 그런데 그런 경험, 즉 망연자실과 현기증을 경험시키는 것이 위대한 책이 지닌 진정으로 교육적인 힘입니다.

제가 이 책에서 다루는 것은 그런 종류의 사상적 논건입니다. 그래서 저는 이 '저자서문'에서 이 책의 전체상을 예고할 수가 없습니다. 만약 '저자서문'을 쓰고 있는 저와 이 책의 '저자후기'를 쓸 때의 제가 학술적인 지평에서 동일 인물이라면 아마도 이 책을 쓰는 의미가 없을 것입니다.

지금 이 책에서 다룰 두 사람의 사상가에 관해서 '저자서문'을 써 내려가고 있는 제 자신이 말할 수 있는 것은 "그들이 정말로 무엇을 말하고 싶은지 나는 잘 모른다"는 것뿐입니다.

저는 레비나스에 관해서 꽤 오랫동안 집중적으로 독서를 해왔지만, 아직도 레비나스가 '정말로 무엇을 말하고 싶은지' 잘 모릅니다. 라캉에 관해서는 레비나스보다 더욱더 무엇을 말하고 싶은지 모르겠습니다.

그럼에도 '모르는 두 사람'의 저서를 번갈아 가며 읽다 보니 저는 제 자신이 '똑같은 종류의 난해함'을 상대하고 있다는 것을 자각하였습니다. 그 속에 '저는 이해할 수 없는 것'이 있었습니다. 그것이 단 하나뿐이라면 어찌할 방도가 없었을 것입니다. 그러나 '똑같은 종류의 이해할 수 없는 것'이 두 개 있으면 이야기는 달라집니다. '공통된 알 수 없음'이 독해의 단서를 제공해 주기 때문입니다.

엉클어진 매듭을 풀 때와 똑같이, 난해한 사상을 이해하는 일에 착수할 때는 어딘가 한 곳이라도 풀 수 있는 곳을 찾아서 거기서부터 풀어 나가야 합니다. 저는 "아, 여기는 풀릴 것 같다"라는 느낌을 조금 전에 '무릎을 쳤다'라는 표현으로 기술하였습니다.

그 후에 어떻게 될지는 아직 미지수입니다. 다음 매듭에서 또 우왕좌왕할지도 모르고 조금 더 풀려 나갈지도 모르죠. 제 읽기는 '고르디우스의 매듭'을 단칼로 베어 버리는 읽기와는 꽤 다릅니다.

'고르디우스 매듭'이란 고대 프리기아의 왕 고르디우스가 만든 복잡하고 기괴한 매듭으로, 이것을 푼 자는 아시아의 패자가 되리라는 예언과 함께 전해졌습니다. 알렉산더 대왕은 아무도 풀지 못한 매듭을 자신의 검으로 단칼에 끊어 버렸고, 예언대로 아시아의 패자가 되었습니다.

난해한 사상을 해설할 때 많은 사람은 '알렉산더 대왕의 검'을 꺼내려 하곤 합니다. 이를테면 레비나스를 읽을 때 마르크스주의 이론과 페미니즘의 텍스트론을 적용하는 것은 '알렉산더의 검'으로 해결하는 것과 비슷합니다. 그것으로 매듭은 분명 훌륭하게 잘릴 테죠.

마르크스주의적 읽기로는 레비나스는 '부르주아 시오니스트'에 지나지 않고 페미니즘적 읽기로는 '부권父權주의적 성차별주의자'에 지나지 않습니다. 이런 분류를 믿는다면 레비나스의 '이해하기 어려운 사고'는 모두 '망언'으로 물리칠 수 있습니다. '알렉산더의 검' 같은 논리는 단순하고 명쾌합니다. 그러나 그러한 '이해'로 우리가 얻는 것과 잃는 것 중 어느 쪽이 많은가 고민해 볼 필요가 있습니다.

'이야기를 간단하게 하는' 읽기는 종종 '축소하는 읽기'가 될 수밖에 없습니다. 지적 거인의 스케일을 가능한 한 작게 만들어 뽑아낼, 지적 자원을 최소화하는 읽기로 우리 세계가 얼마나 풍부해질지 저는 잘 모르겠습니다.

분명히 쾌도난마식 읽기가 가져오는 호쾌함과 전능감이 우리에게는 때로 필요합니다. 그런데 호쾌함과 전능감을 욕망하는 것은 우리가 현명하고 강한 인간이기 때문이 아니라 별로 현명하지도 강하지도 않은 인간이기 때문입니다. 그 원인과 결과의 관계만큼은 기억해 두시기 바랍니다.

만약 우리에게 얼마간의 인간적 향상심이 있다면 '이야기를 간단히 처리하기'를 자제하는 것도 때로는 필요합니다. 제가 이야기를 간단히 처리하기를 자제한다고 해서 곤란할 사람은 (이렇게 머리 아픈 이야기를 듣고 있는 '당신'을 제외하면) 어디에도 없습니다.

그래서 제가 이 책에서 채택하는 방법은 '이야기를 간단하게 하는 읽기'가 아니라 오히려 '이야기를 복잡하게 하는 읽기'입니다. '이야기를 앞으로 진행하는 것'과 '이야기를 간단하게 하는 것'은 비슷하게 보이지만 다릅니다. '이야기를 간단하게 하면' 정리되지 않았던 것이 '이야기를 복잡하게 함으로써' '앞으로 진행되는 경우'가 있습니다.

예를 들면 두 가지 의견이 타협의 여지 없이 대립해서 합의에 이르지 못할 때 "자, 양론병기로 하자"라고 말하는 것은 어른 세계에서 까다로운 논의를 마칠 때 사용하는 방편입니다. 왜 '양론병기'가 문제 해결과 연결될까요? "그런 것은 그냥 문제를 뒤로 미루는 것이 아닌가"와 같은 반론도 있을 것입니다. 그런데 그것은 '단견'입니다. 그렇게 말하는 분은 중요한 요소를 하나 빠트리고 있습니다.

바로 '시간'이죠.

앞의 비유를 가져와 보면 비타협적인 대립은 '뱃머리만 보이고 배꼬리는 보이지 않는' 국면에서만 발생합니다. 외교정책도 그렇고 경제정책도 그렇고 논의가 격하게 대립하는 것은 거기에 '미래예측'이 관련되어 있기 때문입니다. 미국은 언제 어떤 식으로 추락할까? 중국의 민주화는 어떻게 될까? 러시아의 내셔널리즘은 어떻게 될까? 앞일을 확언할 수 있는 사람은 어디에도 없습니다.

그런데 특정한 미래예측을 계산에 넣지 않으면 외교에 관해서도 내정에 관해서도 의견을 말할 수 없습니다. '모르는 것'을 안건으로 들여놓고 논의를 한다면 비타협적인 논의가 됩니다. 그래서 '시간'이 지나고 '배꼬리'가 보이면 종종 힘들이지 않고 양론 사이의 합의는 달성되곤 합니다.

제가 이 책에서 시도하는 것은 그것과 비슷합니다. 레비나스라는 '무엇을 말하고 있는지 잘 모르겠는 사상가'가 하는 말과 라캉이라는 '무엇을 말하고 싶은지 더욱더 잘 모르겠는 사상가'의 말을 양론병기하다 보니 어느샌가 합의가 이루어지기를 기다리는, 시간이 걸리는 독해 전략인 것입니다.

제게 그런 전략이 정말로 유효한지 아닌지 자신이 있는 것은 아닙니다. 그러나 이 시도가 잘 되지 않더라도 그것으로 잃어버리는 것은 저와 독자의 시간뿐이고 독자가 자신의 귀중한 시간을 어떻게 낭비하시든 저는 그것에 대해 말참견할 처지에 있지 않습니다.

우치다 다쓰루

인용문헌 약어

AQE: Emmanuel Lévinas, *Autrement qu'être ou au-delà de l'essence,* The Hague, Martinus Nijhoff, 1974: (『存在するとは別の仕方であ るいは存在することの彼方へ』, 合田正人 訳, 朝日出版社, 1990/『存在の彼方へ』, 合田正人 訳, 講談社学術文庫, 1999)

DDQV: Emmanuel Lévinas, *De Dieu qui vient à l'idée,* Paris, Vrin, 1982: (『観念に到 来する神について』, 内田樹 訳, 国文社, 1997)

DL: Emmanuel Lévinas, *Difficile liberté: Essais sur le judaisme,* Paris, Albin Michel, 1963/1976: (『困難な自由』, 内田樹 訳, 国文社, 1985)

EC: Jacques Lacan, Écrits I, Paris, Seuil, 1966

EDE: Emmanuel Lévinas, *En découvrant l'existence avec Husserl et Heidegger*, Paris, Vrin, 1949: (『フッサールとハイデガー』, 抄 訳, 丸山静 訳, せりか書房, 1977/『実存の発見』, 佐藤真理人, 小川昌宏, 三谷嗣, 河合孝昭 訳, 法政大学出版局, 1996)

EE: Emmanuel Lévinas, *De l'existence à l'existant*, Paris, Vrin, 1947/1971: (『実存から実存者へ』, 西谷修 訳, 朝日出版社, 1987/講談社 学術文庫, 1996)

EI: Emmanuel Lévinas, *Éthique et infini, dialogues avec Philippe Nemo*, Paris, Librairie Arthème Fayard et Radio-France, 1982: (『倫理と無限』, 原田佳彦 訳, 朝日出版社, 1985)

EL: Emmanuel Lévinas et François Poirié, *Emmanuel Lévinas. Qui êtes-vous?* Paris, Babel, 1996: (エマニュエル・レヴィナス & フランソワ・ポワリエ,『暴力と聖性』, 内田樹 訳, 国文社, 1991)

QLT: Emmanuel Lévinas, *Quatre lectures talmudiques*, Paris, Minuit, 1968: (『タルムード四講話』, 内田樹 訳, 国文社, 1987)

TI: Emmanuel Lévinas, *Totalité et Infini - Essai sur l'extériorité*, The Hague, Martinus Nijhoff, 1961/1971

차례

제1장

앎[知]에서 욕망으로

1. 난해하다는 것은 무슨 의미인가?

레비나스에 관해서도 라캉에 관해서도 어떤 예비지식도 없는 사람이 태어나서 처음으로 두 사람의 저작을 펼치고 수 페이지를 읽은 후에는 어떤 감상을 말하게 될까요. 이것에 관해서라면 저는 거의 100% 확률로 예언할 수 있습니다. 그것은 '무엇이 쓰여 있는지 전혀 알 수 없다'라는 것입니다.

알 수 있을 리가 없습니다. 아니, 아는 것이 오히려 이상한 것입니다. (그 증거는 나중에 제시하겠습니다.) 만약 '처음 읽었을 때부터 술술 읽혔다'고 말하는 사람이 있다면 그 사람은 그 저서를 펼쳐서 읽기 전에 이미 레비나스와 라캉의 사상과 방법을 필요할 때 마음대로 이용할 수 있는 사람일 것입니다. 그런 사람은 물론 이런 초심자를 위한 해설서를 집어 들 리가 없으므로 그것은 '당신'은 아닐 것입니다.

왜 제가 이렇게나 단정적으로 '알 수 있을 리가 없다'라고 단언하는가 하면 그것은 레비나스와 라캉 모두 의도적으로 독자가 '알지 못하도록' 쓰기 때문입니다. 저자가 '일부러' 알지 못하도록 쓴 것을 독자가 술술 읽을 수 있을 리가 없지 않은가요.

부조리한 이야기로 들릴 수 있을 테지만 이것은 사실입니다. '무엇을 말하고 싶은지 독자가 알지 못하도록 쓴다'라는 확신범確信犯적인 '텍스트 퍼포먼스'라는 것이 확실히 존재하는 것이죠.

도대체 왜 그런 일을 하는 것일까요?

어려운 텍스트에 '무엇이' 쓰여 있는지를 알아맞히는 일은 곤란하지만 '왜' 그런 식으로 쓰는지를 맞히는 것은 그만큼 어려운 일이 아니기 때문입니다.

알기 어렵게 쓰는 사람에는 두 종류가 있습니다.

하나는 '어려운 것을 말하는' 것을 자신의 지적 위신의 일부라고 생각하는 사람들입니다. 이 사람들이 쓰는 것은 자신의 박학다식을 뽐내기 위함으로 "나는 똑똑하다"라는 것 이외에는 독자를 향해서 특별히 전하고 싶은 메시지가 있는 것이 아닙니다. 이런 책은 사뿐히 흘려 읽으면 됩니다.

물론 레비나스와 라캉의 난해함은 그러한 자신을 뽐내고 장식하기 위한 난해함이 아닙니다. 이 사람들이 애써 '무엇이 쓰여 있는지 알지 못하도록 쓰는 것'은 그들에게 '말하고 싶은 것'이 있다기보다는 독자에게 '뭔가를 시키기' 위함입니다.

제가 보는 한 그들은 다음과 같은 독자의 물음을 불러일으키려고 일부러 알기 어렵게 쓰는 것입니다. "당신은 '무엇을 말하고 싶은지 모르겠는 문체로 글을 씀으로써' 내게 무엇을 말하고 싶은가?" 이것은 라캉 자신이 '아이의 담화'라고 이름 붙인 '물음의 형식'입니다.

라캉은 '아이의 담화discours'에 관해서 다음과 같이 썼습니다.

> '타자'의 욕망은 주체에 의해서 뭔가 제대로 수납되지 않는 것으로서, 타자의 담화의 결여로서 포착된다. 아이가 말하는 모든 "왜?"는 세상일이나 현상의 이유를 찾는 탐욕스러움을 증언하고 있다기보다도 오히려 그것은 어른을 시험하는 것, 즉 이른바 "왜 그 말을 나에게 하는가?"와 같은 물음이다. (ジャック・ラカン, 精神分析の四基本概念,『主体と〈他者〉』小出浩之 他訳, 岩波書店, 2000, p. 186)

잘 아시는 바와 같이, 아이는 어른의 긴 설교 도중에 갑작스럽게 신경이 곤두서서 "그래서 무엇을 말하고 싶은 거야?"(so what)와 같은 통렬한 반문으로 말문을 막는 경우가 있습니다.

아이가 이런 물음을 던지는 것은, 아이가 어른들이 말하는 말의 표층적인 의미 밑에 '말로 할 수 없는 욕망'이 잠복해 있다는 것을 직감하기 때문입니다.

“그래서 무엇을 말하고 싶은거야?”와 같은 간단명료한 물음에 종종 어른들은 놀라곤 합니다.

어른의 그런 당황한 모습을 보고 아이는 개가를 부릅니다. 어른에게 선수를 쳤다고 생각하는 것입니다.

그런데 정말로 아이의 반문은 어른의 전후 모순된 말을 통격했다고 할 수 있을까요?

프로이트가 자주 인용하는 유대인 조크에 다음과 같은 것이 있습니다.

열차 안에서 한 명의 유대인이 또 한 명의 유대인에게 물었다.

A 유대인: 어디까지 가는거야?

B 유대인: 렘부르크.

그러자 A유대인이 화를 내면서 다음과 같이 말했다.

A 유대인: 도대체 왜 당신은 진짜로는 렘부르크에 가면서 크라우카에 간다고 다른 사람에게 믿게 하려고 ‘렘부르크에 간다’고 말하는 거야!!!

이것은 바로 ‘아이의 담화’의 본질을 꿰뚫고 있는 조크입니다.

화를 잘 내는 유대인은 (나이와 관계없이) ‘아이’입니다. 왜냐하면 그는 "당신은 그렇게 말함으로써 무엇을 말하고 싶은 거야?"와 같은 '아이의 물음'을 타인에게 던지는 것을 '지적인 행위'라고 생각하고 있기 때문입니다.

그의 경험은 인간은 진짜 목적지(즉 욕망의 진정한 소재지)를 타인에게 간파당하지 않도록 '진짜 목적지와는 다른 지명'을 타인에게 말한다고 가르쳐 주고 있습니다.

그러나 다른 사람에게 앞지름을 당하지 않도록 늘 신경 쓰고 있는 이 의심 많은 유대인은 이 자기 나름의 재치에 의해서 "렘부르크에 간다"고 말한 유대인을 앞질렀을까요?

이 소화笑話의 진짜 해학성은 상대를 앞질렀음이 틀림없다고 생각하는 인간은 늘 앞지름을 당한다는 역설 안에 존재합니다.

'인간은 늘 정말로 말하고 싶은 것과는 다른 것을 말한다'고 굳게 믿고 있는 이 의심 많은 유대인은 그에게 질문을 받은 상대가 의심받는 것을 미리 내다보고, 진실을 말해서 타인을 속일 가능성에 곧바로 생각이 미치기 때문입니다. 그리고 그때도 또한 그는 똑같은 물음의 말을 입에 담을 수밖에 없습니다.

'진실'을 말함으로써 당신은 나에게 '진짜'로는 무엇을 말하고 싶은 걸까요?

왜 라캉은 이러한 물음의 형식을 '아이의 담화'라고 명명했을까, 여기서 우리는 그 이유를 알게 됩니다.

아무리 통렬하게 어른이 설명하는 틈을 이용해서 치고 들어와도 '아이의 물음'은 어차피 '아이의 물음'입니다. 아이는 다름 아닌 '아이의 물음'을 발함으로써 어쩔 도리 없이 자신이 '아이'라는 처지에 머물러 있다는 것을 그대로 드러내고 맙니다.

'아이의 물음'이란 일단 그것을 발한 후에는 물음이 던져진 해당 '수수께끼'를 결코 따라잡을 수 없도록 구조화된 물음을 의미합니다. 말을 바꾸면 '수수께끼'에 대해서 숙명적으로 뒤처짐을 경험하게 되는 것, 그것이 '아이'의 정의입니다.

'아이'의 정의를 알면 '어른'의 정의는 자동으로 알 수 있습니다. 그것은 자신 앞에 있는 사람에게 '아이의 물음'을 발하게 하는 방법을 알고 있는 사람을 의미합니다. 뭔가를 말할 때 그때마다 "이 사람은 이렇게 말함으로써 무엇을 말하고 싶은가?"와 같은 의문을 청자 안에 불러일으킬 수 있는 사람을 의미합니다. '어른'은 지금 말하고 있는 바로 그것과는 다른, 좀 더 깊은 욕망에 관련된 것에 귀를 기울이도록 '아이'를 유도합니다.

레비나스와 라캉은 그러한 '일부러 알기 어렵게 쓰는' '어른'입니다. 그들이 양산하는 '사악할 정도로 난해한 텍스트'가 노리는 것은 "당신은 그러한 난해한 텍스트를 씀으로써 무엇을 말하고 싶은가?"하는 '아이의 물음'으로 독자를 유도하는 것입니다. 그리고 그 물음을 발한 바로 그 순간에 독자는 '텍스트의 의미'가 아니라 '글쓴이의 욕망'의 정체를 묻는, '쫓는 자'의 포지션에 스스로 (자발적으로) 몸을 두게 됩니다.

즉 텍스트의 의미를 좇는 읽기에서 글쓴이의 욕망을 좇는 읽기로 이행하게 됩니다. 레비나스와 라캉이 '알기 어렵게 씀으로써' 독자에게 시키려고 하는 것은 바로 그 일입니다.

2. 물음의 반려

"난해하다", "난해하다"라고 반복해서 썼는데 독자 중에는 그것을 믿지 않는 분들도 계실지 모릅니다. 말論보다는 증거일테죠. 두 사람의 문장을 조금만 읽어 보시기를 바랍니다. 이야기는 그다음입니다. 먼저 레비나스부터 살펴보겠습니다.

> 말하는 것, 그것은 타자를 아는 동시에 자신을 타자에게 알게 하는 것이다. 타자는 단지 알려지는 것뿐만 아니라 인사를 받는다. 타자는 지명될 뿐만 아니라 그 조력을 구해서 부름을 당하게 된다. 문법 용어를 사용해서 말하자면 타자는 명격名格에서가 아니라 호격呼格에서 출현한다.[6] 나는 단지 타자가 나에게 어떤 존재인가뿐만 아니라 그것과 동시에, 아니 그것보다 이전에 내가 타자에게 어떤 존재인가를 사유한다. 타자에게 어떤

개념을 들이대거나 타자를 이런저런 명칭으로 지명할 때 나는 이미 타자를 갈구하고 있다. 나는 아는 것뿐만 아니라 관계한다. (*DL*, p. 20)

'뭐야?!? 조금도 어렵지 않잖아'하고 이야기하는 분이 계실지도 모릅니다. 그런데 과연 그럴까요? 물론 문장 자체는 그다지 어렵지 않습니다. 그런데 잘 읽어 보면 꽤 복잡한 구조를 이루고 있습니다. 이 텍스트는 키워드인 '타자'를 읽을 때 기지歷程의 '타자' 개념을 일단 '괄호 안에 넣을 것'을 우리에게 요구하고 있기 때문입니다.

이 텍스트의 목적은 '타자란 무엇인가?'라고 하는 소박한naive 물음 그 자체를 무효로 만드는 것에 있습니다. '타자란 무엇인가?'라는 물음에 대해서 이 텍스트는 "그런 물음을 발하는 당신은 누구인가?"하고 갑자기 반문하기 때문입니다.

'타자'라는 논건이 여기에 있는 이상 '타자의 타자'로서의 '나'는 이미 자명한 것으로 상정되어 있습니다. 우리가 '주체와 타자'를 생

6 옮긴이 주: 아래 내용은 저자에게 직접 문의해서 작성한 내용임을 밝혀 둔다.
'격(格)'은 문법 용어입니다. '명격(名格)'이라고 번역한 것의 원어는 'nominatif'입니다. 보통은 '주격'이라고 번역합니다. 주어의 격이라는 의미인데요, 왜인지 저는 그때 '명격'이라는 번역어를 사용하였습니다. '호격(呼格)'은 'vocatif' 입니다. 말을 걸 때의 '격'입니다. 양쪽 모두 라틴어의 격입니다.
라틴어는 여섯 개의 기초적인 '격'이 있는데, 수십 개의 격을 가진 언어도 있습니다. 레비나스가 말하고 싶은 것은 '타자는 단지 이름 붙여지는 것이 아니라 불린다'라는 바로 직전 문장에 나와 있습니다.

각할 때는 그런 구도를 인습적으로 전제하고 있습니다. 그런데 이 전제는 과연 엄밀하게 기초 지어져 있다고 말할 수 있을까요?

"어떻게 당신은 '타자'란 무엇인가를 묻는 '나'의 실재를 그토록 소박하게 믿고 있을 수 있는가?" 레비나스는 그렇게 반문해 들어옵니다.

레비나스의 문장에서는 문장 안의 어떤 개념에 관해서 읽는 이가 "그것은 어떤 의미인가?"하고 물을 때마다 "그렇게 묻는 당신은 누구인가?"하는 반문이 돌아옵니다. 레비나스의 텍스트는 뭔가를 이해시키기 위해서 쓰여 있다기보다는 "'뭔가를 이해하기'라는 것은 어떤 의미인가?"라고 하는, 그 한 걸음 전의 보다 근본적인 문제에 독자를 돌려놓기 위해서 쓰여 있습니다. 예를 들면 이런 식으로요.

> '존재하는 것은 무엇인가?'와 같은 물음에서조차 '존재한다'는 동사를 사용해서 물음을 세우고 있다. 물음의 대상이 되는 해당의 것을 (화법을) 경유해서 묻고 있다. 그리고 이 물음에 대한 대답 또한 어쩔 수 없이 존재의 용법으로 주어진다. … '무엇인가?'와 같은 물음은 그것이 탐구하고 있는 해당의 것과 상관하고 있고 이미 그 버팀목을 품고 있다. (*AQE*, p. 30)

이것은 '물음'이란 무엇인가를 단적으로 표현하는 말일 것입니다. '존재하는 것은 무엇인가?qu'est-ce qu'être?'라는 물음에는 이미 '존재한다être'는 동사의 삼인칭 현재 단수형 'est'가 사용되고 있습니다. 물음의 대상이 되는 바로 그것을 버팀목으로 삼지 않고는 물음 그 자체가 성립하지 않습니다.

그래서 우리는 먼저 '물음의 주체'라는 '자기 동일적 주체', 투명한 코기토cogito를 무반성적으로 상정하는 것을 자제하는 것으로부터 시작해야 합니다. 레비나스가 반복해서 강조하는 것은 바로 그것입니다.

'…은(는) 무엇인가?'와 같은 물음은 그것이 탐구하고 있는 바로 그것과 상관하고 있고 그것에 이미 의지하고 있습니다. 그래서 레비나스를 향해서 "당신은 무엇을 말하려고 하는가?"와 같은 물음을 물은 바로 그때 우리는 그것이 이미 '지금 탐구하고 있는 바로 그 레비나스에 기대는 것'이라는 사실을 자각하지 못하고 그 입장에 서게 됩니다.

3. 라캉은 말한다. "욕망하라"

라캉의 '알기 어려움'의 사례는 문자 그대로 너무 많아서 일일이 셀 수 없는데 일단 '명함' 대신에 극도로 난해한 것으로 알려진 『에크리』의 모두를 인용해 보기로 하겠습니다.

우리는 지금까지의 연구를 통해 반복강박Wiederholungszwang은 우리가 이전에 기호표현 연쇄의 자기주장l'insistance이라고 이름 붙인 것 안에서 근거 지어진다는 것을 알았습니다. 이 관념 자체는 'l'ex-sistance'(즉 중심으로부터 떨어진 장소)와 상관관계에 있는 것으로서 밝혀진 것인데요. 이 장소는 아직 프로이트의 발견을 중시해야 하는 경우에는 무의식의 주체를 여기에 위치 지을 필요가 있습니다. 알려진 대로 상징계le symbolique가 영향력을 행사하는 이 장소의 기능이 상상계l'imaginaire의 어떠한 통로를 거쳐서 인간이라는 생체의 가장 깊은 곳에서 그 힘을 발휘하게 되는지. 이것은 정신분석이 시작한 실제경험 안에서 비로소 이해됩니다. (ジャック·ラカン,『エクリI』, 佐々木孝次 他訳, 弘文堂, 1976, p. 10)

주의를 부탁드리고 싶은 것은 이것이 『에크리』 모두의 한 문단이라는 것입니다. 라캉의 이론을 집성한 저서의 첫 논문의 첫 문단입니다. 이것이 독자를 어떤 논고에 도입하기 위해 쓰이지 않았다는 것은 일독을 한 후에야 알 수 있습니다. 왜냐하면 여기에 '안내introduction'는 존재하지 않기 때문입니다.

'우리는 지금까지의 연구를 통해 반복강박이 우리가 이전에 기호표현의 연쇄의 자기주장이라고 이름 붙인 것 안에서 근거 지어진다는 것을 알았습니다'라는 첫 문장은 갑자기 '지금까지의 연구'와 '이전에 … 라고 이름 붙였다'는 '지금보다 이전'에 관한 언급부터 시작합니다. 라캉을 읽는 독자의 대부분이 알 리가 없는 과거의 일에 관해서 라캉은 마치 그 과거의 일을 모르는 인간이 이 일절을 읽고 있을 가능성 같은 것은 있을 리가 없다는 듯이 썼습니다.

독자는 모두의 한 구절을 읽은 순간에 이미 라캉에 대한 '절대적 뒤처짐'을 강제당합니다.

독자를 텍스트에 대해서 '절대적으로 뒤처져 있는' 포지션에 두는 것, 그것이 이 텍스트의 전략입니다. 독자에게는 선택지가 두 가지밖에 없습니다. 이러한 무례한 글쓰기를 하는 사람의 책은 읽지 않는다고 책을 던져 버리든지 아니면 "라캉에 대해서 자신은 뒤처져 있다"는 사실을 받아들이던지 두 가지 중 하나입니다. 독자는 라캉이 이미 분절해 버린 세계, 라캉이 '게임의 룰'을 이미 정해 버린 세계에 '들어가든지 몸을 빼든지' 양자택일을 해야 합니다. 그리고 라캉이 채택하고 있는 글쓰기 스타일을 받아들여 페이지를 넘기고 읽어 나갈 결단을 한 독자는 그 순간에 '상징계'에 발을 들여놓게 됩니다.

라캉은 뭐라고 썼을까요?

알려진 대로 상징계가 영향력을 행사하는 이 장소의 기능이 상상계의 어떠한 통로를 거쳐서 인간이라는 생체의 가장 깊은 곳에서 그 힘을 발휘하게 되는지. 이것은 정신분석이 시작한 실제경험 안에서 비로소 이해됩니다.

'상징계가 영향력을 행사하는 이 장소'란 다름 아닌 『에크리』 모두의 바로 이 텍스트를 의미합니다. 상상계에 머물러 있는 독자(즉 아직 '라캉을 욕망하는 방식을 배우지 않는 사람들')의 '가장 깊은 곳에서' 라캉이 어떻게 '그 힘을 발휘하게 되는가'를 알고 싶으면 다음 페이지를 넘기십시오. 라캉은 그렇게 썼습니다.

그때 독자는 '아버지'를 좇는 여정에 발을 들여놓게 되고 자신이 지금 라캉을 계속 읽고 있다는 '실제경험' 속에서 자신의 읽기를 전진시키는 '추진력' 안에서 '그 힘'을 비로소 이해하게 됩니다. 라캉 이론의 가장 본질적인 가르침은 『에크리』 모두의 이 일절에 이미 쓰여 있습니다.

그래서 이 텍스트 안에서 본질적인 기능을 맡는 것은 '반복강박'과 '상징계'와 같은 극도로 난해한 술어가 아니라 누구든지 이해할 수 있는 두 가지 표현, '지금까지의 연구에 의해서 … 알았습니다notre recherche nous a amené à reconnaîtreque…'와 '알려진 대로on le sait'입니다.

이 두 문장은 모두 "당신은 나에게 뒤처져 있다"라고 독자에게 전하고 있습니다. 그리고 그 '뒤처짐'을 받아들인 순간에 독자는(라캉을 이해하든 이해하지 않든) '이미 라캉파'입니다.

"라캉을 욕망하라. 왜냐하면 당신은 자신이 왜 라캉을 욕망해야 하는지 그 이유를 모르지만 나는 알고 있기 때문이다."

『에크리』 모두의 방금 인용한 곳을 만약 '의역'하는 것이 허락된다면 저는 다음과 같이 번역할 것입니다.

> 레비나스와 라캉, 이 두 사상가는 그 고유한 개념의 정의와 사고를 독자와 공유하기 위해 쓰지 않는다. 오히려 읽는 이에게 '말의 의미'가 아니라 '글쓴이의 욕망'에 조준하는 읽기를 시작하게끔 하기 위해서 쓴다. 그들은 독자에게 '앎[知]으로부터 욕망으로au désir du savoir'라는 식의 어떤 이동을 요청하고 있다. (*EC*, p. 109)

4. 욕망의 커뮤니케이션

'앎으로부터 욕망으로'의 이동 (이것은 라캉 자신의 말입니다.) 자체는 커뮤니케이션의 모습으로서는 실은 그다지 특수한 것은 아닙니다.

인간은 여러 커뮤니케이션을 수행하는데 그중에는 '커뮤니케이션의 양상을 지시하는 커뮤니케이션'이라는 것이 있습니다. 그것은 '메타 커뮤니케이션'이라든지 '커뮤니케이션의 커뮤니케이션'이라든지 다양한 술어로 표현되어 있는데, 요컨대 거기서 말하고 있는 메시지의 '콘텐츠'가 아니라 거기서 메시지가 오가는 '콘텍트'의 사실 확인이 우선하는 커뮤니케이션을 의미합니다.

로만 야콥슨Roman Jakobson은 이것을 '교화적 기능fonction phatique' 이라고 이름 붙였습니다. 야콥슨은 이것을 다음과 같이 설명하였습니다.

> 메시지 중에는 전달을 시작하거나 연장하거나 끝내거나 혹은 회로가 작동하고 있는지 아닌지를 확인하거나("여보세요, 들립니까?") 이야기 상대의 주의를 끌거나 상대방이 계속 주의를 기울이고 있는지 확인하거나("저기 내 말 듣고 있는 거야?") 세익스피어식으로 말하자면 "귀를 좀 빌려주세요!", 전화상에서는 "예 예"라고 하는 것이 도움이 되는 경우가 있다. … 이것은 또한 어린아이가 획득하는 첫 언어기능이라서 어린아이는 정보를 가진 메시지의 발신하거나 수신을 할 수 있게 되기 이전에 이미 전달을 먼저 수행하려고 한다. (ロマーン・ヤーコブソン, 『一般言語学』, 川本 茂雄 (監修), みすず書房, 1973, p. 191)

교화적 커뮤니케이션의 한 가지 예로서 야콥슨은 '신혼부부의 회화'를 들었습니다.

> "자 그러면" 하고 청년은 말했다. '응'하고 말하는 그녀. '도착했어'라고 말하는 그. '도착했구나'하고 말하는 그녀. '응. 겨우 도

착했어'라고 말하는 그녀. '응'하고 말하는 그녀. '응 그래'하고 말하는 그. (같은 책, p. 191)

그들 사이를 오가는 말은 단지 하나의 '욕망'밖에 옮기고 있지 않습니다. 그것은 "우리 사이에는 콘택트가 성립하고 있다"는 사실을 확인하고 싶은 욕망입니다. 콘택트가 성립하고 있는 것, 상대방의 말을 알아들었다는 것을 상대에게 전하는 가장 확실한 방법은 상대방이 한 말을 반복하는 것입니다. 그래서 두 사람은 우로보로스의 뱀처럼 서로의 '말꼬리'를 먹고 있습니다.

오즈 야스지로[小津 安二郎]는 커뮤니케이션의 교화적 수준에 초점을 맞추어서 시나리오를 쓰는 방법을 알고 있었던 희유의 영화작가입니다. 그의 작품 〈안녕하세요〉의 마지막 신scene 조금 전 등장하는 지하철의 플랫폼에서 두 사람의 회화는 다음과 같은 것입니다.

헤이이치로[平一郎]: 아, 안녕하세요.

세츠코[節子]: 안녕하세요. 어젯밤에는 고마웠습니다.

헤이이치로: 별말씀을

세츠코: 어디에 가시는 길인가요?

헤이이치로: 잠시 니시긴자에 갑니다.

세츠코: 아, 그러면 저도 함께….

헤이이치로: 아, 정말 좋은 날씨군요.

세츠코: 맞아요. 정말요 좋은 날씨에요.

헤이이치로: 이 상태 같으면 2, 3일은 갈 것 같군요.

세츠코: 맞아요. 계속 갈 것 같아요.

헤이이치로: 아, 저 구름 재미있게 생겼네요.

세츠코: 아, 정말로 재미있는 모양이에요.

헤이이치로: 뭐하고 닮은 것 같은데….

세츠코: 맞아요. 뭐하고 닮았어요.

헤이이치로: 날씨가 좋군요.

세츠코: 정말로 좋은 날씨예요.

세츠코節子는 헤이이치로平一郎의 말을 반복할 뿐이고, 게다가 헤이이치로가 세츠코로부터 받은 유의미한 정보는 전혀 없습니다. 그런데 "어디에 가시는 길인가요?"라고 물은 세츠코는 목적지를 묻고 싶은 것이 아닙니다. 이것은 "어디에 가시더라도 당신의 걸음에 신의 축복이 있기를" 하는 축복의 말을 선물하는 수사적인 물음입니다.

오로지(한결같이) '콘택트가 성립하고 있다'는 사실을 반복해서 집요하게 계속 확인하는 두 사람에게 오즈는 한 마디도 상투적인 '사랑의 말'을 시키지 않습니다. 그러나 관객들은 탐하듯 서로를 바라는 그들의 욕망의 격함을 이 '집요함' 안에서 제대로 감지하였을 것입니다.

5. 생성적인 읽기

이전에 모리스 블랑쇼는 작가와 작품의 관계에 관해서 다음과 같이 쓴 적이 있습니다.

> 작가는 그 작품을 통해서 비로소 자신의 위치를 알고 자신을 형태 짓는다. 작품보다 이전에 작가는 자신이 누구인지를 알 수 없을 뿐만 아니라 그 누구도 아니다. 작가는 작품 후에 비로소 존재하기 시작한다. (Maurice Blanchot, *La littérature et le droit à la mort'* in La Part du Feu, Gallimard, 1949, p. 296)

이 말은 텍스트와 독자의 교화적 관계에 관해서도 그대로 타당합니다. 블랑쇼의 '작가'를 '읽는 이'(독자)로 바꾸어 보면 이 문장은 이렇게 읽을 수 있기 때문입니다. "독자는 그 독서를 통해서 비로소 자신의 위치를 알고 자신을 구축하게 됩니다. 독자가 되기 이전에 사람은 자신이 누구인지를 모를 뿐 아니라, 아무것도 아닙니다. 읽는 이는 독서 후에서야 비로소 존재하기 시작합니다."

읽기 시작할 때 텍스트의 '의미'는 미정이고 독자의 '아이덴티티'도 미정입니다. 그것은 읽고 있는 텍스트와 읽는 이의 상호적인 관계 맺기를 통해서 천천히 만들어져 갑니다. 레비나스도 텍스트와 읽는 이의 상호작용에 관해서 다음과 같이 썼습니다.

> 우리 현대인은 종종 이렇게 말하지 않는가. "이런 상황이 된 덕분에 파스칼의 그 말의 의미를 겨우 알게 되었다"라든지 "몽테뉴의 그 말의 의미를 이제 알게 되었다"라든지 위대한 텍스트가 위대한 것은 다름 아닌 텍스트에 이끌려 사실과 경험을 만나고 그 사실과 경험이 텍스트의 심층을 역으로 비추어 내는 상호작용 때문이 아닐까. (*QLT*, p. 89)

이것은 우리도 경험적으로 숙지하고 있는 사실입니다. 나츠메 소세키[夏目 漱石]를 소년 시절에 읽었을 때와 중년이 되고 나서 읽었을 때는 텍스트의 표정이 일변합니다. 우리는 똑같은 텍스트에 완전히 다른 모습이 있다는 것을 압니다. 그리고 만약 우리가 '어른'이 된 덕분에 소세키의 텍스트를 그렇게 읽을 수 있게 되었다고 하면 그 성숙에는 소년기에 소세키를 읽은 경험이 이미 관여하고 있습니다.

독해능력은 독서경험을 통해서만 터득할 수 있습니다. 그것은 말을 할 수 없는 아기가 엄마가 말을 거는 것을 통해서 언어를 습득하는 것과 비슷합니다. 우리는 텍스트를 읽는 것을 통해서 텍스트를 읽을 수 있는 능력literacy을 익힙니다. 텍스트 없는 독해력도 독해력 없는 의미도 존재하지 않습니다. '읽기'란 그 의미에서 본래 '교화적', '대화적'인 것이라고 저는 생각합니다. 저는 이 생각을 레비나스로부터 배웠습니다.

> 그것 자체로서의 탈무드의 텍스트는 다양한 긴급한 물음을 둘러싼 지적 격투이고 그 물음에 대한 새로운 시점의 제시다. 이 물음에 접근할 때 해석자는 사소한 논의의 외관에 흔들리지 않고 자신의 길을 개척해 나가야 한다. 왜냐하면 그러한 일견 공소空疏하게 보이는 논의 안에 현실에 대한 탁견이 깔려 있기 때문이다. 반어적이고 무미건조한 문체로 말하는 탈무드 이야기는 고졸古拙하고 간소한 동시에 모든 독해 가능성에 대해서 뜨겁게 열려 있다. 탈무드는 구전 율법을 애써 받아 적어서 문서로 만든 것이므로 그 본래의 대화적, 논쟁적인 생명을 불러내어 소생시킬 필요가 있다. 그때 다양한(그러나 자의적이지 않은) 의미가 하나하나의 장구章句로부터 일어나서 속삭이기 시작한다. 따라서 탈무드는 대립을 추구하고, 읽는 이 안에 자유와 발명의 재능과 대담함을 바란다. (*QLT*, pp. 13-14)

이 짧은 인용 안에는 레비나스의 텍스트론의 근본적인 생각이 담겨 있습니다. 그것은 텍스트의 의미가 '일의적'일 수 없어서 그것을 읽는 이의 수만큼 존재하고, 따라서 '읽는 이'에게 영광이 있다면 그것은 '자유와 발명의 재능과 대담함'을 발휘해서 그 장구로부터 '전대미문의 의미를 길어 내는 것에 존재한다'는 것입니다.

현대의 비평이론에 어느 정도 정통한 사람은 이러한 읽기에 관한 생각을 그다지 신기한 것으로 생각하지 않을 것입니다. 그러나 그 읽기의 '자유'와 '다양성'을 지탱하는 사고회로는 예상보다 훨씬 복잡합니다.

탈무드 해석에 자유와 발명과 대담함이 허락되는 것은 두 가지 이유가 있습니다.

하나는 텍스트가 '완전기호'이고 따라서 그 독해 가능성은 정의상 '무한'하다는 것. 또 하나는 이 '완전기호'의 해석을 위해서는 전통적인 '읽기 방식의 훈련'을 받아야 한다는 것. 이 두 가지입니다. 탈무드의 텍스트는 '완전기호'이고 거기서부터 길어 낼 수 있는 의미에 한계는 없습니다. 그러나 무한의 의미를 길어 내는 방식은 한정되어 있습니다.

모순된 독해 이론입니다.

인습적으로 떠올리며 텍스트로부터 무한의 의미를 길어 내기 위해서 무한한 읽기 방법이 필요하고, '무한한 읽기 방법'이란 이른바 읽는 이 한 명 한 명에게 고유한, 자유롭고 개성적인 읽기 방식을 의미할 것입니다. 그러나 레비나스는 텍스트로부터 무한한 의미를 길어 내기 위해서는 '정해진 읽기 방식'을 취해야 한다고 말합니다. 이 회로는 단순하지 않습니다.

보통 '정해진 읽기'를 취하는 독자는 어떠한 텍스트로부터도 단일한 의미밖에 찾지 못합니다. 어떠한 텍스트를 줘도 반유대주의자는 거기서 '유대인의 세계 지배'의 징후만을 읽어 내고 마르크스주의자는 거기에 '계급의식'의 표출만을 읽어 냅니다. 이것은 이른바 '감축減縮하는 읽기'입니다. 읽는 이는 자신이 미리 설정한 의미를 '재발견하기 위해' 텍스트를 읽습니다.

그러면 '자유로운 읽기'란 무엇일까요. 어떠한 기존의 독해 규칙에도 따르지 않는, 완전히 창조적이고 기상천외한 읽기야말로 '읽기의 왕도'가 되는 것일까요.

그러나 그것 또한 있을 수 없습니다. 우리가 "나는 모든 예단으로부터 자유로운 진정으로 무구한 독자다"라는 전제를 무반성적으로 채택한 순간에 우리의 읽기를 속박하고 있는 무수한 사회적 속박(성별, 연령, 인종, 종교, 정치적 입장, 가정환경, 섹슈얼리티, 병력, 트라우마…)을 조직적으로 간과하게 되기 때문입니다.

'정해진 읽기'는 '정해진 의미'로밖에 귀결하지 않고 '자유로운 읽기'도 또한 '정해진 의미'로 귀착합니다. 그렇다면 도대체 '무한한 의미'로의 회로는 어떻게 담보되는 것일까요? 레비나스는 이 곤란한 물음에 '완전기호'의 읽기는 스승 밑에서 배워야 한다는 의표를 찌르는 대답으로 응대합니다.

제2장

텍스트 스승 타자

1. 완전기호

텍스트에서 무한의 의미를 길어 내기 위해서는 읽는 이는 스승에게 '정통적인 읽기 방식(옳은 읽기 방식)'을 학습해야 합니다. 이것이 레비나스 텍스트 이론의 바탕을 이루는 생각입니다.

레비나스는 다음과 같이 썼습니다.

> 이 학지學知의 위대한 스승들에 의하면 탈무드는 '삶'에 기초해서만 이해할 수 있다. 그것은 단지 탈무드가 포함하는 가르침(그것은 인생경험과 풍부한 상상력을 동시에 요구하는)에 대해서 말하는 것만이 아니다. 기호 그 자체에 관한 깨우침[知解]과 지각에 관해서도 말할 수 있다.

구체적 현실로서의 기호는 생활의 문맥 속에서는 이런저런 구체적 일을 가리키고 있다. 똑같이 이러한 기호(성구, 사물, 등장인물, 상황, 의례)는 완전기호로서 기능한다.
생성이 그러한 기호를 앎의 수준으로 가시화시키는 편제에 어떠한 변화를 가져오려고 해도 완전기호는 동일한 의미를 혹은 동일한 의미의 새로운 상象을 가리키는 특권을 손에서 놓는 일이 없다. 그것은 완전하고 둘도 없는 기호, 그리고 그 의미에서 순수하게 해석학적인 기호, 성스러운 기호, 성스러운 문자, 성스러운 책이다. (*QLT*, p. 20)

탈무드란 유대교의 교전, 오래전부터 내려오는 구전 율법을 문서화한 것입니다. 탈무드의 중핵을 이루는 것은 미슈나mishna라는 텍스트이고 이것은 기원전 2세기 무렵에 유다 하나시Judah haNasi가 (말이) 흩어져 없어지는 것을 염려하여 오랫동안 구두로 전해져 내려오던 것을 글로 옮긴 것입니다. 이 '미슈나'에 관해서 5세기 말 무렵에 쓰인 주해는 '게마라gmore'라고 불립니다. 거기에 하나시를 비롯한 많은 율법학자의 주해가 덧붙여지고 후세의 율법학자에 의해 그러한 주해에 대한 해석이 추가됩니다.

책의 겉모양도 유별납니다. 다양한 활자를 사용하고 주가 있고 참조가 있고 모든 종류의 지시가 있어서 그러한 것들은 '미슈나'를 중심으로 해서 나선형으로 배열되어 있습니다. 탈무드는 근대와 현대의 랍비들에 의한 새로운 주해가 계속 덧붙여져 지금도 증식하고 있는 텍스트입니다.

따라서 탈무드는 결코 '결정판'을 갖는 일이 없습니다. 탈무드의 어떤 장구章句에 관한 '최종적 해결'이란 원리적으로 있을 수 없습니다. 탈무드 본문도 그 해석도 기원전 2세기에 유다 하나시가 집성할 때까지 스승과 제자 사이에서 구전에 의해서만 계승되었습니다. 즉 탈무드는 구전이 본래 형태입니다. 탈무드를 문자로 기록한 것은 이른바 '냉동보존'된 구전이라서 그것을 구두를 통한 대화로써 '해동'하지 않고서는 본래의 의미를 찾을 수 없습니다.

> 탈무드의 문체는 기골이 차고 냉담하지만 그럼에도 곱씹으면 이루 말할 수 없는 깊은 맛이 있다. 기교는 없으나 소박하면서도 고아古雅한 멋이 있고 간소한 탈무드의 기술은 애당초 구두 전승과 구전의 교훈을 어떻게 하다 보니 문자로 옮긴 것이므로 그래서 그것을 대화적이고 논쟁적인 생생한 상태로 돌려놓는 것이 중요하다. 그때 하나하나의 장구로부터 다양하지만 자의적이지 않은 의미가 소생하여 중얼거리기 시작한다. (*QLT*, p. 13)

탈무드에서 하나의 말이 생성되기 위해서는 늘 대화자가 필요하다고 보는 것도 바로 그 때문입니다. 탈무드는 스승에서 제자로 구전됩니다. 율법은 결코 응고되어서는 안 되기 때문에 늘 움직이는 상태를 유지해야 합니다. 그래서 유대교 역사를 일망一望해 보면 동시대에는 반드시 두 명의 대학자가 모든 논점에 관해서 격렬한 논쟁을 펼쳐 성구의 해석이 확정되는 것을 방해하였다고 알려져 있습니다. 휴레Hyle와 샨마이Shynmai, 랍비 아키바Rabbi aqibha와 랍비 타폰Rabbi Tarfon, 러브Love와 슈무엘Shmuel, 러브와 휴나Love·Huna, 그리고 러브Love와 히스다Hisda 등등.

이처럼 유대교 역사에서 대학자는 반드시 '짝'으로 출현합니다. 탈무드는 이 랍비들의 끝없는 논쟁으로 채워져 있습니다. 랍비들의 논쟁은 '성구를 무기로 한 논쟁', '상세한 사정을 밝혀서 옳고 그름을 논하는 공공연한 전투'의 양상을 띱니다. 논쟁이 격렬한 것은 이 논쟁의 목적이 '논쟁을 끝나지 않게 하는 것'에 있기 때문입니다.

랍비들이 모든 수단을 다 동원해서 반론을 시도하는 것은 결코 '최종적 합의'에 도달하지 않기 위해서, 성구의 해석에 '최종적 해결'을 가져오지 않기 위해서 입니다. 성구의 즉 신의 예지를 보여주는 '기호'의 해석은 영원히 개방 상태로, 영원히 미해결 상태로 두어야 합니다.

> 조리와 조리가 정면에서 부딪히는 당당한 싸움, 노여움도 없을 뿐더러 시샘도 없다. 이 싸움 안에서 정통한 사고는 존립하고 이 싸움이야말로 세계에 평화를 가져다준다. (*DL*, p. 48)

신의 예지를 결코 일의적 의미로 회수하지 않는 것. 그것이 탈무드 랍비들의 책무입니다. 그래서 탈무드에서는 일단 제출된 이론異論은 반드시 기록으로 남깁니다. 한 번이라도 사고가 된 것 혹은 사고할 수 있게 된 것은 결코 소거해서는 안 됩니다. 이것이 탈무드에서 논쟁(마할로켓트)의 방법입니다.

뛰어난 레비나스 연구자이자 랍비이기도 한 마르크 알랭 우아크냉Marc-Alain Ouaknin는 '마할로켓트'에 관해서 다음과 같이 썼습니다.

> 정신은 다른 정신의 타자성을 인지하는 것에 열려 있다. 즉 자기로부터 바깥으로 나가는 것(즉 '동일자'로부터 바깥으로 나가는 것)의 수락으로서의 초월, 세계의 외재성을 향한 의식의 작렬(즉 '외부적인 것'의 구성)을 그것은 의미하고 있다. '마할로케트'(논쟁)에서는 어떠한 진테제synthese도 어떠한 제3항도 대립을 폐기하기 위해 등장하지 않는다. 어떤 것도 '동일자' 안에, 즉 '자기동일적인 것'과 '비非자기동일적인 것'의 동일화 안에 머무르는 일은 없다.
> 탈무드 논의에 관해서 탈무드는 이렇게 말한다. "어떤 사람들의 말, 그것과는 다른 사람들의 말, 그것이 살아 있는 신의 말이다." (Marc-Alain Ouaknin, *Méditations érotiques - Essai sur Emmanuel Lévinas*, Éditions Balland, 1992, p. 145)

한 명이 말합니다. 또 한 명이 다른 것을 말합니다. '성스러운 것'은 그 끝없는 대화 사이에서만 삽니다. 그 대화는 어떠한 것일까요. 레비나스 자신의 증언을 가져와 보겠습니다.

제2차 세계대전 후 레비나스는 스승 무슈 슈샤니Monsieur Chouchani 밑에서 탈무드의 구전을 배웁니다. 레비나스는 두 사람뿐인 놀랄 만한 수업의 모습을 몇 차례 말하고 있습니다.

> 이 인물이 범상하지 않은 것은 먼저 그의 성서를 비롯한 유대교 텍스트에 관한 지식이었습니다. 그런데 그것뿐만이 아닙니다. 슈샤니 스승은 그러한 성전이 어떻게 해서 집필되었는지에 관한 구두전승을 상세하게 다 꿰고 있었습니다. 탈무드도, 그 모든 주해도, 주해의 주해에 이르기까지 암기하고 있었습니다. … 슈사니Chouchani 스승의 강의에서는 그 앞에 한 번이라도 책이 놓인 적이 없었습니다. 그는 모든 것을 머릿속에 기억하고 있었기 때문입니다. 내가 그 앞에서 예를 들면 어떤 페이지의 끄트머리에 있는 부분의 작은 활자를 더듬더듬 읽고 주해를 하면 "잠깐 기다리게. 거기 그 행의 마지막 말을 한 단어 빼먹었어!"하고 지적합니다. (*EL*, p. 153)

여기서 우리가 잘못 받아들여서는 안 되는 것은 레비나스가 이 스승 밑에서 배운 것은 성구에 관한 권위 있는 해석이 아니라는 사실입니다. 그것이 아니라 성구를 해석하는 고대 중세의 랍비들이 어떻게 해서 성구의 의미를 미해결 상태로 두었는지, 어떻게 해서 성구의 '미지성'을 훼손하지 않고 심원한 사유를 무한으로 이끌어 낼 수 있었는지 레비나스는 스승 밑에서 그 '방법'을 배웠습니다.

제자가 스승으로부터 배우는 것은 실증적인 지식과 정보가 아닙니다. 성구로부터 무한의 예지를 길어 내기 위한 '방법'입니다. 만약 스승이 단지 지식과 정보를 가르친 것에 불과하다면 뛰어난 몇몇 제자의 경우 어느 단계에서 스승을 능가하고 스승을 우습게 보는 일도 있을 수 있습니다. 그러나 탈무드의 사제관계에서는 그러한 일은 일어나지 않습니다. 제자가 스승으로부터 배우는 것은 스승이 그 스승으로부터 배웠을 때의 '배우는 방법'이기 때문입니다.

정보이론이 가르쳐 주는 바에 의하면 학지學知의 내용은 대대로 전해짐으로써 변화하고 정보의 '왜곡'을 축적합니다. 어떠한 보존 방법을 취하더라도 순수한 상태로 고대 현자의 학지를 보존할 수 없습니다. 그러나 어떤 랍비가 그의 스승 랍비부터 배웠을 때의 '배우는 방법'은 순수상태로 계승하는 것이 가능합니다. 왜냐하면 방법은 '실체'가 아니기 때문입니다.

'방법'이란 우리가 별을 올려다볼 때의 시선이 올려다보는 각도와 비슷합니다.

예도芸道에서 "손가락을 보지 말고 달을 봐라"라는 말이 있습니다. 우리가 스승으로부터 물려받는 것은 스승이 실증적으로 소유한 기예와 사고가 아닙니다. 그것이 아니라 우리의 스승이 그 스승을 올려다보았을 때 시선이 올려다본 각도입니다. 스승이 그 스승을 별을 올려다볼 정도의 높이로 올려다보고 있는 한, 설령 나의 스승과 나 사이에 아무리 신장 차이가 있다고 해도 올려다본 각의 흔들림은 굳이 논할 필요가 없습니다. 시선의 각도는 정확하게 계승되고 나는 그것을 다음 대에 전할 수 있습니다.

그리고 그 올려다본 각을 유지하는 한 올려다본 곳이 향하는 곳에는 늘 시리우스가 빛나고 있습니다. 이에 따라 탈무드의 해석학에서 스승은 필연적으로 '지의 대양'이라고 말해야 할 '무한의 예지'를 가진 자로서 상정되게 됩니다. 반복해서 말하지만, 그것은 스승이 실제로 무한의 예지를 갖고 있다는 의미가 아닙니다. 스승을 '무한의 예지를 가진 자'로 상정하는 제자, '손가락이 아니라 달을 보는' 제자에게는 무한의 예지로 접근할 수 있는 길이 보장된다는 것을 말하고 있는 것입니다.

성구가 '완전기호'인 것은 바로 그 의미입니다. 텍스트는 살아 있는 대화를 통해 비로소 무기질의 종이 다발이기를 중단하고 무거운 입을 열고 말하기 시작합니다. 그래서 레비나스는 텍스트와의 생성적인 대화에 들어가기 위해서는 먼저 '타자'와 나누는 대화의 수행부터 시작해야 한다고 가르쳤습니다.

2. 스승으로서의 타자

제자는 먼저 '스승으로서의 타자' 밑에서 텍스트를 읽는 방법을 배워야 합니다. '스승으로서의 타자'란 무한의 예지를 가진 완전한 선각자[智者], '알고 있다고 상정된 주체'를 의미합니다.

왜 먼저 스승입니까?

그것은 제자가 스승 밑에서 배우는 방식과 읽는 이가 텍스트로부터 무한의 의미를 읽어 내는 방식이 구조적으로 같기 때문입니다. 구조적으로 같긴 하지만 스승과 텍스트는 제자, 그리고 독자와 관계 맺는 방식이 다릅니다. 스승은 제자의 틀린 점을 지적하거나 그 좋은 점을 가르치거나 평가를 하고 '졸업'할 때가 오면 그 사실을 말합니다. 그러나 읽는 이와 텍스트 사이에는 그러한 형태의 쌍방향적 지도–피지도의 관계가 성립하지 않습니다. 텍스트는 '의미를 모르겠다'는 방식으로 읽는 이의 불능을 자각시켜 주기는 하지만, "그것이 아니라 이렇게 해석한다"라고 가르쳐 주는 일은 없습니다. 어느 쪽이 보다 '교육적'인가는 굳이 물을 필요가 없습니다.

그래서 스승 밑에서 읽기 방법을 배우는 것부터 시작해야 합니다.

독립적인 '읽는 이'가 되는 것은 스승이 '패스'한 것을 받은 이후의 일입니다. 우리는 스승 밑에서 배움으로써 '타자'와의 만남의 원초적인 형태를 경험합니다. '스승으로서의 타자'에 관해 레비나스는 다음과 같이 썼습니다.

> 스승으로서의 타자Autrui comme maitre는 우리에게 타자성의 한 가지 모델을 제공해 줄 것이다. 스승의 타자성은 단지 나에게 스승이 다른 사람이라는 것을 의미하는 것이 아니다. 스승의 타자성은 '외부적인 것'의 본질에 속하고 있음에도 불구하고 한 명의 '나'를 기점으로 해서만 형태를 취하는 그러한 타자성이다. (*TI*, p. 94)

'스승으로서의 타자'와의 만남, 그것이 우리가 앞으로 만날 모든 타자와의 만남의 원형입니다. '스승으로서의 타자'의 두드러진 점은 그것이 '한 명의 나를 기점으로 해서만 형태를 취하는 타자성'의 체현자体現者라는 사실입니다.

스승은 타자입니다. 그것은 단지 일상적인 의미에서 스승이 나와 '다른 사람'이라는 의미가 아닙니다. (당연히 다른 사람이죠.) 그것이 아니라 스승은 나의 이해가 결코 닿을 수 없는 아주 탁월한 지적 경위에 있긴 한데, 스승과 나 사이에 있는 거리는 고유한 것이라서 다른 그 어떤 동문의 제자도 '스승에게 이해가 닿을 수 없는 방식'에서 나를 대신할 수 없습니다. 나 이외의 그 누구든 스승과 나 사이의 격절을 나를 대신해서 살 수 없는 방식으로 스승은 나를 기점으로 하는 타자가 됩니다.

우리는 먼저 스승과 만나서 스승으로부터 '나를 기점으로 하는 타자성'이라는 생각을 배웁니다. 그리고 그것을 '타자성의 원형'으로 삼아 가일층 만나기 어려운, 곤란한 타자와 어떻게 만날 것인가 하는 방법을 터득해 갑니다.

우리가 스승으로부터 배우는 것은 무엇보다도 먼저 '완전'이라는 개념입니다. 극단적으로 말하자면 우리가 스승으로부터 배워야 하는 것은 '완전'이라는 개념만으로도 족합니다. '완전한 스승'이라는 개념을 생생하게 실감할 수 없는 제자는 아무리 공부를 해도 아무리 충성을 다해도 '타자로서의 스승'을 만날 수 없습니다. 그것은 바꾸어 말하면 텍스트로부터 무한의 예지를 읽어 내는 방식을 배울 기회를 놓치는 것입니다.

탈무드의 텍스트가 완전기호라는 것과 똑같은 방식으로 '타자로서의 스승'은 '완전한 스승'입니다. 그 예지가 '제자'의 이해 능력을 절대적으로 초월한 지적 경위, 그것이 '스승'입니다.

스승은 제자를 향해 "이쪽으로 와라"라고 말을 겁니다. 그 호출에 응해서 제자는 자신의 외부로 몸을 내밉니다. '자신의 외부로 몸을 내미는 자' 그것이 '주체'입니다. 제자란 스승으로부터의 호출에 응해서 자신의 외부를 향해 발걸음을 옮기는 자를 의미합니다.

스승으로부터의 소환의 본의는 그것이 옮기는 정보의 내용에 있지 않습니다. (그것은 "걸어 나와라"라는 것 이외의 정보를 갖지 않습니다.) 스승으로부터의 호출은 의미의 차원에서는 거의 무의미합니다. 그러나 '외부로부터의 소환'은 거기에 귀를 기울이는 제자를 수행적인 운동으로 끌어들입니다. 제자라는 '주체'는 그렇게 해서 기동을 시작합니다. 그렇지만 이것을 '명령을 듣고 그대로 따른다'는 의미의, 마지못해 수행하는 수동적인 몸짓으로 봐서는 안 됩니다. 이것은 '(나의) 이해를 넘어선 명령에 귀 기울임으로써 바깥으로 걸음을 내딛는' 방식으로 '나'를 구축하는 수행적이고 주체적인 행동입니다. 레비나스는 다음과 같이 썼습니다.

> 배움의 장에서 형태를 취하는 외부성은 자유를 성취하는 것이지 자유를 훼손하는 것이 아니다. 그것이 '스승'의 외부성이다. 하나의 사고는 두 사람이 없으면 확실해지지 않는다. 그것은 이미 소유하고 있던 것을 발견하는 것에 한정되지 않는다. 가르치는 자의 최초의 가르침은 가르치는 자의 현전 그 자체다. 그것에 기초해서 표상이 도래한다. (77, p. 73)

이것은 소크라테스가 『메논』에서 전개한 '상기anamne'(아남네시스)설을 비판하는 문맥 안에서 나온 말입니다. 소크라테스에 의하면 인간은 반복해서 태어나는 동안 천상의 세계의 일도 현세의 일도 모두 다 알고 있습니다. 그래서 육체를 가지기 이전에 천상계에서 본 이데아와 관련된 것을 지상에서 보면 '잊고 있었던 이데아를 생각해 낸다'고 보았습니다. 그런데 '안다는 것은 생각해 내는 것이다'라는 소크라테스의 상기설에 의하면 인간의 '앎'에는 외부란 존재하지 않는 것이 됩니다.

소크라테스에 반대해서 레비나스는 이렇게 주장합니다. 스승이 제자에게 선사하는 가장 중요한 가르침이란 무엇보다도 '외부'가 존재한다는 것을 가르치는 것입니다. 그것은 '스승의 현전'이라는 그것 자체가 '외부적' 경험으로 담보되는 것을 뜻합니다.

스승은 뭔가 유용한 생각을 제자에게 가르치는 것이 아닙니다. 오히려 제자의 '내부'에는 존재하지 않는 '앎'이 '외부'에는 존재한다는 '앎'을 전합니다. '스승'이란 무엇보다도 먼저 '앎'의 양상에 관한 '앎'을 제자에게 전하는 기능을 담당합니다.

라캉도 또한 '스승'이 기능적인 존재라는 것을 반복해서 주장하고 있습니다. 스승은 제자와 비교해 사고와 기술을 보다 많이 소유하고 있지 않습니다. 스승은 단지 교단 위에 서 있는 것뿐입니다. 사제관계란 이 위치의 차이에 따른 효과 이외에는 그 무엇도 아닌 것이죠.

> '가르친다'는 것은 매우 문제가 많은 행위로, 나는 지금 교탁의 이쪽 편에 서 있습니다만 누구든지 일단 이 장소에 서게 되면 적어도 겉으로 보기에는 그 나름의 역할을 수행할 수 있습니다. … '무지'라는 이유로 인해 부적격한 교수는 본 적이 없습니다. 사람은 알고 있는 자의 위치에 서 있는 동안은 늘 충분히

알고 있습니다.
누군가가 가르치는 자로서의 입장에 서는 한 그 사람이 도움이 되지 않는 일은 결코 없습니다. (ジャック・ラカン,「教える者の問い」,『自我〈下〉』, 小出 浩之 訳, 岩波書店, 1988, p. 56)

사람은 알고 있는 자의 위치에 서 있는 동안은 늘 충분히 알고 있습니다. 스승이 스승으로서 기능하는 것은 그가 실증적인 지식을 갖고 있어 그것을 제자에게 전수하기 때문이 아닙니다. 스승이라는 것이 어떠한 기능인가를 알고 있기 때문입니다. 그 기능의 효과로써 제자는 종종 스승이 가르치지 않은 것도 배우고야 마는 것입니다. 그리고 스승의 위대함은 그렇게 제자의 술회를 통해서 사후적으로 검증됩니다.

사제관계는 두 사람의 인물이 만나서 서로 왕래하고 각각의 생각을 검증한 후 지식과 기예에서 떨어지는 사람이 "자 그러면 당신의 제자가 되겠습니다"라고 말함으로써 계약이 이루어지는 방식으로 존립하는 것이 아닙니다. 사람은 일단 제자가 됩니다. 제자가 되고 나서야 비로소 스승 안에 '제자가 갖지 않은 앎과 기능이 존재한다는 것'을 알게 되기 때문입니다.

앞뒤 순서가 바뀐 것처럼 들릴 테지만 이 순서가 옳습니다. 우리는 누군가의 제자가 되기까지는 자신 앞에 있는 사람이 스승이라는 것을 모릅니다.

라캉은 생트 안Sainte-Anne 병원에서의 그 전설적인 세미나 개강에 즈음해서 바로 그렇게 선언했습니다.

> 자신의 물음에 대답을 내놓는 것은 제자가 하는 일입니다. 스승은 '강단 위에서' 이미 만들어져 있는 학문을 가르치는 것이 아닙니다. 스승은 제자가 대답을 발견하는 바로 그때 대답을 제공합니다. (ジャック・ラカン, 『フロイトの技法論〈上〉』, 小出 浩之 他訳, 岩波書店, 1991, p. 3)

라캉은 이 사제관계의 모범을 선禪 안에서 찾았습니다. 선에서 중요한 것은 제자가 기존의 체계에 매달리기를 중단하고 '체계를 거절하는' 일종의 '표류' 속으로 들어가는 것, 사상이란 배우는 것이 아니라 그것을 사는 것이라고 깨닫는 것입니다. 그래서 '침묵은 스승의 무언가를 통해 깨집니다.' 그런데 그것은 (라캉의 정신분석 세미나가 때로 악수만으로 끝나기도 했던 것과 똑같이) 비웃고 욕하고 발길질을 하는 등 무엇이든지 상관없습니다. (같은 책, p. 3)

그것이 제자가 매우 소중히 간직하고 있던 '체계'를 파괴하고 그를 '표류'로 유도하는 것이라면 무엇이라도 상관없습니다.

3. '장어' 혹은 '중간적인 것'

제자는 종종 그 스승이 가르치지 않은 것도 배우고 맙니다. 그런데 스승이 가르치지 않았음에도 불구하고 외부로부터 제자에게 도래하는 '앎'이란 도대체 무엇일까요? 스승이 가르치지 않고 제자의 내부에 애당초 있었던 것을 '상기'하는 것도 아니라면 도대체 그 앎은 어떠한 경로를 거쳐서 '외부'로부터 '나'에게 도래할 수 있는 것일까요?

이 물음에 대답하기 위해서는 우리는 여기서 '대화'라는 개념을 한층 더 복잡한 것으로 다룰 필요가 있습니다. (이야기는 점점 복잡해집니다.)

우리는 인습적으로 '대화'란 '나'와 '당신'이 대면해서 말을 주고받는 상태라고 이해하고 있습니다. 그러나 '나'와 '당신' 두 사람이 마주 보고 말을 주고받을 때 우리는 '파는 이'와 '사는 이'가 상품과 화폐를 교환하듯이 각각 '기지의 정보'를 교환하는 것이 아닙니다. 즉, 대화는 '내가 갖고 있고 당신이 필요로 하는 정보'의 대가로 '당신이 갖고 있고 내가 필요로 하는 정보'가 전해지는 방식으로 진행하는 것이 아닙니다.

그것은 경제학에서 '욕망의 이중의 일치'라고 불리는 (확률적으로는 결코 일어날 수 없는) 일이기 때문입니다. 대화를 개시할 때 나는 당신이 '무엇을 모르며 무엇을 알고 싶어 하는지'를 모르고 당신은 내가 '무엇을 모르며 무엇을 알고 싶어 하는지'를 모릅니다. 그럼에도 그 사실은 대화의 진행을 조금도 방해하지 않습니다. 왜냐하면 대화는 '당신이 말하고 있는 것'을 '그것이야말로 제가 바로 듣고 싶었던 것'이라는 식으로 체계적으로 '오해'하면서 진행하는 것이기 때문입니다. 그리고 당신이 어떤 문장을 말하는 것을 마쳤을 바로 그때 나는 당신의 입에서 '말'로 모양새를 갖추는 날을 오랫동안 기다리고 있었던 내 자신의 욕망을 발견합니다.

말하는 측에 관해서도 똑같이 말할 수 있습니다. 어떤 논건에 관해서 이전부터 당신의 지론이 있었다고 해 볼까요. 반은 기계적으로 그것을 재생하려고 했는데 듣는 이가 그 의견에 동의하고 있지 않다는 사실을 그 표정으로부터 감지한다면 당신은 조금 당황할지도 모릅니다. 그리고 어떻게든 이 상대가 기분 좋게 수긍하면서 이야기를 끝까지 듣도록 미묘한 '궤도수정'을 시작합니다. 상대의 귀에 닿을 수 있는 말을 고르고 음조를 바꾸고 완급조절을 하다가 보면 당신은 어느샌가 '처음에 말하려고 했던 것'과는 멀리 떨어진 지점에서 말을 맺게 되는 자신을 발견하게 될 것입니다.

그러면 이 문장을 말한 것은 도대체 누구입니까? 그것은 엄밀히 말하자면 당신도 아니고 물론 듣는 이도 아닙니다. 구태여 말하자면 그것은 당신이 '듣는 이'의 욕망이라고 간주한 것의 효과입니다. 나와 당신의 대화에서 당신은 '나의 욕망이라고 간주한 것'을 배려하면서 말을 조정하고 나는 당신의 말 속에서 나의 욕망을 발견합니다. 그런데 그것이 '내 욕망 그 자체'는 아닙니다. 왜냐하면 나는 그것이 '나의 욕망'이라는 것을 당신의 말을 통해서 알게 되었기 때문입니다.

이 '욕망'에는 실체가 없습니다. 내 안에도 당신 안에도 그 '기원'이 없기 때문입니다. 그것은 '어딘가 다른 곳'에서 도래한 것입니다. 그래서 진정한 의미에서 대화의 등장인물은 두 사람이 아닙니다. 나와 당신이 대화를 나누고 있을 때 거기에는 나와 당신 그리고 욕망 이렇게 삼자가 자리하고 있습니다.

욕망이란 누구의 것이든 본질에서 '제삼자'입니다. 그리고 대화는 이 '제삼자'를 나와 당신이 대면하고 있는 닫힌 상황에서 외부로부터 불러들이기 위해서 공손히 집행됩니다.

무라카미 하루키는 그렇게 해서 도래하는 '제삼자'에 재미있는 이름을 붙였습니다.

무라카미 하루키: 저는 언제나 소설이란 삼자협의가 되어야 한다고 말합니다.
시바타 모토유키: 삼자협의라구요?
무라카미: 네, 삼자협의. 저는 '장어설'이라는 것을 갖고 있습니다. 저라는 글쓴이가 있고 독자가 있지요. 그런데 그 두 사람만 갖고는 소설은 성립하지 않습니다. 거기에 장어가 필요합니다.

장어 같은 것.

시바타: 아하.

무라카미: 그런데 굳이 장어가 아니어도 괜찮습니다. (웃음) 어쩌다 보니 저의 경우 장어입니다. 무엇이든지 상관없는데요. 저는 장어를 좋아하니까 장어입니다. 그래서 저는 자신과 독자 사이의 관계에 장어를 불러들여서 저와 장어 그리고 독자 이 셋이서 무릎을 맞대고 이런저런 이야기를 나눕니다. 그렇게 하면 소설이라는 것이 제대로 완성됩니다. …

그런 것이 필요합니다. 그런데 그런 발상이 지금까지의 기성의 소설에서는 별로 없었다는 느낌이 듭니다. 전부 독자와 작가만 있고 어떤 경우에는 비평가가 들어올지도 모르겠습니다만… 대화가 이루어지고 그렇게 졸아드는 거지요. 그러면 '문학'이 되고마는….

그런데 세 사람이 있는데 그중 두 사람이 모르면 "그럼 잠시 장어에게 물어볼까"가 되는 거지요. 그러면 장어가 대답을 해 줍니다만 그 덕분에 수수께기가 더 깊어지기도 하죠. 그런 느낌으로 소설을 쓰지 않으면 소설을 써도 재미가 없습니다.(웃음)

(柴田元幸,『柴田元幸と9人の作家たち』, アルク, 2004, pp. 278-279)

무라카미 하루키의 '장어설'을 바로 이해할 수 있는 독자는 비평가 중에도, 무라카미의 애독자 중에도 그다지 많지 않을 것으로 생각합니다. 그럼에도 이것은 '쓰는 것'의 본질을 제대로 꿰뚫고 있다고 생각합니다.

레비나스 철학의 탁월한 독자였던 모리스 블랑쇼는 「끝없는 대화」라는 논고에 강하게 끌려서 그 이름을 제목으로 한 장문의 논문집을 간행하고 오로지 대화와 욕망과 제삼자에 관해서 썼습니다. 그 글 중에 다음과 같은 인상 깊은 일절이 있습니다.

이 글 중에 블랑쇼가 '중간적인 것le neutre'이라고 부르고 있는 것은 '저'도 아니고 '당신'도 아닌 무라카미 하루키가 '장어'라고 부르는 '제삼자'에 아주 가깝습니다.

> "왜 단지 말하는 이 한 명으로는, 단지 하나의 말로는 결코 중간적인 것을 가리킬 수 없는 것일까? 그것을 가리키기 위해서는 두 명이 필요한 것일까?"
> "맞아 우리는 두 명 있어야 해"
> "왜 두 명일까? 왜 똑같은 하나를 말하기 위해서는 두 명의 인간이 필요한 것일까?"
> "그것은 똑같은 하나의 것을 말하는 인간은 늘 타자이기 때문이지."(Maurice Blanchot, *L'Entretien infini*, Gallimard, 1968, pp. 581-582)

> "똑같은 하나를 말하기 위해서는 두 명의 인간이 필요하다. 그것은 똑같은 하나를 말하는 사람이 늘 타자이기 때문이다."

Pourquoi deux paroles pour dire une même chose? -C'est que celui qui la dit, c'est toujours l'autre.

이 블랑쇼의 문장은 어떤 의미에서는 이 책에서 말하려고 하는 것을 이미 앞당겨 말해 주고 있습니다. 그런데 왜 그렇게 되는 것일까요. 그것을 납득하기 위해서는 아직 길고도 곤란한 사고회로를 거칠 필요가 있습니다. 그런데 틀림없이 이 명제 안에는 '스승', '수수께끼', '욕망', '상징계', '죽음의 의례' 같은 우리가 다루어야 할 근원적인 주제의 모든 것이 중첩되어 있습니다.

4. 신발을 떨어뜨리는 사람

그 길고 곤란한 회로의 단서로서 여기서 한 가지 이야기를 소개합니다. 그것은 이야기라기보다는 단편적인 에피소드에 지나지 않지만 희한한 뒷맛을 남깁니다.

능악에는 장량張良이라는 사람에게 취재한 곡이 두 개 남아 있습니다. 장량은 한나라 고조, 유방의 공신으로 낭인 시절에 황석공黃石公이라는 병법의 달인 밑에 제자로 들어가서 무예의 비법을 통달한 무인입니다. 그 비법 전수의 에피소드는 「장량」과 「쿠라마텐구[鞍馬天狗]」라는 두 곡을 통해서 현재에 전해져 오고 있습니다. 아마도 무라마치[室町] 시대의 능악 작가들은 이 기묘한 에피소드 안에서 범용성이 높은 인간에 관한 사고를 읽어 냈을 것입니다.

> 장량은 어느 날 다리 위에서 말을 타고 있는 황석공을 만난다. 그러자 석공은 왼쪽 신발을 떨어뜨리고 장량에게 "그 신발을 주워서 신겨라"라고 명한다. 장량은 순간 욱하지만, 스승의 명령이므로 어쩔 수 없이 신발을 신겨 준다. 그 일이 있고 며칠 후 장량은 다시 말을 타고 있는 석공과 만난다. 석공은 이번에는 좌우의 신발을 떨어뜨리고 "장량 그 신발 주워서 신겨라"라고 명한다. 장량은 더욱 욱하지만 "어쩐지 기분이 좋지 않은데" 하고 생각하면서도 이 노인이 나에게 병법극의兵法極意를 전해 줄 스승일 테니 참고 떨어진 신발을 주워서 스승에게 신겨 주었다. 그러자 말 위의 황석공에게 신발을 신겨 준 순간에 '장량에게는 갑작스럽게 그 가르침을 깨닫고 병법을 전해 받는' 일이 일어났고 경사스럽게도 장량은 병법의 비법을 전수받았다.
>
> (「鞍馬天狗」, 『観世流謡曲百番集』, 檜書店, 1996, p. 789)

희한한 이야기입니다. 스승이 떨어뜨린 신발을 신겨 준 것만으로 병법의 비법을 곧바로 습득하고 맙니다. '병법의 비법'을 실증적인 스킬과 정보라고 생각하면 이것은 부조리합니다. 무술적인 신체 활용이라든지 정략의 요체 같은 것은 차분히 시간을 들이지 않으면, 아무리 해도 전달할 수 있는 것이 아니기 때문입니다. 그러나 장량은 비법을 전달받은 그 순간에 병법의 비법을 터득합니다. 그 말인즉슨 '병법의 비법'이란 실증적인 '앎'이 아니라 '앎'을 전달하는 방식에 관련된 '앎'이라는 것을 알 수 있습니다.

장량은 황석공에게 무엇을 했습니까?

'떨어진 신발을 주워서 신겼을' 뿐입니다.

장량은 한나라 재상의 자식으로 이때는 진秦의 시황제의 암살에 실패해서 망명 중의 몸이었습니다. 그 대담한 귀공자가 출신 성분도 모르는 노옹에게 그가 약속한 병법 전수를 위해서 여기까지 '자기를 낮추는 것'의 의외성이 아마도 이 일화를 독해하는 첫 단서일 것입니다.

장량이 한 것은 일단 하나의 몸짓으로 집약됩니다. 그것은 그때까지 자신이 갖고 있던 가치관과 자부심을 일단 '괄호 안에 넣고' 어디서 왔는지 누구인지도 모르는 이 '아는 자[智者]' 앞에 굴복해 보이는 것입니다.

이 방법을 실천한 순간에 장량은 돌파를 통한 일종의 넘어섬 break-through을 경험합니다. '병법의 비법'은 어떤 형태가 있는 지식과 기능을 의미하는 것이 아니라 자신이 그때까지 갖고 있던 가치관과 자부심을 일단 '괄호 안에' 넣는 방식을 의미합니다.

적어도 능악 작가들은 그렇게 생각했습니다. 실제로 '장량'의 특별연출 중 하나는 장량이 석공으로부터 전수받은 비법의 비기를 기록한 천을 펼치자 그것은 백지였다는 것입니다. 이 '특별연출'은 배움에서 가장 중요한 것이 '무엇'을 배우느냐 하는 문제가 아니라 '어떻게' 배우느냐의 문제임을 단적으로 가르쳐 줍니다. 스승은 제자에게 '배우는 방식'을, 즉 '외부로부터 도래하는' 말에 귀를 기울이는 방법만을 가르칩니다.

레비나스는 '외부로부터 도래하는 것에 대해 개방 상태가 되는 것'을 '욕망을 갖는 것'이라는 말로 바꾸어 표현하고 있습니다. 레비나스는 '욕망desir'이라는 말에 특수한 함의를 부여했습니다.

우리는 평소에 '욕망'을 '욕구besoin'와 무반성적으로 혼동하는데 이 두 가지는 레비나스에 의하면 전혀 다른 개념입니다. '욕구'란 '본래 있어야 할 것이 없는 상태'를 말합니다. 원초의 만족을 잃어버렸기 때문에 그 원상회복을 추구하는 것이 욕구입니다. 그래서 '욕구는 본질적으로 향수고, 향수병homesick이다'(*TI*, p. 3)라고 합니다.

이에 비해서 '욕망'은 돌아갈 곳을 모르는 이향감異鄕感, 채워진 상태를 떠올릴 수 없는 불만족감을 의미합니다.

> 형이상학적 욕망은 완전히 다른 어떤 것, 절대적으로 다른 것을 지향한다. … 형이상학적 욕망은 귀향을 추구하지 않는다. 왜냐하면 그것은 한 번도 태어난 적이 없는 토지에 대한 욕망이기 때문이다. … 욕망은 욕망을 충족시키는 것의 모든 저편

을 욕망한다. … '욕망된 것'은 욕망을 충족시키는 것이 아니라 단지 욕망을 점점 깊게 파고든다. (*TI*, pp. 3-4)

자신이 소유하고 있는 것을 통해서는 결코 채워지지 않을 것이라는 불충족의 확신, 결코 치유되지 않는 결함에 끝없이 고통받는 것, 그것이 '욕망을 갖는 것'의 의미입니다.

장량이 황석공의 신발을 주워 준 일화에는 일상적인 의미에서의 '욕망'의 징후를 찾을 수 없습니다. 우리가 본 것은 단지 장량이 마치 홀린 듯 신발을 주웠다는 장면뿐입니다.

그러나 바로 이것이야말로 '욕망'의 효과입니다. 뭔가가 장량 안에서 석공에 대한 '욕망'을 발동시켜 장량은 뭔가에 홀린 듯이 신발을 줍고 맙니다. 장량은 왜 홀린 것일까요? 석공이 신발을 두 번 떨어뜨렸기 때문입니다.

석공이 한쪽 신발을 한 번 떨어뜨렸을 뿐이라면 그것은 우연일지 모릅니다. 그러나 두 번째 만났을 때 양쪽 신발을 떨어뜨렸다면 그것은 더는 우연일 수 없습니다. 장량은 이때 '내가 그 룰을 모르는 게임'이 석공에 의해 시작되었다는 것을 직감합니다. 그리고 그때 장량은 '제자'가 되고 동시에 '병법의 비법'을 터득하게 됩니다.

왜 그런 일이 일어나는 것입니까? 결론부터 먼저 이야기해 보겠습니다.

'내가 모르는 게임의 룰'을 알고 있다고 상정된 사람, 그것이

'스승'입니다. '자각해 보니 자신이 그 룰을 모르는 게임의 플레이어가 되어 있는' 사람, 그것이 '제자'입니다. 그리고 '게임의 룰'을 알고 싶다고 바라는 것, 그것이 '욕망'입니다.

제자 안에 '완전히 외부적인 어떤 것, 절대적으로 외부적인 것'에 대한 '형이상학적 욕망'이 점화하는 것은 늘 그러한 상황입니다. 이때 제자 자신은 자각하지 못하고 '아이'의 입장, 즉 '묻는 입장'에 몸을 둡니다. 그리고 "당신은 무엇을 말하고 싶어서 그런 말을 하는가?"와 같은 물음을 발하는 것을 자제할 수 없습니다. 라캉이 가르쳐 주고 있듯이 '아이의 물음'을 발한 순간에 제자는 스승에 대한 '절대적 뒤처짐'(늦음)에 말려들게 됩니다.

이 일화가 왜 단지 '사제관계의 비법'이 아니라 '병법의 비법'에 관한 이야기인지도 이 회로를 더듬어 보면 이해할 수 있습니다. 무술 용어에 '선수를 치다'라는 말이 있습니다. 상대방의 '다음 동작'에 앞서서 이것에 대해 몸을 비켜 피하고 막고 반격하는 것을 일컫습니다. 단, '선수를 친다'라는 것은 어떤 계기로 두 사람이 동시에 움직이기 시작해서 동작이 빠른 사람이 앞에 있는 공간적 위치에 도달해서 승리를 거두는 것이 아닙니다. 그것이 아니라 한쪽 무술인이 상대방을 남겨 놓고 시간의 지평에서 앞으로 나아가는 것을 의미합니다.

시간차를 좇는 쪽에 있는 것을 '선수를 빼앗기다'라고 말합니다. 설령 수백 분의 일초와 같은 얼마 안 되는 시차라고 해도 일단 쫓는 처지가 된 사람은 그 '절대적인 뒤처짐'을 두 번 다시 회복할 수 없습니다.

쫓는다는 것은 "당신은 그렇게 함으로써 무엇을 하려고 하는가?"와 같은 '아이의 물음'을 던지는 것을 의미합니다. 그래서 쫓는 자는 쫓기 시작한 그 순간에 무술적인 의미에서 이미 진 상태입니다. 욕망이 점화되었을 때 사람은 '이미 진 것'입니다.

석공이 두 번째 신발을 떨어뜨렸을 때 장량은 '내가 모르는 룰의 게임을 하고 있다'고 굳게 믿었습니다. 그리고 그것을 이해하려고 '욕망'했습니다. 그리고 "당신은 그렇게 함으로써 나에게 무엇을 말하고 싶은건가?"라는 물음이 장량 안에서 싹튼 순간에 그는 스스로 석공에 대한 '절대적 뒤처짐'을 각인하였습니다.

장량이 무장 해제된 것은 '절대적 패자'의 위치를 그 누구도 아닌 그 자신이 스스로 바라서 선택했다는 것을 자각하였기 때문입니다. 그는 그때 '욕망하는 자는 욕망된 자에게 절대적으로 늦는다'는 무술의 극의를 간파하였습니다.

인간이 진다는 것은 구체적인 술기術技의 수준에서 뒤떨어진다는 것이 아닙니다. (황석공은 비칠비칠한 노인이었습니다.) 그것이 아니라 패배하는 사람은 늘 '필연적으로 패배하게 됩니다.' 그것을 자각한 사람만이 '필연적으로 이기는' 방법을 압니다. 장량은 자신 안에 '아이의 물음'이 발동되었을 때 자신의 '패배'를 깨닫고 동시에 태공망전래의 필승의 요체를 터득하였습니다.

타자의 욕망에 불을 붙이는 것, 그것은 '수수께끼'입니다. 그리고 정확하게 황석공이 보여 준 대로, '수수께끼'는 거의 똑같은 동작을 두 번 반복할 때 발생합니다.

5. 반복과 욕망

하이데거는 '진리'가 결성缺性적 표현이라고 지적하였습니다.

진리(피폭로성)는 존재자로부터 늘 먼저 싸워서 쟁취해야 한다. 존재자는 비닉성으로부터 떨어진다. 그때마다 현사실적인 폭로성은 이른바 늘 하나의 약탈이다. 그리스인들이 진리의 본질에 관해서 결성을 나타내는 표현ἀλήθεια(알레테이아)으로 그 생각을 말하고 있는 것은 우연일까. (マルティン・ハイデッガー, 『存在と時間』, 原佑 他訳, 世界の名著 62, 1972, p. 271)

'진리'란 부정을 나타내는 의미인 '알'과 '망각'을 나타내는 '레테이아'의 합성어라고 하이데거는 생각했습니다. 즉, 진리란 '망각의 취소'을 의미합니다. 진리가 현현하기 위해서는 두 가지 몸짓이 필요합니다. '잊는 것', 그리고 그것을 '취소하는 것.'

하이데거의 '진리'와 마찬가지로 '수수께끼' 또한 단독으로는 존재하지 않습니다. 뭔가가 두 번 반복될 때 '수수께끼'는 비로소 생성됩니다. '수수께끼'가 '수수께끼'가 되기 위해서는 뭔가가 두 번 지시될 필요가 있습니다. '알레테이아ἀλήθεια'와 마찬가지로 첫 번째는 제시하기 위해서, 두 번째는 그것을 취소하기 위해서입니다. 그때 사람은 '그것이 무엇인가?quod'라는 물음을 발하지 않을 수 없게 됩니다.

왜 그런 일이 일어나게 될까요. 저는 그 기원을 말할 수 없습니다. 그러나 우리는 인류학적으로 그렇게 구조화되어 있습니다. 아마도 그렇게 구조화됨으로써 인간은 원숭이로부터 분기하였을 것입니다.

사람은 어떻게 수수께끼에 촉발되어 "그것은 무엇인가?"와 같은 물음을 발하게 되는 것일까요. 그 메커니즘을 숙지한 라캉은 이것을 '주사위의 짝수와 홀수, 그리고 그것으로 승부를 결정짓는 도박'에 비유해서 설명하였습니다. 라캉은 여기서 놀랍게도 「장량」과 거의 같은 에피소드를 말합니다.

> 애당초 '주사위 게임'에서 이기고 지는 것이 어떤 일인지를 생각해 봅시다. 단 한 번의 승부에서는 이기고 짐을 이야기해도 전혀 의미가 없습니다. 맞추든지 틀리든지 똑같습니다. 단 한 번의 승부는 이기고 진다고 해도 그것은 편의적인 의미밖에 없습니다. … 오히려 놀라야 하는 것은 이기든지 혹은 지든지

그 상황이 계속해서 두 번 일어나는 경우입니다. 첫 번째는 이길 확률도 질 확률도 50%입니다. 두 번 계속해서 이기고 질 확률은 25%밖에 없습니다. 세 번째 계속해서 이기고 질 확률은 12.5%에 지나지 않습니다.

그런데 이것은 순수히 이론적인 것입니다. 그것 이후는 우리는 더는 현실적인 것의 차원에 있지 않는 것, 즉 … 상징적인 의미의 차원에 있다는 것에 주의할 필요가 있습니다. (ジャック·ラカン, 『自我〈下〉』, pp. 13-14)

게임이 두 번 반복되고 두 번 연속해서 이기든지 지든지 하면 사람은 그때 그것이 무엇인지도 모른 채 '상징계'에 발을 들여놓게 됩니다. 확실히 라캉은 그렇게 썼습니다. 왜 이처럼 차원과 수준과 격이 달라지는 일이 일어날까요. 라캉은 다음과 같이 설명합니다.

현실적인 관점에서 말하자면 이길 가능성과 질 가능성은 각각 매회 똑같을 만큼 있습니다. 그것을 확률이라고 하든 운이라고 하든 그러한 개념은 상징이 현실적인 것 안에 도입되는 것을 전제로 하고 있습니다. 당신은 어떤 상징을 상대로 하고 있습니다. (같은 책, p. 14)

승부가 단 한 번뿐이고 그 기억이 그때마다 사라지고 지난번 승부를 잊어버렸다면 몇 번 주사위 게임을 반복해도 이기고 지는 확률은 늘 50%입니다. '두 번 계속해서 이긴다'든지 '두 번 계속해서 진다'는 말을 한 순간에 사람은 상징계에 발을 들여놓게 됩니다. 다른 표현을 사용하자면 우리가 지금까지의 승패의 기억을 취했을 때 비로소 사람은 상징계에 진입하게 됩니다. ("당신이 거기에 있고 그것을 기록하지 않았다면 어떠한 종류의 승리도 있을 수 없습니다".) (같은 책, p. 14)

장량은 그렇게 해서 상징계에 진입하였습니다. 만약 그가 "석공은 첫 번째 왼쪽 신발을 떨어뜨리고 두 번째에 양쪽 신발을 떨어뜨렸다"라는 식으로 기록하지 않았다고 하면 그는 절대로 '상징을 상대'하지 않았을 것입니다. 당연한 말이지만 기록을 하지 않은 자에게는 '늘 이긴다'라는 개념이 없기 때문입니다. 그리고 '늘 이긴다'라는 개념을 가진 자만 '병법의 비법'(그것은 '늘 승리하는 것을 약속하는 기법'을 의미합니다.)은 의미가 있습니다.

장량이 '기록을 함'으로써 석공은 '늘 이기는 사람'으로서 그 앞에 출현하였습니다. 장량이 그것을 쓰지 않았다면 석공의 '어떠한 종류의 승리도 있을 수 없었을 것입니다.' 석공을 '병법의 비법을 아는 자'로서 만든 것은 그 누구도 아닌 장량 자신입니다.

우리는 나아가서 무엇이 장량에게 '기록'을 하도록 요구하였을까요. 그것에 흥미를 느껴야 할 것입니다. 라캉은 다음과 같이 썼습니다.

> 게임을 한다는 것은 감추어져 있어서 추리할 수밖에 없는 규칙성을 상대방 안에서 찾는 것입니다. … 물음이 없으면 게임은 없고 구조가 없으면 물음은 없습니다. 물음은 구조에 의해 형태 지워지고 조직됩니다. … 인간적 주체가 게임을 성립시키고 있는 것이 아닙니다. 주체는 이 게임 안에서 장소를 차지하고 있는 것뿐으로 … 주체자는 이 연쇄 안에서 하나의 요소이고 이 연쇄는 전개되자마자 법칙에 따라서 조직됩니다. 이렇게 해서 주체는 늘 복수의 평면상에 있고 서로 교차하는 망 속에서 포착됩니다.

라캉은 여기서 '주사위 도박'으로부터 포의 『도둑맞은 편지』로 화제를 바꿉니다. 『에크리』의 처음에 등장하는 『도둑맞은 편지』에 관한 세미나가 라캉의 분석 이론의 핵심적인 사고를 말하는 것이라고 잘 알려져 있는데, 라캉이 『도둑맞은 편지』에 관해서 쓴 이 논고는 세미나만큼 알려지지 않았습니다. 그러나 여기에서도 간과할 수 없는 중요한 통찰이 포함되어 있습니다.

『도둑맞은 편지』에 관한 세미나에서 라캉이 우리에게 가르쳐준 것은 사람들 사이를 오가는 편지가 편지에 관련된 모든 주체를 그 '망 속에 붙잡고' 있다는 사실입니다. 왕비, 대신, 경시총감 … 그들은 편지를 마치 사물처럼 소유하고 지배하려고 하지만 실제로 편지에 지배당하는 것은 그들입니다. 그들은 한결같이 편지가 '뭔가를 의미하고 있다'라고 믿고 있는데 그 내용을 아무도 말할 수 없기 때문입니다.

> S공작이 왕비에게 보냈으나 대신에 의해 약탈당한 이 '편지'에는 확실히 '무엇인가'가 쓰여 있고 왕비는 그 '무엇인가'가 국왕에게 알려지는 것을 바라지 않았다. 그래서 왕비는 대신에게서 편지를 빼앗도록 경시총감에게 의뢰한다. 그러나 대신이 왕비에게 암암리에 영향력을 행사할 수 있는 것은 그 편지 내용을 감추고 있는 한에서다. '일단 편지를 사용해 버리면 그 권력은 없어져 버리기 때문이다.' 대신에게는 편지를 손에서 놓지 않으려고 하는 것 이외에 편지를 다룰 방법이 없다. 즉 그는 편지를 그렇게 다루는 바람에 편지에 대한 전면적인 종속을 강제당하고 있다. (*EC*, p. 42)

우리는 여기서 앞에서부터 반복해서 직면하고 있는 것과 똑같은 상황에 입회하게 됩니다. 여기에는 '무엇인가?'와 같은 물음만이 존재하고 그 대답을 얻는 길은 막혀 있습니다. 그때 물음을 발한 주체는 '편지'에 대한 '전면적인 복종'과 '절대적인 뒤처짐' 안에 묶이게 됩니다.

> 편지의 등장과 퇴장 그리고 편지를 둘러싼 등장인물들을 움직이는 것은 편지와 그 우회다.
> 편지에는 인수인이 없다. 따라서 사람들은 편지가 가져다주는 재액에 빠져든다. 편지의 그늘에 들어감으로써 사람들은 편지의 그림자가 된다. 편지를 손에 넣는다/편지에 점유된다tomber en posession-언어의 경탄해야 할 양의성이다-그들을 소유하는 것은 편지다. (*EC*, p. 41)

편지가 왜 이러한 수수께끼 같은 힘을 발휘할 수 있을까요. 우리는 그 이유를 알고 있습니다. 그것은 이 '인수인이 없는 편지'의 치환이 두 번 반복되기 때문입니다. 라캉이 가르쳐 주고 있듯이 이 이야기에서는 똑같은 장면이 두 번 반복됩니다. 황석공이 보여 준 것처럼 '게임'이 시작되기 위해서는 똑같은 동작이 두 번 반복되어야 합니다. 그리고 그때 '무엇인가가 두 번 반복되었다'는 것을 자각하고 거기에 '감추어져 있어서 추리할 수밖에 없는 법칙성'이 숨어 있다고 믿은 자가 상징계로 발걸음을 옮기게 됩니다.

어떻게 뒤팽이 대신을 앞지를 수 있었을까요? 그래서 우리는 그 이유도 동시에 알게 됩니다.

그것은 뒤팽이 대신을 두 번 방문하였기 때문입니다. 왜 두 번입니까. 단지 뒤팽이 '바꿔치기를 위한 편지'를 준비하거나 창문 바깥에서 소란을 일으키는 '엑스트라'를 배치하기 위해서 준비 시간이 필요하였기 때문이 아닙니다. 게임을 시작하기 위해서는 두 번 똑같은 행위를 반복할 필요가 있기 때문입니다.

실제로 첫 번째 뒤팽의 방문에 대신은 그 어떤 흥미도 보이지 않습니다. 대신이 '보란 듯이 보이는 무관심'과 '낭만파적인 권태로움'을 뒤팽에게 과시하는 것은 연기가 아니라 정말로 흥미가 없었기 때문입니다. 뒤팽은 그가 매일 그의 집무실에 맞이하는 무수한 손님 중 한 명에 지나지 않았습니다. 그러나 다음 날 다시 그가 온다는 말을 들었을 때 대신은 뒤팽의 행위에 '숨겨져 있어서 추리할 수밖에 없는 규칙성'이 있지 않을까 하고 의심하기 시작합니다.

뒤팽의 대신 방문은 석공의 '신발 떨어뜨리기'와 본질적으로 똑같습니다. 양쪽 모두 어떤 의미도 없습니다. 만약 뒤팽이 첫 방문 때 갑자기 편지 바꿔치기를 시도했다고 하면 그는 틀림없이 대신에게 그 의도를 읽혀서 곧바로 제압당했을 것입니다. 뒤팽이 성공한 것은 첫 번째의 방문을 무의미한 것으로서 수행하였기 때문입니다. 첫 번째가 무의미한 방문이었기 때문에 두 번째의 똑같이 무의미한 방문을 받고 대신 안에 뒤팽의 무의미한 행위가 두 번 반복된 것의 배후에 있는 '감추어진 의미성'을 읽어 내고 싶은 욕망이 발생합니다.

"이 남자는 이렇게 함으로써 무엇을 하려고 하는 것일까?"

일단 '아이의 물음'을 가진 자는 숙명적으로 '수수께끼를 쫓는 자', 즉 어쩔 수 없이 '타자의 욕망'에 초점을 맞추는 '아이'의 위치에 서게 됩니다. 그때 '아이'에 의해 '규칙성을 아는 자' '수수께끼를 품고 있는 자'로 파악된 자는 자동적으로 '어른'의 위치로 이행합니다. 그 자신의 의사에 의해서가 아니라 아이의 간청에 의해서 그렇습니다.

이때 '아이'와 '어른' 사이의 관계는 이미 '복수複數적-경상鏡像적'이 아닙니다. '아이'가 아무리 자신의 내면을 들여다봐도 거기에 '어른'을 '타아'로서 상상적으로 파지하는 것을 허용하는 어떠한 유의미한 데이터도 찾을 수 없습니다. 애당초 '아이'의 욕망이 점화된 것은 복수적-경상적인 감정이입을 가져서는 그 '규칙성'을 포착할 수 없는 인간이 출현하였다고 믿었기 때문입니다.

그래서 아마도 대신은 뒤팽이 그의 눈앞에서 편지를 바꿔치기 해도 왕비의 경우와 똑같이 응시만 할 뿐 그것을 저지할 수 없었을 것입니다. 왜냐하면 뒤팽을 '어떤 룰을 갖고 게임을 하는지 모르는 수수께끼의 사람'의 지위로 끌어올린 것은 대신 자신이기 때문입니다.

> '수수께끼를 가진 사람'을 따르는 것, 그것이 '아이'의 정의다. 스스로 '아이'의 위치로 이행해서 상호주관적인 자아-타아도식에 머물러서 '감정이입'에 의해 상대방의 전략을 알려고 하

는 사람은 그 자신이 '감정이입이 불가능한 사람'으로서 규정한 '어른'을 앞에 두었을 때 구조적으로 패자가 될 수밖에 없다. 라캉은 이 대신의 포지션을 '전형적으로 상상적인 상황'이라고 이름 붙였다. (*EC*, p. 41)

대신은 뒤팽의 두 번째 방문 때 수수께끼를 좇는 자, 즉 '아이'의 위치에 스스로 발을 들여놓았습니다. 이때 그가 (장량이 그런 것처럼) 자신의 구조적 패자의 자리를 스스로 선택한 것을 자각하였다고 하면 그는 호락호락 편지를 빼앗기지 않았을 것입니다.

우리 앞에 상징계의 문이 열릴 때 '아이'에게는 두 가지 옵션이 준비되어 있습니다. 그것은 '장량처럼' '제자'가 되든지 '대신'처럼 '패자'가 되든지 둘 중 하나입니다.

'제자'란 자신이 '아이'의 위치에 있다는 것을 자각한 아이를 의미합니다. '패자'란 자신이 '아이'의 위치에 있다는 것을 자각하지 못하는 아이를 의미합니다. 그리고 우리가 다양한 설화를 경유해서 이어 온 모든 교양소설Bildungsroman은 우리에게 '패자'가 아니라 '제자'의 길을 걸어갈 것을 가르치고 있습니다.

제3장

이중화된 수수께끼

1. 대면

욕망은 수수께끼에 의해 부활합니다. 그러나 수수께끼는 그 정의상 실증적일 수 없습니다. 수수께끼는 실증적인 대체물로 바꿀 수 없습니다. 그것은 '무엇을 의미하는지 모르지만 무엇인가를 의미한다는 사실만은 알기' 때문에 시니피앙의 끝없는 교체를 활성화시키는 '무엇'을 의미합니다.

레비나스는 '수수께끼'를 다음과 같이 정의하였습니다.

> '타자'가 자신의 익명성을 유지하면서 나의 인지를 갈구하는 이 방식, 이해와 공범성의 눈짓을 단호하게 물리치고 자신을 현시하는 것 없이 현시하는 방식을 우리는 '현상phénomène'이라는 '조심성'이 없는 과장된 현현과 대립하는 것으로서 그 그리스어

의 어원까지 거슬러 올라가서 '수수께끼énigme'로 부르고자 한다. (*EDE*, p. 209)

수수께끼는 '흔적'이라는 방식으로, '외상外傷'이라는 방식으로 혹은 '전언철회se dédire'라는 방식으로 현출됩니다. 아니 그럴 수밖에 없습니다. '전언철회'가 완전히 정확하게 수행되기 위해서는 '들은 말'과 '그것을 취소하기 위해서 들은 말'이 똑같은 것이어야 하기 때문입니다. 취소를 의미하는 취소선의 가로줄은 첫 문자부터 마지막 문자까지 똑같은 길이로 그어져야 합니다. '수수께끼'에 터무니없는 의미는 출현함과 동시에 이미 취소되는 것이 필요합니다. 블랑쇼는 다음과 같이 썼습니다.

> 신을 본 자는 죽는다. 말 안의 말에 생명을 부여한 자는 질식한다. 말은 이 죽음의 생명이다. 그것은 '죽음을 가져오고 죽음 안에서 유지되는 생명'이다. 경탄해야 할 힘. 뭔가가 거기에 있다. 그리고 지금은 없다. 뭔가가 사라졌다. (Maurice Blanchot, *la Part du feu*, p. 316)

말에 생명을 부여하고 생명을 부여함으로써 사라지는 것. 지시된 문자열과 똑같은 길이의 취소선에 의해 철회되는 것. 그것이 '수수께끼'입니다. 프로이트는 그것과 똑같은 것을 '트라우마'라고 불렀습니다.

'트라우마'란 '나'는 기억하고 있지 못해서 '나'의 말로는 기술할 수 없고 '나'에 의한 이해를 벗어나서 '나에게' 한 번이라도 현실이 된 적이 없는 과거의 경험을 의미합니다. 그것은 기억에는 포함되지 않고 자기사史 안에서 위치 지을 수 없는 사건으로서, '나의 정사正史'로부터 구조적으로 배제되어 있습니다.

그러나 비록 우회적이긴 하나 이 '결코 언어화되지 않은 기억'을 말하는 방법이 딱 한 가지 존재합니다. 그것은 '나' 이외에 자신을 또 한 명의 '나'라고 밝히는 타자가 출현해서 그 두 사람이 '거의 같은 말을 반복할' 때입니다. 그렇게 '수수께끼'를 가리키는 언어의 운동, 그것을 블랑쇼는 '복수적 파롤parole'이라고 불렀습니다.

> 복수적 파롤이란 '내'가 말하는 것이 '타자'에 의해 다시 한번 반복되어 그것을 통해 그 본질적인 '차이' 속으로 돌아가는 독특한 파롤을 의미한다. 이 대화를 특징짓고 있는 것은 두 명의 '나', 일인칭으로 말하는 두 명의 인간 사이의 파롤 교환뿐만이 아니다. 거기서는 '타자'가 파롤의 현전을 통해서 말하고 있는 것이다. (Blanchot, *L'Entretien nfini*, p. 320)

'나'와 자신을 또 한 명의 '나'라고 밝히는 타자, 이 두 가지 목소리가 함께 울릴 때 거기에 '나'의 말로는 결코 담당할 수 없는 '뭔가'

가 일종의 '배음'처럼 들립니다. 그것을 과거의 시인들은 '뮤즈'라고 불렀고 소크라테스는 '다이몬'이라고 불렀고 무라카미 하루키는 '장어'라고 불렀습니다. 물론 그것을 '신의 목소리'라고 부를 수도 있습니다. 실제로 '시편'에는 이렇게 쓰여 있습니다.

> 하나님[주主]께서 한 번 말씀하셨을 때 내가 들은 것은 두 가지인데 … (시편 62편 11절)

탈무드에 의하면 이 성구는 '신이 한 번 말한 것을 인간은 두 가지 파롤 안에서 듣는다'라는 것을 가리키고 있습니다. 신의 말은 결코 단일한 파롤에 담기지 않습니다.

실제로 '주'는 모세를 시나이산으로 두 번 불렀고 계율을 새긴 석판을 두 번 줍니다. 그런데 왜 이런 수고를 들이지 않으면 안 되었을까요? 모세가 산에서 내려가서 금으로 만든 송아지의 형상에 예배하고 있는 동족의 모습에 분노해서 그 석판을 부술 것을 '주'가 예지하지 못했을 리가 없습니다. (만약 예지하지 못했다면 '주'는 '전지'하지 않은 것이 되기 때문입니다.)

율법의 석판을 모세가 부수고 난 후 '주'는

> … 돌판 두 개를 처음 것처럼 깎아 만들어라. 네가 깨뜨린 처음 돌판에 쓴 것을 내가 그 위에 다시 쓸 것이다. (출애굽기 34장 1절)

여기서는 '주'는 "내가 쓰겠다"고 선언하고 있습니다. 그러나 계율을 다 말하고 난 후 '주'는 왜인지 전언철회를 하고 모세를 향해 "이 말들을 써라"라고 명합니다.

저는 주의 의도를 설명할 수 있는 이유를 한 가지밖에 떠올릴 수 없습니다. 그것은 '주' 자신이 똑같은 말을 두 번 반복한다면 그것은 '신의 말'이 될 수 없기 때문입니다. 율법은 처음에는 '주' 자신이, 두 번째는 '주'의 말을 옮겨 적는 모세가 써야 합니다. '나'와 '나라고 자신을 밝히는 타자'에 의해 각각 한 번씩 언표되었을 때 비로소 '신의 말'은 지상에 현현합니다.

'신의 말', 그것은 두말할 필요도 없이 우리의 형이상학적 욕망에 불을 붙이는 '수수께끼'를 의미합니다. 우리를 '절대적 뒤처짐' 안에 남게 하는, '한 번도 현재였던 적이 없는 과거'를 의미합니다.

그리고 그것을 현시하는 것 없이 현시하게 하기 위해서는 모든 경우가 그런 것처럼 여기서도 역시 그것을 가리키는 동작과 그것을 취소하는 동작, 두 가지가 필요합니다. 구약성서가 가르쳐 주는 유대교적 사제관계는 '주'와 '모세'의 대면관계를 원형prototype으로서 구성됩니다. 확실히 레비나스는 그렇게 썼습니다.

> 하나의 정신이 그 외부에 있는 다른 정신에 닿기 위해서 이용할 수 있는 단지 하나의 수단, 그것은 '앎'이다. 모세가 신과 얼굴과 얼굴을 마주하고 말하였던 것이 의미하는 것은 제자와 스

승이 똑같은 탈무드의 가르침을 들여다보고 머리를 마주하고 있는 모습을 의미한다고 현자는 말하였다. (*DL*, p. 49)

그런데 이것은 불경한 말이 아닙니까? 어떻게 인간인 스승이 '주'의 기능을 대행할 수 있는 것입니까?

스승이 '주'의 기능을 정통적으로 대행할 수 있다면 그 이유는 한 가지밖에 없습니다. 그것은 대면적 상황에서 만나는 '두 사람'에게 각각 서로가 '누구인지'는 부차적인 문제에 지나지 않는다는 것입니다.

중요한 것은 '누구'가 '누구'와 대면한다는 것이 아니라 대면적 상황이 성립하는 그 자체입니다. 그리고 우리가 이미 봐 온 것처럼 대면적 상황이란 '나'와 '당신'과 같은 두 사람 사이에 성립하는 것이 아닙니다. 대화는 본질에서 '삼자협의'이고 외부로부터 도래하는 '제삼자'를 환대하는 장을 의미합니다.

그래서 '주'가 예언자와 족장에게 직접 내림來臨하는 시대가 끝나고 인간들이 더는 '주'와 직접 대면할 수 없게 되어도 '주'의 가르침을 모세가 다시 한번 반복하는 대면적 상황, 즉 '제삼자를 소환하는 장치' 그 자체는 때 묻지 않은 채 무한으로 반복할 수 있습니다.

스승은 실체로서의 '주'가 아니고 제자는 실체로서의 모세가 아닙니다. 그러나 스승과 제자의 관계는 '주'와 '모세'의 관계와 똑같을 수 있습니다. 탈무드 위에 몸을 웅크려서 성구의 의미에 관해

끝없는 주해의 대화를 전개하는 사제의 대화. 그것이 '신의 말'을 부활시키는 단 하나의 방법이라는 것은 그것이 시원始原의 대화적 관계의 완전한 '반복'이기 때문입니다.

사제관계에서 목표로 하는 것은 '주' 그 자체의 내림을 바라는 것도 아니고 주가 말하는 말을 '그대로' 재현하는 것도 아닙니다. 오히려 '주의 말'을 수수께끼로서 듣고 그것에 의해 점화된 '모세의 욕망'을 부활시키는 것입니다. 시원의 '욕망'을 반복해서 재생시키고 그 진정할 수 없는 결여를 매개로 해서 '제삼자'를 소환하는 것입니다.

제자는 스승을 욕망합니다. 스승이 갖고 있다고 상정된 수수께끼를 욕망합니다. 그리고 제자가 욕망하고 있는 그 수수께끼는 스승 안에 '갖고 있다고 상정된 수수께끼'입니다. 그래서 제자는 엄밀하게 말하자면 스승을 욕망하는 것이 아니라 늘 '스승의 욕망'을 욕망하고 있습니다.

유대교에서는 스승을 갖지 않은 독학자가 탈무드를 해석하는 것이 허락되지 않습니다. 우리는 여기서 그 이유에 다다르게 됩니다. 그것은 독학자가 수수께끼를 '복수적 파롤' 사이에 살게 하는 방법을 배우지 않았기 때문입니다.

독학자는 자신의 목소리 하나밖에 모릅니다. 목소리와 목소리가 부딪혀서 어울릴 때 비로소 욕망이 생성된다는 것을 모릅니다. 그래서 독학자는 모든 것을 기지既知에 환원하고 텍스트의 의미를 남김없이 밝히고 성구에 '정답'을 들이대고 해석의 운동을 정지시키고 탈무드에 '최종적 해결'을 가져오게 됩니다. ('최종적 해결'이라는 말이 현대사에서는 무엇을 의미하는지 모르는 사람은 아마도 없을 것입니다.) 독학자는 저주를 받지 않으면 안 됩니다.

2. 저주를 받은 독학자

독학자란 누구를 가리킬까요?

그것은 '타자'를 복수적-상상적 태도로 만나는 사람을 의미합니다. 독학자도 또한 이론異論과 대화를 시도하고 텍스트가 말을 거는 것에 대해 귀를 기울이는 경우가 있을 것입니다. 그렇지만 그의 노력은 '자신이 이미 알고 있는 것'을 타자의 파롤 안에서 '재발견'하는 쪽으로만 이루어집니다. 그것은 독학자가 '타자'를 모르기 때문입니다. 그의 눈앞에 있는 것은 그와 동격의 '타아', 그 자신의 '경상鏡像, image'에 지나지 않습니다. '상상계l'maginaire'의 거주민이라는 것은 그런 의미입니다.

상상계에 머무는 한, 장량의 눈에 황석공은 신발을 툭툭 떨어뜨리는 '치매에 걸린 노인'으로 밖에 보이지 않습니다. 레비나스 또한 슈샤니 스승의 풍모를 '보통의, 그것도 아주 평범한 인간의 기준에서 보면 부랑자와 비슷하다고 볼 수 있었다'라고 회상하고 있습니다. 그 노인을 놀랄 만한 선각자[知者]라고 간주하는 사람에게 있어 노인은 놀랄 만한 선각자이고 부랑자라고 간주하는 자에게 있어 노인은 부랑자에 지나지 않습니다.

'상상계'에 사는 자—독학자는 '기지既知'에 둘러싸여 살고 있습니다. 그래서 '타자'는 그에게 일단 '타자란 무엇인가?'라는 물음의 형태로만 주제화됩니다. 그는 '타자란 무엇인가?'를 생각하는 설문 형식으로만 타자 문제에 접근합니다. 독학자는 그 설문의 형식 자체가 이미 근원적 자세로서 '기지로의 환원'을 전제하고 있다는 것을 자각하지 못합니다.

레비나스는 그것을 '빛의 고독'이라는 말로 형용한 적이 있습니다. 독학자란 세계에 빛을 가져오고 어둠이 있는 곳에 빛을 비추고 모든 것을 '폭로'하는 자를 의미합니다.

> 우리의 우주를 채우는 빛은 … 현상학적으로 말해서 무엇인가를 현상하기 위한 조건이다. 즉 무엇인가 의미를 갖기 위한 조건이다. 대상은 존재하는 한은 누군가에게 존재한다. … 외부로부터 도래하는 것은 그 빛에 비추어져 이해된다. '이해된다는 것'은 우리로부터 유래하는 것이다. 모든 사물이 세계가 되는 것은, 즉 우리의 소유물이 되는 것은 이 빛을 매개해서이다. … 빛에 의해 세계는 주어지고 파지된다. (*EE*, pp. 74-75)

그런데 이 세계에서 우리는 절대적인 고독에 숙명 지워져 있습니다. 그것은 손에 닿는 모든 것이 황금으로 바뀌어서 굶어 죽고 마는, 신화에 등장하는 왕과 똑같이 그때마다 이미 자기 자신으로부터 유래하는 것만 만날 수 있기 때문입니다.

> 그렇게 해서 빛은 외부를 내부로 포섭하는 것을 가능케 한다. 그것이 코기토cogito가 의미하는 구조 그 자체다. 사고란 늘 밝은 곳이든지 밝음의 징조이든지 둘 중 하나다. … 대상은 외부로부터 도래함에도 빛에 의해 외부에 선행하는 지평 안에서 이미 우리의 소유물이 된다. 그것은 이미 파지된 외부로부터 도래한다. 따라서 그것은 우리 안에서 유래하는 것에 의해, 그리고 우리의 의사가 그렇게 명령한 대로 형태를 바꾼다. (*EE*, p. 76)

그때마다 이미 기지인 것을 기지에 밀어 넣는 것, 그것이 서구 사상에서의 '앎'의 기능입니다. 독학자란 서구적인 앎의 다른 이름입니다. 앎은 세계를 비추어 내고 세계를 소유합니다. 그렇지만 독학자의 숙명으로서 그는 '복수적-경상적-타아적'인 것을 무한으로 열거하고 자신과 비슷한 얼굴로 세계를 가득 채우는 것밖에 할 수 없습니다.

확실히 자신의 실물과 비슷한 모양만으로 채워진 세계는 구석구석까지 폭로되고 숙지되어 있습니다. 그러나 자신의 실물과 비슷한 모양과 마주하고 자신이 발화하는 말에 귀를 기울이고 자신이 쓴 말을 읽고 자신이 의미를 부여한 사물의 의미를 재발견하는 것만 허용된다면 인간의 '자유'란 무엇인가요. 인간은 무엇을 '경험'하고 있다고 말할 수 있을까요?

> '앎'이란 존재의 바로 앞에 본질로 존재하는 하나의 방식이다. 그것은 사태(사건)와 관계를 맺지 않는 권능을 유지하면서 사태에 접근해 가는 하나의 양식이다. 주체란 무한후퇴의 권능, 즉 우리에게 도래하는 것의 배후에 끊임없이 돌아 들어가는 기능을 의미한다. (*EE*, pp. 77-78)

> 쉴 새 없이 사태의 배후로 돌아 들어가고 결코 사태에 말려드는 일 없이 단지 관상하는 것뿐. 그것이 독학자—서구적 앎의 방법이다. 레비나스는 그것을 '오디세우스의 모험'에 비유했다. 오디세우스는 놀랄 정도로 편력을 거듭하지만 '그 모험의 모든 것은 단지 고향 섬에 돌아가기 위한 통과였을 뿐'이다. (*EDE*, p. 188)

레비나스가 '외부적인 것'의 '동일한 것'으로의 환원이라고 말한 것은 이러한 사태입니다.

> '외부적인 것l'Autre'의 중립화—주제 혹은 대상이 되는 것, 즉 밝음 속에 위치 지워져 있는 방식으로 현현하는 것은 다름 아닌 '외부적인 것'의 '동일한 것le Meme'으로의 환원과 다름없다. (TI, p. 14)

레비나스의 '타자론'을 '타자란 무엇인가?'와 같은 물음을 갖고 읽으려고 하는 것은 이른바 오디세우스의 방법으로 레비나스라는 '사건'에 덤벼들려고 하는 것과 비슷합니다. 눈앞에 있는 텍스트로부터 얻을 수 있는 학술정보를 자신의 지적 자산 목록에 등록하려고 읽는 자는 아무리 박식하든 명민하든 독학자에서 벗어날 수 없습니다. '내'가 시점이자 동시에 종점인 것을 자명한 것으로 의심하지 않는 사고는 독학자의 사고입니다. 바로 그러한 읽기의 한계와 불가능성에 관해서 말하고 있는 텍스트를 해당 텍스트가 물리치고 있는 읽기 방식으로 읽는 것의 적법성을 먼저 묻지 않으면 안 됩니다.

레비나스의 제안은 텍스트를 읽는 행위 그 자체를 '사건'이라고 보는 방식의 읽기를 시도하자는 것입니다. 우리는 독학자이기를 중단하지 않으면 안 됩니다. 그것은 단적으로는 지금 읽고 있는 바로 이 텍스트를 쓴 사람을 '스승으로서의 타자'로 여기고 스승이 가진 '수수께끼'를 욕망하는 방식으로, '표류'에 발을 내딛는 읽기를 시도하는 것입니다.

그것을 레비나스는 아브라함의 여행에 비유하였습니다.

> 우리는 이타카섬에 귀환하는 오디세우스의 신화에 아브라함의 이야기를 대치하고자 한다. 그는 고향을 버리고 아직 알려지지 않은 토지를 향해 여행을 떠난다. 하인으로 하여금 자기 아들이 출발점에 돌아오는 것조차도 금하게 하였다. (*EDE*, p. 191)

이것은 그대로 '레비나스의 텍스트를 읽는 방식'을 우리에게 지시하고 있습니다. 레비나스의 텍스트를 읽는 자는 '아직 알려지지 않은 토지'로서 읽을 것뿐만 아니라 그 토지를 걸은 역정을 말하기 위해서 다시 한번 '출발점'에 돌아가는 것을 자제할 것을 요구받습니다. 그것이 '스승으로서의 타자'를 만날 때의 방법이기 때문입니다.

타자에 관해서 레비나스는 다음과 같이 썼습니다.

> 절대적으로 외부인 것, 그것이 '타자'다. 그것은 자아와 똑같은 도량형을 가져서는 계량할 수 없다. 내가 '당신' 혹은 '우리는'이라고 말할 때의 집단성은 '나'의 복수형이 아니다. 나, 당신, 그것은 어떤 공통 개념을 개체화한 것이 아니다. 소유도 도량형의 일치도 개념의 일치도 나를 타자와 관련짓지 않는다. 공통하는 조국의 부재, 그것이 '외부적인 것'을 '이방인'으로 만든다. (*TI*, p. 9)

지금 이 텍스트를 읽고 있는 저와 이것을 쓴 레비나스 사이에는 상호주관적 지평이라는 '공통의 조국'은 없습니다. 그럼에도 레비나스를 '스승으로서의 타자'로 생각하고 레비나스의 욕망을 욕망하는 것은 제게 허락됩니다. 그것은 아직 모어를 모르는 유아가 엄마가 거는 말로부터 모어를 습득하는 것과 똑같이 우리가 아직 모르는 언어로 쓰인 텍스트를 읽는 방식을 텍스트 그 자체로부터 배우는 여정입니다.

만약 제가 레비나스의 텍스트를 읽는 방식을 레비나스에게 배울 것까지도 없이 이미 알고 있다고 주장하였다면, 저는 레비나스와 제 자신이 상호주관적인 차원에서 연결된 '동류'라는 전제에 서 있다는 것입니다. 레비나스의 사고를 복수적−상상적인 '감정이입'에 의해 동조가능하다고 생각하고 있다는 것입니다. 그런데 그 입장이야말로 '구조적 패자'의 위치라는 것을 우리는 라캉을 통해 막엄하게 지적받지 않았던가요. 라캉은 다음과 같이 썼습니다.

> 주체는 거울에 비추는 입장을 취하고 그것을 통해 상대방의 행동을 간파할 수 있습니다. 그러나 이 방법 자체가 이미 상호주관성의 차원을 전제로 하고 있습니다. 주체에게는 눈앞에 있는 것이 원칙적으로 자신과 동류의 타자라고 알고 있는 것이 전제되어 있기 때문입니다. … 이 주사위의 짝수와 홀수, 또 그것으로 승부를 결정하는 도박 게임이 복수적 관계, 상대방과의 등

가, 타아alter ego와 '에고'라는 수준에서만 이루어진다고 하면 결코 두 번째 단계로 도달하는 일은 없음을 곧바로 알 것입니다.

(ジャック·ラカン, 『自我〈下〉』, pp. 11-12)

복수적―상상적 플레이어는 결코 '제2단계'로 진행할 수 없습니다. '제2단계'란 '상징계'를 의미합니다.

3. 타아와 타자

우리는 라캉의 용어 '상징계le symbolique'의 의미를 일단 "내가 이해도 공감도 하지 못하는 그 타자, 어떠한 도량형도 공유하지 않는 타자를 만나는 경위"라는 식으로 정의해 두기로 하겠습니다.

그렇다면 '상상계l'maginaire'란 '내가 만나는 사람들이 우리와 함께 하나의 전체성을 구성하고 있는, 감정이입이 가능한 타아라는 지평'이 됩니다. 아브라함의 여정은 상징계를 지향하며, 오디세우스의 모험은 상상계 안을 빙빙 돕니다.

'타자'와 '타아'는 비슷하지만, 전혀 다릅니다. 이것에 관해서는 『레비나스와 사랑의 현상학』에서 상술했는데, 번거로움을 무릅쓰고 그 정의를 다시 한번 확인해 두기로 하겠습니다.

'타아'란 나와 똑같은 자격으로, 나와는 '다른 주관'으로서 똑같은 객관적 세계를 경험하고 있는 자를 의미합니다. 후설은 다음과 같이 썼습니다.

> 나는 타아를 동시에, 이 세계에 대한 주관으로서 경험한다. 즉 나는 타아를 이 세계, 즉 나 자신이 경험하는 것과 동일한 이 세계를 경험하고 그때 나도 즉 세계를 경험하고 그 세계 안에서 타아를 경험하는 것으로서 나도 경험하는 것으로서 경험한다. (エドムント・フッサール, 『デカルト的省察』, 船橋弘 訳, 中央公論社, 世界の名著 50, 1970, p. 276)

확실히 타아는 나와 다른 방식으로 세계를 경험하고 있습니다. 타아가 경험하고 있는 세계현상이 나에게는 직접적인 방식으로 주어지지 않습니다. 그러나 나는 타아가 나와 똑같은 세계를 경험하고 있는 것을 숙지하고 있습니다. 나의 세계에 대한 경험 그 자체가 타아의 세계 경험을 전제로 해서만 성립하기 때문입니다. 이것에 관해서는 후설이 말한 '집'의 예를 통해 쉽게 이해할 수 있습니다.

내가 한 채의 집을 앞에 두고 있을 때 나에게는 그 집의 앞면밖에 보이지 않습니다. 집의 옆면과 뒷면은 지금은 비주제적인 것에 머물러 있습니다. 그러나 지금 집의 앞면을 보고 있는 나는 이 집에 옆면과 뒷면이 있다는 것을 '알고 있습니다.' 그 사실을 알고 있지 않으면 애당초 나는 나 자신이 보고 있는 해당 대상이 '집의 앞면이다'라고 말도 할 수 없을 것입니다. 이 집에는 옆면도 뒷면도 있다는 것을 '알고 있으므로' 나는 지금 나의 지각에 직접적으로 주어져 있는 것이 '집의 앞면'이라고 확신할 수 있습니다. 그것은 내가 집 앞에서 옆으로 걸어 돌아가면 옆면이 보이고 조금 더 돌아가면 뒷면이 보인다는 것을 확신하고 있기 때문입니다. 이러한 '집의 옆면을 보고 있는 상상 속의 나', '집의 뒷면을 보고 있는 상상 속의 나'들이 '집의 앞면을 보고 있는 나'의 직접적 경험의 진정성을 담보해 주고 있습니다. 나를 대신해서 대상의 무수한 상을 동시에 응시하고 있는 이 '상상 속의 나'들, 그것이 타아입니다.

공간적 대상의 표상을 성립시키기 위해서는 '내가 보고 있지 않은 것을 누군가 보고 있다'는 확신이 원리적으로 불가결합니다. 이렇듯 '내가 보고 있지 않은 것을 보고 그것에 의해 나의 지각의 진정성을 담보해 주는 타자'를 후설은 '타아'라고 이름 붙였습니다.

주관성은 그때마다 이미 상호주관성입니다. 그래서 상호주관성이 성립할 때는 타아가 사실적으로 존재할 필요조차 없습니다. 후설의 탁월한 비유를 빌린다면 전세계의 모든 사람이 페스트로 죽고 나 혼자 살아남아도, 그럼에도 '세계가 존재한다'는 나의 확신은 흔들리지 않습니다. 사실의 수준에서 나와는 다른 방식으로 세계를 경험하고 있는, 다른 주관이 존재하든 하지 않던 원리의 수준에서 나는 늘 상호주관적으로 세계를 경험하고 있기 때문입니다.

타아는 그러한 방식으로 그때마다 자아에 이미 침투되어 있습니다.

> 따라서 타아는 나 자신의 유사자로서밖에 생각할 수 없다. 타아는 … 필연적으로 나의 객관화된 최초의 자아의 혹은 나의 제1차 세계의 지향적 변종태로서 나타난다. 즉 타아는 현상학적으로는 나의 자아의 변용태로서 나타난다. … 말을 바꾸면 타아의 모나드는 나의 모나드를 통해서 간접적으로 나타나고 구성되는 셈이다. (같은 책, p. 304)

라캉이 '복수적-상상적인 것l'maginaire이라고 이름 붙인 것은 '자아의 변용태로서의 타아'를 의미합니다. 자아가 상상계의 지평에 머무는 한 자아가 만나는 것은 어디까지나 '자아의 상상적 변용태', 즉 '동류'뿐입니다. 자아는 결코 '타자'를 만나지 않습니다. 이러한 자아는 어디까지나 '그 몸에 일어나는 모든 사건을 통해서 자신의 자기동일성을 반복해서 발견하는', 다름 아닌 '아무리 변화를 거쳐도 늘 동일적'임과 다름없기 때문입니다.

내가 만나는 것은 비非-나라고 해도 그것이 자아의 자기동일성을 담보하는 한 '타자'가 아닙니다.

> '동일자'를 규정하는 한 '외부적인 것'은 엄밀한 의미에서 '외부'가 아니다. 경계선을 공유한다면 '외부적인 것'은 시스템의 내

부에 있고 아직 '동일자'이다. (*TI*, p. 9)

'타자'는 자아와 상호주관적인 차원을 공유하지 않습니다. 타자는 단적으로 자아의 공감도 상상도 벗어나 있고 자아와 어떠한 공통의 차원도 도량형도 경계선도 갖지 않습니다. 그럼에도 타자는 우리 안의 '집과 고향을 버리고 외부로 나서라'라며 저항하기 힘든 욕망에 불을 붙이는 방식으로 임박해 옵니다. 우리가 '타자'를 경험하는 것은 오직 '욕망'을 통해서이고 그 '욕망'은 우리에게 오로지 '게임의 규칙을 알고 있다고 상정된 주체'의 뒤를 쫓기만 하기를 요구합니다.

'욕망'은 주체에게 '해체하라'고 가혹한 요구를 들이댑니다.

> 주체는 그것 자체가 해체되는 일 없이는 그리고 그 결과 대상이 한없이 일련의 이동으로 도망가는 것을 보지 않고는 욕망할 수 없습니다. (ジャック・ラカン, 『自我〈下〉』, pp. 6-7)

독학자, 즉 복수적-상상적 자아는 만나는 모든 다른 사람 안에서 자아의 상상적 변용태밖에 보지 못합니다. 흔들리지 않는 주체성을 기초 짓는 것을 대가로 독학자, 복수적-상상적 자아는 손에서 '욕망'을 놓아야 합니다. 그것은 탈무드의 독학자가 성구에 최종적인 해석을 부여하고 그것을 닫기 위해 텍스트를 읽으려고 하는, 근원적인 의미에서 자폐적인 숙명을 의미하는 셈인데, 라캉은 '상상적인 분석가'에 대해서도 똑같은 경고를 고지告知합니다.

> 분석가가 경험적으로 집적한 '앎'은 그것이 '상상적인 것'에 머무는 한, '그것이 아무리 많은 양이라고 해도 분석가에게는 어떤 교육적 가치도 갖지 않기' 때문이다. (ジャック·ラカン, 『エクリ II』, 佐々木孝次 他訳, 弘文堂, 1977, p. 43)

> 실제 분석가는 무지ignorance인 병증을 자신의 앎savoir으로 받아들이는 것을 통해서만 비로소 이 길에 들어갈 수 있다. … 무지를 드러내서 보여 주는 적극적인 몸짓은 무―지non-savoir라서 이것은 앎의 부정이 아니라 좀 더 단련된 앎의 형태다. 분석가에 뜻을 둔 사람의 교육은 이 무―지로 이끄는 스승 혹은 스승들의 행위가 없었다면 성취될 수 없다. 그것이 없으면 이 사람은 분석가라는 로봇밖에 될 수 없다. (같은 책, pp. 43-44)

라캉이 분석가에게 요구한 것은 기존의 프로그램과 경험적으로 카탈로그화된 진료형을 덧그리고 환자를 기지의 병증으로 처리하는 것이 아니라 그때마다 늘 '진정한 파롤'을 말하는 것이었습니다. '진정한 파롤'이란 분석가 자신의 '말하려고 해도 말할 수 없는', 분석가로 하여금 말하기를 충동하는 '원동력'을 의미합니다.

무의식은 분석가가 말parole을 하려고 가진 것을 이미 알고 있거나 혹은 그것을 알고 있다고 믿고 있으므로 '말을 가진 것'이 없어지면 그것만으로 닫히고 만다. 그래서 분석가가 주체에게 말을 걸었다고 해도 주체도 말이 말하려고 하는 것에 관해 똑같은 만큼의 것을 알고 있으므로 주체는 분석가가 말하는 것에 관해서 거기에 분석가의 독특한 말로부터 생성되는 진실을 인정할 수 없다. (같은 책, p. 46)

분석가가 '이미 알고 있는 것' 혹은 '알고 있다고 굳게 믿고 있는 것'을 말할 때는 분석 주체 또한 그것과 똑같은 정도의 것을 알고 있습니다. 서로가 '알고 있는 것'을 '알고 있는' 사람들의 공존재적인 지평에서는 어떠한 분석적 대화도 성립하지 않습니다.

거기서는 '무의식이 닫히기' 때문입니다.

그런데 '무無-지知로 이끄는 스승'은 '나를 욕망하라'고 말합니다.

우리는 물론 이 명령에 어떻게 대응해야 하는지 적절한 해답을 모릅니다. 아무리 철학과 정신분석에 관한 소양이 있어도 아무리 판단력과 직감이 훌륭해도 그것은 우리가 이 명령에 '옳게' 대답하는 방식을 가르쳐 주지 않습니다. "나를 욕망하라"고 하는 절박에 대처하는 일반해一般解는 어디에도 존재하지 않습니다.

4. 교역과 주체

레비나스의 텍스트 퍼포먼스의 특이성에 관해서 콜린 데이비스Colin Davis는 다음과 같은 솔직한 감상을 남겼습니다.

> 그는 왜 고의적으로 그렇게 알기 어렵게 썼을까? 이 물음에 대한 대답은 『전체성과 무한』이라는 책으로서의 성격과 레비나스가 시도한 본성과 깊게 관계가 있다. … 『전체성과 무한』은 반복적이고 단편적이고 이전의 논의를 되풀이한다고 생각하기 십상인데, 사실은 그렇지가 않다. 이 책은 아직 시작하지 않은 논의를 앞서 맞이한다. 그것은 빙빙 도는 구조를 이루고 있다고 말해도 좋다. … 독자 중에는 이 책이 외견상으로는 일관성이 있는 것처럼 보이지만 읽다 보면 눈앞에서 제각기 흩어져서 균열 속으로 사라져 간다고 느끼는 사람도 있을 것이다. (コリン・デイヴィス, 『レヴィナス 序說』, 内田樹 訳, 国文社, 2000, pp. 107-108)

레비나스의 어법이 난해한 원인 중 하나는 여기서 지적하고 있듯이 '전언철회'에 있습니다. 그것은 이른바 '오른손으로 내민 것을 왼손으로 숨기는 어법'입니다. 레비나스는 중요한 것을 말할 때 늘 뭔가를 지시하는 동시에 그것을 부정하는 방식으로 말합니다. 그래서 레비나스의 가장 중요한 사고는 늘 '취소선이 붙은' 상태로 우리 앞에 등장합니다.

'리얼리티 없는 리얼리티', '관계없는 관계', '가교 불가능한 동시에 가교되어 있는 타자', '포착 가능하면서 모든 포착을 벗어난 것', '어떠한 저항력도 갖지 않는 것의 저항', '어떠한 수동성보다도 수동적인 수동성', '과거 한 번도 현재가 된 적이 없는 과거'…레비나스는 이러한 어법을 구사합니다. 왜 이러한 어법을 구사할까요. 레비나스 자신은 이렇게 설명합니다.

> '말하는 것'은 커뮤니케이션이다. 단 이것은 모든 커뮤니케이션의 폭로로서의 커뮤니케이션의 조건을 이루는 커뮤니케이션이다. (*AQE*, p. 61)

우리는 앞에서 야콥슨을 인용하면서 커뮤니케이션에는 '비교화적-사실인지적'인 것과 '교화적-수행적'인 것 두 가지 종류가 있다고 말했습니다. 레비나스의 말로 바꾸어 말하면 그것은 '전달로서의 커뮤니케이션'과 '폭로exposition로서의 커뮤니케이션'입니다. '메시지가 오가는 것'과 '메시지가 오가는 회로를 열어젖히는 것'은 다른 수준의 사태입니다.

레비나스는 두 종류의 커뮤니케이션 양상을 '말하여진 것le Dit'과 '말하는 것le Dire'이라는 식으로 바꾸어 말했습니다. 이 두 가지는 '말하다dire'라는 프랑스어 동사의 과거분사형과 원형이므로 문법적인 뉘앙스를 가져와서 말하자면 '말하는 것'은 생성되는 어떤 운동 그 자체를 가리키고 '말하여진 것'은 그 운동이 완료된 후의 결과를 가리키고 있습니다. 레비나스는 이 두 가지 차이에 관해서 다음과 같이 썼습니다.

> '말하는 것' 그것은 이웃에 다가가는 것, '의미생성signifiance'을 선물하는 것이다. 그것은 '말하여진 것' 안에 (이야기로서) 표시되는 '기호의 수여'로 끝나지 않는다. 타자에게 선물로 준 의미생성은 모든 대상화작용에 선행하고 있다. 그 말의 엄밀한 의미에서 '말하는 것'은 기호를 건네는 것이 아니다. '기호의 건넴'이 이루어진다는 것은 이미 기호가 표상되고 있다는 것이다.
> (*AQE*, p. 61)

'기호를 건네는' 커뮤니케이션이란 이른바 '이미 만들어져 있는 말'을 패키지에 넣어서 상대에게 건네는 커뮤니케이션을 말합니다. 거기서는 '말하고 싶은 것'이 미리 머릿속에 만들어져 있어서 그것을 단지 인쇄하듯 말하는 것입니다. 화자는 커뮤니케이션에 앞서서 이미 주체로서 정해져 있고 청자 또한 똑같이 주제로서 '실체화'되어 있습니다. 그래서 양자 사이를 오가는 기호는 상호주관적인 차원에서 그 의미가 이미 일의적으로 확정된 것으로 합니다. 아니 그렇다기보다는 거기서 오가는 가치가 미리 확정되어 있지 않으면 애당초 '건네는' 일이 이루어질 수 없습니다. 그것은 상품 거래의 장에서 상품의 가치와 그 상품에 대해 치러지는 화폐의 가치가 '등가'라는 것에 관해서 양자 사이에 미리 이해가 성립하고 있다고 생각하는 것과 비슷합니다.

그런데 '의미생성을 선물하는' 커뮤니케이션은 그것과는 다른 것입니다. 그것은 현대사회라는 틀에서 말해 보자면 상품 거래라기보다는 미개사회의 '침묵교역'과 비슷합니다.

'침묵교역'이란 직접적으로 교환 상대와 교섭하는 일 없이 특정한 장소에 물건을 두고 상대가 그것과 '등가'라고 생각되는 물건을 교환하는 시스템입니다. 예를 들면 두 부족이 만나서 일단 해를 끼치지 않을 것 같다고 확신이 들면 그들은 서로에게 다가가서 짐을 펼칩니다.

> 한쪽 남자가 한가운데에 뭔가를 던지면 다른 한쪽 남자도 그것과 교환으로 뭔가를 던져서 교역품을 찾아간다. 이렇게 해서 어느 쪽이든 물품이 전부 없어질 때까지 교역이 계속된다. (マーシャル・サリンズ, 『石器時代の経済学』, 山内昶 訳, 法政大学出版局, 1984, p. 270)

이러한 형태의 교역은 '외부 권역'에서 이루어집니다. 여기서 말하는 '외부 권역'이란 '미개공동체의 민족적 변경邊境', 즉 공동체의 언어와 도덕과 가치관이 그 통용될 가능성을 잃고 만나는, 집단간의 격절과 균열이 두드러진 장소입니다. 그러나 침묵교역에서는 '근본적인 사회적 균열이 있어도 경제적 상보성은 지키려고 하는 의도'는 유지됩니다.

마셜 살린즈Marshall Sahlins는 인류학적 관찰을 토대로 중요한 두 가지를 지적하였습니다.

하나는 '어떠한 관계를 피함으로써 양호한 관계가 유지되는' 것이 있을 수 있다는 것. (침묵교역이 다름 아닌 그것입니다.) 또 하나는 교역에서는 '불균형의 정도가 심할수록 다시 한번 만나야 하기에 교역 파트너 제도가 유지된다'는 것입니다. (같은 책, pp. 243-244)

그런데 잘 읽어 보면 이 지적은 한마디로 정의를 내리기가 힘든 모순을 품고 있습니다. 어떤 공동체의 외부—변경이란 그 집단에서 '경제적 가치' 그 자체가 환상성을 소실하는 장소이기 때문입니다. 아마도 (물건을)받는 측은 얼굴도 모르는 부족의 남자가 누구에게도 속하지 않는 영역'No man's land'에 던진 물건의 경제적 가치를 모를 것입니다. 그럼에도 받아 든 자는 그것과 '경제적 가치가 등가인 것'을 던져 놓습니다. 교역한 것이 '등가'라는 것을 그들은 어떻게 아는 것일까요? 그들은 본 적도 없고 그 사용 방법도 모르는 '상품'의 '등가물'을 어떻게 자신들의 재산 목록 안에서 발견하는 것일까요?

아마도 침묵교역에서는 '등가물'의 교환이 이루어지는 것이 아닐 것입니다. 그러면 왜 사람들은 그럼에도 교역을 멈추지 않는 것일까요?

살린즈의 두 번째 지적은 사람들은 적절한 등가교환이 이루어진다고 생각하지 않을 때 '다시 한번 만나야 한다'고 느낀다고 가르쳐 주고 있습니다. 자, 그러면 우리가 교역상대와 '다시 한번 만나야 한다'고 통감하는 것은 어떤 경우일까요?

우리 쪽에 답례 의무가 발생한 것은 (물건을) 받아 든 우리가 '이 교환은 부등가다'고 생각하였기 때문입니다. 그런데 여기에는 배리가 있습니다. 교환된 것이 '부등가'라는 것을 알기 위해서는 교역하는 양자 사이에 '공통의 도량형'이 있어야 합니다. 그런데 공동체의 외부—변경에서 이루어지는 교역은 본래 '공통의 도량형을 갖지 않는 사람들' 사이에서 이루어졌을 것입니다. ('공통의 도량형'이 있다고 하면 그것은 공동체 '내부'에서의 교환이 됩니다.) 그렇다면 교역의 지속을 동기 짓는 것이 '교환이 이루어진 물건의 부등가성에 의한 답례 의무의 발생'이라는 논리구조로 설명하는 것에는 무리가 있습니다. 교역을 동기 짓는 것은 교환된 것의 등가성도 아니고 부등가성도 아닙니다. 오히려 아마도 교환된 것의 계량 불가능성일 것입니다. 사람들은 교환된 것의 '가치를 모르기' 때문에 계속 교역을 지속해야 한다는 심리적 압력을 느끼는 것이지 '가치를 알기' 때문에 그렇게 하는 것이 아닙니다.

그래서 아마도 그 계량 불가능성으로 인해 '교역 상대를 다시 한번 만나야 한다'고 우리에게 생각하게끔 하는 심리적 압력이 높으면 높을수록 '경제적 가치'가 높다고 간주할 것입니다.

화폐가 그렇습니다. 화폐는 그것을 뭔가와 교환해 줄 사람과 '다시 한번 만나지 않는 한' 무가치입니다. 화폐를 소유한 사람은 '교역 상대와 아무래도 다시 한번 만나야 한다'는 심리적 압력을 계속 받습니다. '갖고만 있어서는 무가치'라는 상품 성격 그 자체가 화폐의 상품 가치를 구성합니다. 우리는 상거래에서 그다지 깊게 생각하지 않은 채 '경제적 가치'라는 말을 사용하며 그러한 것이 마치 상품과 서비스 안에 내재하고 있는 것처럼 생각하지만, '경제적 가치'는 그 '물건' 안에 자존하는 것이 아니라 '교역이 유지되었다'는 사실이 가져오는 사후적 효과입니다.

교역을 동기 짓는 것은 '상품 그 자체에 내재하는 가치'가 아닙니다. 오히려 '상품의 내재적 가치' 그 자체가 교역이라는 '최초의 일격'에 의해 '무로부터 창조'되었습니다. 가치가 있는 것이 교환된 것이 아니라 교환됨으로써 '가치'라는 개념이 발생하였습니다.

그 사정은 언어의 커뮤니케이션에서도 다르지 않습니다. 커뮤니케이션을 동기 짓는 것은 '말의 의미'가 아닙니다. 오히려 송신인은 '말의 의미'를 수신인에게 선물하고 수신인이 답례 의무의 압력을 느꼈다는 사실의 효과로서 사후적으로 주어진 것입니다. 레비스트로스는 이렇게 썼습니다.

인간들에게 파롤(발화)을 '교환하도록' 강제한 원초의 충동은 두 개로 나뉜 표상(이는 처음으로 출현한 상징적 기능으로부터 파생됐다)에서 발견할 수 있지 않을까? 발화된 어떤 '음향 현상'이 말하는 자와 듣는 자에게 동시에 어떤 직접적인 가치를 증여하는 것으로 해석될 때 그 '음향 현상'은 모순된 성질을 띠게 된다. 즉, 오로지 이를 보완하는 가치를 교환함으로써만 상쇄할 수 있다는 것이다. 모든 사회적 활동은 여기에 귀결된다. (Claude Lévi-Strauss, Anthropologie structurale, Plon, 1973, pp. 70-71)

레비스트로스는 언어적 커뮤니케이션의 기원을 '두 개로 나뉜 표상représentation dédoublée'이라는 알기 어려운 술어로 설명하였습니다. 그것은 어떤 음성을 '발화한 자'와 '들었던 자'가 동시에 이것을 '증여'라고 감지하였다는 것을 가리키고 있습니다. 증여를 받은 자가 '보완적 가치', 즉 '응답'을 통해 이것에 답례하는 것 이외에 '증여로 발생한 불균형'은 해소되지 않습니다. 그렇게 해서 두 사람의 주체는 끝없는 파롤의 교환 운동에 말려듭니다.

아니 이렇게 표현하는 것은 엄밀하다고 할 수 없습니다. 교환 이전에는 발신자도 수신자도 각각 '누구'인지 아직 확정되지 않은 이상, '말려든다'라는 표현 그 자체가 부정확합니다. 발신자와 수신자가 '누구'인가는 메시지의 교환이 시작되고 표상의 분할이 이루어진 '후'에 결정됩니다. '경제적 가치'가 '물건' 안에 자존하는 것이 아니라 '교역이 유지되었다'는 사실이 가져오는 사후적 효과라는 사실처럼 '말하여진 것'의 의미가 '말하는 것'에 앞서서 자존하는 일은 있을 수 없습니다.

라캉은 '말을 알아들었다는 상황'이 어떤 것인가에 관해 환기적인 비유를 들어서 우리에게 가르쳐 줍니다.

오디세우스의 동료들이 여행 도중에 돼지로 변했을 때, 그들은 돼지우리에서 꿀꿀대고 있었습니다. 라캉은 이것이 '파롤'로 받아들여지기 위해서는 어떤 조건이 필요한지 사유하기 시작했습니다. "돼지우리라는 폐쇄된 공간 안에서 시끌벅적 뒤엉켜 우리 귀에 전달되는 꿀꿀 소리가 파롤이라는 것을 어떻게 알 수 있을까요?" 라캉은 스스로 세운 이 물음에 이렇게 답합니다.

> 돼지의 꿀꿀대는 울음소리가 파롤이 되는 것은 '그 울음소리가 무엇을 믿게 하려는가'와 같은 물음을 누군가가 세울 때뿐입니다. 파롤은 누군가가 그것을 파롤이라고 믿는 딱 그만큼만 파롤이 됩니다. (ジャック·ラカン, 『フロイトの技法論〈下〉』, p. 124)

돼지로 둔갑한 오디세우스의 동료들이 꿀꿀대며 오디세우스에게 전하려는 것은 (모습이 아주 변해 버리긴 하였지만) 자신들이 그의 동료라는 사실입니다. '동료로서 오디세우스에 의해 다시 인식되는 것', 그것이 돼지들의 바람입니다.

> 파롤은 무엇보다도 다른 차원 안에 위치 지워져 있습니다. 파롤이라는 것은 본질적으로 재인되기 위한 수단입니다. 파롤은 배후에 있는 모든 것의 이전에 있습니다. (같은 책, p. 124)

돼지의 파롤이 말하고 있는 것이 무엇인가 하는 것은 이차적인 물음에 지나지 않습니다. '그 파롤이 말하고 있는 것은 무엇인가' 하는 물음은 그것이 '파롤이라는 사실'이 청자에게 이미 인지된 경우에만 성립할 수 있기 때문입니다. 그래서 그 의미를 알아들으려고 하는 인간이 있는 한 '돼지의 울음소리'는 파롤로서 들리는 것입니다.

> 동물의 랑가주language라는 것이 존재하는 것은 그것을 이해하려는 사람이 있다는 바로 그 조건에 한정됩니다. (같은 책, p. 125)

파롤은 그것을 '전하려고 하는 욕망'과 '들으려고 하는 욕망'이 두 가지 항으로 분할되는 바로 그때 파롤로서 의미를 띱니다. 라캉이 정확히 말하고 있는 대로 '스승은 제자가 대답을 발견하는 바로 그때 대답을 제공합니다.' 물음과 대답, 스승과 제자, 화자와 청자, 타자와 주체는 동시에 발생합니다.

파롤에 관해 위대한 스승들이 우리에게 가르쳐 주는 것은 거의 조금도 다르지 않습니다. 그것은 들을 용의가 있는 자, 외부로부터 도래하는 말을 알려고 욕망하는 자의 귀에만 말이 닿는다는 것입니다. 읽을 용의가 있는 자는 '백지'로부터도 성서의 메시지를 읽어 낼 수 있고, 들을 용의가 있는 자는 '돼지의 울음소리'로부터도 인간의 말을 들을 수 있습니다.

단, 오해해서는 안 되는 것은 '들을 용의가 있는 자'와 '외부로부터 도래하는 파롤을 욕망하는 자'를 결코 커뮤니케이션에 앞서서 자존하는 '정보 감도가 높은 실체'로 봐서는 안 된다는 것입니다. 주체는 커뮤니케이션에 앞서서 존재하지 않습니다. 메시지를 '알아들었다'는 해당 사실이 거기에 메시지를 발신한 자가 있었다는 것, 그것을 수신한 자가 있었다는 것을 사후적으로 보여 줍니다.

우리가 지금까지 '파롤'과 '청자', '텍스트'와 '읽는 이', '타자'와 '주체' 등으로 불러 온 것은 사실은 일종의 '가설'에 지나지 않습니다. 우리는 그러한 이항이 미리 관계의 이쪽과 저쪽에 자존하고 있어서 그 '사이'에 어떤 관계를 연결할 것인가와 같은 이야기를 한 것이 아닙니다.

구체적인 상황을 상상해 보면 조금 이야기를 이해하기 쉬울 수도 있을 것입니다. 우리가 뭔가 매우 미미한 소리를 귀를 기울여 들으려고 한다고 해 봅시다. '소리'가 난다는 것은 알겠는데 그것이 '무슨 소리'인지는 판정할 수 없습니다. 그럴 때 대상에 집중하는 방식을 일본어로는 '온몸을 귀로 한다'고 말합니다. 그것은 듣는다는 동작에 너무나 집중해 버려서 청각 이외의 지각 활동과 듣는 것 이외의 사고 활동이 정지되어 버린 상태를 의미합니다. '미미한 소리'는 나의 주파수 전역을 점하고 있어서 이미 '누가 그것을 듣고 있는지' 그 사실이 주제화되지 않습니다. 이것을 '무아일념' (대상에 너무 집중해서 자기를 잊는) 이라는 표현으로 나타내는 경우도 있습니다.

우리는 누구라도 '무아일념'이 어떤 상태인가를 경험적으로 알고 있습니다. 그런데 그 역인 '유아무념'(의식만이 존재하고 대상이 없는 상태)은 누구도 상상할 수 없습니다. (당연한 말이지만 '의식만이 존재하고 대상이 없는 상태'를 대상으로서 사고에 떠올리는 것 없이는 그러한 상태를 사고에 떠올릴 수 없기 때문입니다.)

후설의 '일반적으로 모든 의식체험은 그것 자체로 뭔가에 관한 의식'(エドムント・フッサール,『デカルト的 省察』, p. 214)이라는 테제대로 '뭔가에 관한 의식'이 아닌 의식체험은 존재하지 않습니다. 그래서 '대상을 갖지 않는 주체'를 가설적으로 설정하고 나서 그 눈앞에 대상이 출현한다는 '관상觀想' 모델은 현상학적으로는 넌센스입니다. '뭔가에 관한 의식'이 먼저 기원적으로 생성해서 그 후에 그 경험을 '이분할-이중화dédoubler'하게 되어 '뭔가-대상'과 '의식-주체'가 가설적으로 분리됩니다.

'말하는' 행위에서는 '타자의 접근'이 먼저 감지되고 '거기에 응답해야 해서 호응하는 자'가 구축됩니다. 주체는 타자의 접근이 경험된 후에 "타자의 절박을 '타자의 절박'으로서 경험한 자"가 여기에 있다는 방식으로 사후적, 회고적으로 만들어집니다.

> 주체성이란 '동일자·의 안에 있는·외부적인 것'을 의미한다. 그 양상은 온화하게 서로 공감하면서 대화하고 있을 때의 대화자들이 보이는 양상과는 다르다. 주체성이라는 '동일자·의 안에 있는·외부적인 것'은 '외부적인 것'에 의해 불안에 시달리는 '동일자'의 불안을 가리킨다. … 주체성으로서 묶인 결절은 '외부적인 것'에 대한 동일자의 복종을 의미한다. … 이 복종은 '동일자'의 '외부적인 것'에 대한 유책성－응답가능성responsablité으로서 모든 물음에 앞서서 '외부적인 것'의 접근에 대한 응답으로서 기술되게 될 것이다. (*AQE*, p. 32)

레비나스는 먼저 주체가 있고 그것이 타자를 지향한다는 지금까지의 자아중심주의의 인습적인 도식을 뒤집습니다. 먼저 타자의 접근이 있고 타자의 접근에 대개 늦게 '응답하는 자'로서 주체가 등장합니다. 레비나스의 유책성－응답가능성이라는 조어를 이해하기 위해서는 타자에 대한 주체의 '절대적 뒤처짐'을 계산에 넣어야 합니다. 주체는 타자에 뒤처져 나타납니다.

단, 이 '늦음'이라는 말을 경험적인 의미에서 해석하는 것을 자제해야 합니다. 주체와 타자는 어떤 의미에서는 동시적으로 출현합니다. 그런데 그럼에도 주체는 이 '동시성'을 애써 '늦음'으로서 해석합니다. 이 '비대칭성의 도입'에 의해 주체의 주체성은 기초 지어집니다.

이것은 매우 이해하기 어려운 이야기로, 쓰고 있는 저도 잘 알고 쓰는 것이 아닙니다. 일단 '타자에 대한 주체의 뒤처짐'이라는 정황의 인간적 의미의 모습을 다양한 사례에 기초해서 음미해 보기로 하겠습니다.

5. '괄호 안에 넣기'

라캉은 자신의 텍스트의 난해함을 다음과 같이 설명했습니다.

> 제가 여러분이 이해할 수 없는 방식으로 이야기를 하는 장면이 있는 것은 '일부러' 그랬다고 말하기는 그렇습니다만 실은 명백한 의도가 있습니다. 여러분은 이 오해의 폭을 통해서 제가 말하고 있는 것을 따라갈 수 있다고 생각하기 때문입니다. 즉 여러분은 불확실하고 애매한 위치에 멈춰 서 있습니다. 아니 그럼으로써 오히려 정정訂正의 길을 열어 두고 있는 것입니다.
>
> 바꿔 말하면 제가 만약 여러분이 쉽게 알아들을 수 있는 방식으로, 여러분이 알았다는 확신을 완전히 가질 수 있는 방식으

로 이야기를 진행하면 … 오해 따위는 생겨날 리 없겠죠. (ジャック·ラカン, 『精神病〈下〉』, 小出浩之 他訳, 岩波書店, 1987, p. 9)

라캉이 전제로 하는 것은 '대인적 담화의 기반 그 자체가 오해'라는 것입니다. (같은 책, p. 8)

'오해'라는 말은 너무나도 오해를 불러일으키기 쉬운 말인데, 여기서 우리는 라캉의 커뮤니케이션 이론의 핵심에 닿고 있습니다. 라캉이 말하고자 하는 것은, 인간이란 '그것이 무엇을 의미하는지 모르는 시니피앙'을 수신하고 해석하면서 '그것이 무엇을 의미하는지 모르는' 사실을 받아들일 수 있는 생명체라는 것입니다. 거의 그것만이 인간을 그것 이외의 동물과 구별합니다.

라캉의 비유를 빌리면 다음과 같습니다. 내가 배를 타고 있다고 하겠습니다. 어두운 밤의 해상에 뭔가 흔들리는 것이 보였습니다. 그것이 뭔가 신경이 쓰이는 규칙적인 움직임을 하고 있습니다. 기계라고 하면 그 뭔가를 기지既知라는 봉지에 담을 것입니다. '뭔지 모르는 것'이 무엇인지(고래, 난파선, 달의 반사…)를 일단 결정합니다. 아니 그렇다기보다는 기계는 '결정하지 않는' 것이 불가능합니다.

그러나 인간은 뭔가를 봤지만, 그것이 뭔가를 '결정하지 않는 것'이 가능합니다. '몇 시 몇 분, 경도 몇 도, 위도 몇 도 등등의 것을 확인하였다'는 것만을 항해일지에 기록할 수 있습니다. '그것이 무엇을 의미하는지 모르는 것이 있다는 것'을 받아들이는 것은 인간의 지성뿐입니다. 라캉은 그것이야말로 인간과 기계의 차이라고 말합니다.

> 이 사실은 매우 중요합니다. 저는 제 대응 가능성을 일단 보류합니다. 시니피앙의 특징이란 그런 것입니다. 저는 기호 그 자체를 적어 둡니다. … 무엇이 시니피앙이라는 것은 전부인지 무인지에 의한 것이 아닙니다. 그것은 전체를 형태 짓고 있는 것이 즉 기호가 그 무엇도 의미하지 않은 채, 단지 거기에 있는 것에 의함입니다. (같은 책, pp. 53-54)

기계는 '기호가 아무것도 의미하지 않고 단지 거기에 있다'는 것을 견딜 수가 없습니다. 기계는 그것을 뭔가 기지의 틀에 담던지 혹은 전혀 무시하든지 둘 중 하나를 선택합니다. 평범한 지성은 어떤 의미에서 기계와 비슷합니다. 평범한 지성 또한 '아무것도 의미하지 않는 기호'를 만나면 기지의 틀에 담던지 혹은 무시하든지 둘 중 하나를 선택하기 때문입니다.

'기호가 아무것도 의미하지 않고 단지 거기에 있을 때' 결정하지 않고는 있을 수 없는 것 앞에 판단중지를 하는 '나'를 유지하는 것, 그것이야말로 훌륭한 인간적 능력이고 그것이야말로 인간의 인간성을 기초 짓습니다. 라캉은 그렇게 생각합니다.

최종적인 의미를 부여해서 '결말을 지을 수' 없는 종류의 기호는 확실히 존재합니다. 오히려 우리는 거의 그러한 기호에만 둘러 싸여 살아가고 있다고 해도 좋습니다. 의미를 모르는 기호를 앞에 두었을 때 우리는 어떻게 행동하는 것이 적절한 것일까요? 그것은 '바다에 떠 있는 표류물을 자신의 기지에 환원하는 것을 자제할 줄 아는 항해사처럼' '뭔지 잘 모르는 것'에 대해 기지의 틀에 담는 것을 자제하고 기술하는 것에 머무는 것입니다.

우리는 '기호가 그 무엇도 의미하지 않는 상태'를 견딤으로써 '또 하나 차수가 높은 사고의 경위'로 진행할 수 있습니다. 물론 이것이 라캉이 창안한 견해는 아닙니다. '판단중지'하는 것의 철학적 의미를 특히 강조한 철학자로서 우리는 먼저 후설의 이름을 떠올릴 수 있습니다.

후설이 '현상학적 판단중지'(에포케)라고 이름 붙인 개념은 쉽게 말하자면 무의미를 견디는 것입니다. 그것은 기지에 환원할 수 없는 대상을 지긋이 바라보고 '왜 그 대상을 기지로 환원할 수 없는가' 그리고 '왜 그러한 알기 어려운 대상이 지금 내 앞에서 현현하였는가' 와 같은 종류의 물음을 받아들이는 것입니다. 후설은 '에포케'의 원리적인 전제를 다음과 같이 제시합니다.

> 세계는 부단하게 보편적인 감성적 경험의 명증 안에서 우리 눈앞에 제공되는데 그러나 그 감성적 경험을 곧바로 '필당연적증명'으로서 요구할 수 없는 것은 명백하다. (エドムント・フッサール,

『デカルト的省察』, p. 197)

우리가 객관적으로 실재하는 세계라고 생각하고 경험하는 것은 '주관적인 가상'일 가능성을 늘 품고 있습니다. 우리는 맥락 있는 꿈을 꾸고 있는지도 모릅니다. 발광하고 있는지도 모릅니다. 누구도 이 가능성을 배제할 수 없습니다. 그 상태에서 새삼 세계를 바라보면 우리는 소박한 존재 신뢰를 등에 업고 세계를 무반성적으로 믿지 못하게 됩니다. '정말로' 나는 실재하는 세계를 있는 그대로 보고 있다고 단언할 수 있을까와 같은 물음에 확답을 해 줄 상위자는 어디에도 없습니다.

그러나 그렇다고 해서 '세계는 알 수 없다'고 판단을 포기하는 것은 그냥 지성의 태만입니다.

나는 권리상 지금 내 눈에 '보이는 세계'가 확실히 내가 본 그대로의 방식으로 '실재하고 있는 세계'라고 말할 수 없습니다. 그러나 '나에게는 그렇게 실재하고 있는 것처럼 보인다'고 말하는 것은 허용됩니다. 그리고 '나에게는 그렇게 보인다'는 사실 이외에 객관적 세계에 접근하는 회로는 존재하지 않습니다.

우리는 '나에게 보이는 세계가 객관적 세계 그 자체는 아니'라는 사실과 '나에게는 세계가 그렇게 보인다'는 사실을 동시에 받아들여야 합니다. 나에게는 자신이 지각하고 있는 세계에 대해서 소박한 존재 신뢰를 갖는 것이 이미 가능하지 않습니다. 그러나 세계는 여전히 '거기'에 존재하고 있습니다.

> 눈앞에 제공되고 있는 객관적 세계에 대한 모든 태도결정을 따라서 먼저 제일 처음으로 세계의 존재에 대한 태도결정을 … 일단 유효한 것으로 인정하지 않는 것 … 혹은 자주 말하듯이 객관적 세계에 관해 현상학적 판단중지(에포케)를 수행하는 것, 혹은 객관적 세계를 괄호에 넣는 것, 이러한 것은 우리를 무無 앞에 세우는 것이 아니다. 오히려 그렇게 함으로써 우리는 … 현상학적 의미에서의 현상 전체를 소유하게 된다. (같은 책, p. 200)

후설이 우리에게 가르쳐 주는 것은 우리가 눈앞에서 보고 있는 '세계'를 '괄호 안에 넣음'으로써 '세계를 이중화하는 것' 혹은 '똑같으면서 다른 두 가지 세계'가 동시에 현현하는 것입니다.

'괄호 안에 넣는다'는 것은 그다지 까다로운 철학적 개념이 아닙니다. 실제로 우리는 그것을 평소에 문장을 쓸 때 구사하고 있습니다.

예를 들면 '헌법 개정'이라는 표기와 '헌법' '개정'이라는 표기는 확실히 함의가 다릅니다. 전자는 '헌법을 옳은 것으로 바꾸는' 소박한 의미입니다. 한편 후자의 표기는 헌법을 '옳은 것'으로 고친다고 말하는 것인데, 도대체 '옳은 것'이란 무엇을 의미할까요. 그것에 관해서 우리 사이에 사회적인 합의가 존재하고 있을까와 같은 물음을 독자에게 던지지 않을 수 없습니다. 이런 식으로 '괄호 안에 넣기'를 통해 '옳게 고친다'는 의미는 그대로 유지되면서 여기에는 '옳음이란 도대체 무엇인가?' 하는 의미의 '한 걸음 전'으로 소급하는 회로가 펼쳐져 있습니다. 즉, '개정'이라는 기호는 긍정되면서 부정되고 드러나면서 철수됨으로 이중화됩니다.

괄호 안에 넣는 동작은 우리에게 그 기호의 일의적인 의미를 제시하면서 '이 부적절한 기호 이외에 우리가 사용할 수 있는 기호가 없다'고 고합니다. 혹은 이렇게 바꾸어 말할 수 있습니다. 기호는 '무언가'의 대리 표상입니다. 대리 표상이라는 것은 당연한 말이지만 그것 자체는 아닙니다. (그것은 대리인이 결코 '본인'이 아닌 것과 똑같습니다.)

기호가 대리 표상에 지나지 않는다는 바로 그 사실이 기호에 의해 대리 표상되는 것 이외에 이 세계에 발판을 갖지 않는 것이 존재한다는 것을 밝힙니다. '대리인'이 '본인'이 아니라는 사실로 인해 우리는 '본인'이 어딘가 여기가 아닌 곳에 존재한다는 확신을 품듯이 말입니다.

"나 자신을 고하기는 하지만 나 자신을 제시하지 않는 것"과 "고하는 자신"은 다른 존재이면서 똑같은 이름으로 불리는, 이것은 하이데거의 말입니다.

'어떤 것'의 나타남으로써의 나타남은 자기 자신을 제시하는 것

을 의미하는 것은 결코 아니고 오히려 자신을 드러내지 않는 어떤 것이 자신을 드러내는 어떤 것을 통해서 자신을 말하는 것을 의미한다. 나타나는 것은 자신을 드러내지 않는 것이다. … 그래서 나타나는 해당 그것은 어떤 것이 거기서 자신을 말하는 것, 말을 바꾸면 자신을 드러내지 않는 것과 다름없다. (マルティン・ハイデッガー, 『存在と時間』, pp. 103-104)

하이데거는 여기서 중요한 말을 합니다. 그것은 '자신을 드러내는 것'과 '자신을 드러내지 않는 것'은 '같은 이름'으로 드러난다는 것입니다.

후설도 하이데거도 읽는 이에게 '같은 이름'으로 불리는 것을 적절한 방식으로 구분해서 '정확하게 나누어서 사용할 것'을 요구하는 것이 아닙니다. (만약 그렇다고 하면 '괄호 넣기'와 같은 복잡한 절차는 애당초 필요치 않을 것입니다.) 그것이 아니라 '자신을 드러내지 않는 것'과 '거기서 나타나는 해당 그것'은 '같은 이름'으로 불리는 결정 불가능성을 견뎌 내라고 말하고 있습니다.

라캉 또한 아마도 똑같은 상황을 염두에 두고 다음과 같이 쓴 것 같습니다.

자신을 권위로 하는 모든 선고는 그 선고 이외에 어떠한 기초 짓기도 갖지 않는다. 다른 시니피앙에게 자신의 기초 짓기를

> 요구해도 허망하다. 시니피앙은 그렇게 해서 기초 지어진 장소 이외의 어디에도 출현하지 않기 때문이다. … 타자의 타자는 존재하지 않는다. 입법자(법률을 제정하였다고 주장하는 사람)가 자신을 무엇인가의 대리인으로 자칭하면 그 녀석은 사기꾼이다. 그러나 법률 그 자체는 사기가 아니다. (*EC*, p. 174)

'나는 입법자다'라고 선언하는 사람이 자신의 신원보증을 다른 누군가에게 요구했다면 그 신원보증인이야말로 입법자가 되는 것이니 그는 지위를 사칭한 것이 됩니다. 그래서 입법자가 세우는 율법 정통성의 보증은 그것이 '율법으로 세워졌다'는 사실 이외의 어디에서도 찾아서는 안 됩니다. 그러나 라캉은 그것이 율법의 정통성을 훼손하지 않는다고 말합니다. 왜냐하면 '자신을 드러내지 않는 어떤 것'은 늘 '자신을 드러내는 것'을 통해서 자신을 말하는 것이라서 그 두 가지는 '같은 이름'으로 불리기 때문입니다.

그 단적인 예는 '신'입니다. '신'이란 권리상 그것이 무엇을 의미하는지 그 누구도 실증적으로 말할 수 없지만, 그럼에도 확실히 우리 세계에 '현상'으로서 있기 때문입니다.

레비나스는 '신'에 관해서 말하는 것은 어떤 것인가에 대해 『관념에 도래하는 신에 관해서』의 모두에서 다음과 같이 썼습니다.

> '신'이라는 말이 의미하는 절대성을 훼손하지 않고 '신'에 관해

서 합법적으로 말하는 것이 과연 가능한가? '신'에 관한 의식을 갖는다는 것은 대상을 동화흡수하는 '앎' 안에 즉 다양한 양태로 학습하는 것, 파지하는 것의 경험 안에 '신'을 포섭한 것으로는 되지 않는 것이 아닐까? … 우리의 어휘에 포함되는 '신'이라는 상궤를 벗어난 명사가 의미하는 것은 이러한 회수에-그것이 불가피하더라도-저항하는 것이 아닐까? (*DDQV*, p. 8)

신의 근원적 미지성을 훼손하지 않고 신에 대하여 말하기 위해서는 어떠한 합법적인 어법이 있을 수 있을까요? 이것이 레비나스가 세운 물음입니다. '무엇인가를 사유한다'는 것은 통상 기지에 환원하는 것입니다. 그렇다면 '신을 사유'한다는 것은 '신을 기지에 환원하는 것'이 됩니다. 그러나 신은 정의상, 인지人知에 포섭될 리가 없으므로 '신을 사유'한다는 것은 배리가 됩니다. 그렇다면 신에 관해서는 무엇을 어떻게 말하든 그것이 말을 매개하고 있는 한 그때마다 이미 신을 벗어나는 것이 됩니다.

물론 레비나스는 우리를 이처럼 허무한 결론으로 이끌려고 하는 것이 아닙니다. 레비나스는 인간의 지성에 대해서 허무주의보다도 훨씬 '주문이 많은 사상가'이기 때문입니다.

미지적인 상태에 있는 절대적인 것을 '기지'로 환원하지 않는 그 다른 사유란, 동화흡수도 아니고 통합도 아닌 사유란 어떤 것이 있을 수 있을까? 미지의 것을 능욕하면서 그럼에도 미지의 것의 미지성을 훼손하지 않는 사유란 어떠한 것이 있을 수 있을까? (*DDQV*, p. 9)

'신'이란 기호는 이미 명사화되고 사전적 의미 안에 갇혀 있습니다. 그런데 그것과 동시에 어떠한 실사實詞로도 어떠한 의미로도 회수할 수 없는, '자신을 드러내지 않는 어떤 것'을 고지하고 있습니다. '신'이라는 말로는 '신'의 본질은 다 말할 수 없다는 명제 그 자체가 '신'이라는 말이 없으면 입에 담을 수조차 없기 때문입니다. '신'은 여기서는 하나의 메시지의 내용이 되는 동시에 이 메시지를 송수신할 수 있게 하는 우주적 코드 그 자체의 이름입니다.

그것을 메시지에 실음으로써 우리는 큰 일그러짐을 안게 됩니다. 그것이 바로 라캉이 말한 것입니다.

코드는 그것이 이미 '타자'의 코드가 아니면 혹은 메시지 안에 있는 것과 다른 것이 아니면 코드에 관해서 말할 수 없다. 주체가 자기구성하는 것은 메시지에 기초하기 때문이다. 즉 주체가 자신이 발신한 메시지를 받는 것은 다름 아닌 '타자'로부터이다. (*EC*, p. 167)

그래서 '신'은 '신'을 기호적으로 지시한 후에 그것에 취소선을 붙인 '전언철회'에서만 사유 가능합니다. 고지되면서 고지되지 않는, 지시되면서 철회되는 것이 미지의 것, 절대적으로 이방적인 것이 우리 세계에 현현할 때의 정통적인 방식입니다. 진리는 '단적으로 진리다'라는 방식으로 주어지지 않습니다. 그것은 많은 경우 주어지는 것과 동시에 철회되는 방식으로 취소선 아래의 말이라는 양태로 주어집니다.

이 이중의 나타남une double manifestation/représentation dédoublée을 받아들이는 것, 그것은 때로는 두 가지 모순되는 명제 사이에 분열하는 것을 가리킵니다. 그러나 두 개로 분열하는 것을 기본으로 하는 것 아마도 그것이 지성의 책무일 것입니다.

'말하는 것'이 긍정하고, 이어서 철회하는 '말하여진 것' 즉 환원된 '말하여진 것'의 잔향을 보존하는 것(*AQE*, p. 56), 아마도 그것이 철학자의 일일 것입니다.

6. 거짓과 진실

거짓과 진리는 똑같은 하나의 것입니다. '겉보기'와 그것을 '무언가의 겉보기'로 하는 것은 하나입니다. 라캉은 분명히 그렇게 썼습니다.

환자의 주장은 모두 그것 자체로 이면성을 갖고 있습니다. 진리의 차원이 세워지는 것을 우리가 보는 것은 먼저 처음에 있는 거짓이라는 형태로 그리고 거짓을 매개로 해서 세워진 것으로서입니다. 엄밀하게 말하자면 거짓 안에서도 진리의 차원은 흔들림이 없습니다. 거짓은 그것 자체로 진리의 차원에서 자신을 드러내기 때문입니다. (ジャック·ラカン, 『精神分析の四基本概念』, 「分析と 真理, あるいは 無意識の閉鎖」, p. 182)

'거짓 안에서도 진리의 차원은 흔들리는 법이 없습니다'라는 라캉의 말은 '말하여진 것'에서 '말하는 것'은 주제화되고 그것을 기점으로 현현하는데, 그것은 '말하는 것'에 고유한 의미생성을 결정적으로 '왜곡하는 것이 아니'(*AQE*, p. 59)라는 레비나스의 말과 거의 겹칩니다.

문제는 거짓과 진실, 현상과 감추어진 것이라는 단순한 이항대립이 아닙니다. 거짓의 차원은 진실의 차원으로의 통로이고 현상을 통해서만 우리는 감추어진 것의 경위에 접근할 수 있습니다. 이 역설적인 사실을 보여 주기 위해서 라캉은 제욱시스Zeuxis와 파라시오스Parrhasius라는 두 화가의 싸움을 비유로 가져옵니다.

제욱시스와 파라시오스라는 두 명의 화가가 어느 쪽이 보다 실사적으로 그림을 그릴 수 있는지, 그 기술을 겨루게 되었습니다. 먼저 제욱시스가 실물과 똑같은 포도를 그렸습니다. 그 그림이 너무나도 사실적이었던 나머지 새가 날아와서 그림의 포도를 쪼려고 할 정도였습니다. 자신의 솜씨에 만족한 제욱시스는 기세가 등등해져 "자, 자네 차례네"하고 파라시오스를 돌아봅니다.

그런데 파라시오스가 벽에 그린 그림에는 덮개가 씌어 있습니다. 그래서 제욱시스는 "그 덮개를 빨리 걷어 주지 않겠나"하고 재촉하였습니다. 그때 승부는 끝났습니다. 왜냐하면 파라시오스는 벽 위에 '덮개 그림'을 그렸기 때문입니다.

이 우화의 교훈은 무엇일까요? 라캉은 다음과 같이 썼습니다.

> 파라시오스의 예가 확실히 보여 주는 것은 인간을 속이려고 하면 드러나야 할 것은 '덮개'로서의 그림, 즉 그 저쪽을 보이게 하는 무엇인가여야 한다는 것입니다. (ジャック·ラカン, 『精神分析の四基本概念』, 「絵とは何か」, p. 147)

'그림은 겉보기이고 이 겉보기야말로 겉보기를 겉보기로 존재하게 만드는 바로 그것'입니다. 라캉은 이러한 종류의 비유 이야기를 좋아합니다. 무엇인가를 드러낼 수 없다는 것을 드러내는 것이 기호의 본래 사명입니다. 그리고 '거기에 나타날 수 없는 것을 나타나게' 하기 위한 가장 간단하고 효과적인 방법은 '감추는 것', '그것이 의미하는 것의 취소를 추구하는 시니피앙'이 됩니다.

라캉의 중요한 분석적 아이디어 중 하나는 '그것이 의미하는 것의 취소를 추구하는 시니피앙'이 발휘하는 매혹에 인간은 결코 저항할 수 없다는 것입니다. 취소선을 부여하고 전언철회함으로써 '거기서 취소되는 것'을 욕망의 '허의 중심'으로서 구축하고 '매혹하는 자'와 '매혹되는 자'라는 관계 안에 사람들을 편제하는 것, 그것이 '욕망의 텍스트 전략'입니다.

'매혹하는 자'란 '가르치는 자'를 의미하고 '매혹되는 자'란 '가르침을 받는 자'를 가리킵니다. 사제관계가 욕망의 관계로서 적절히 기능하기 위해서는, 즉 제자가 스승에 대해 절대 채워지지 않는 터무니없는 욕망을 계속 갖기 위해서 필요한 것은 하나밖에 없습니다. 그것은 스승이 그 스승에 대해서 '절대 채워지지 않는 터무니없는 욕망을 계속 갖는 것'입니다. 학지學知의 전통에서는 그것이 스승이 그 스승에 비해 말도 안 되게 무지하다고 반복하여 고백하는 것을 통해 담보됩니다. 전설적 선각자[智者] 랍비 에리에제르는 그 스승에 관해서 이렇게 말했습니다.

> 만약 모든 바다가 잉크고 모든 호수와 늪에 갈대가 자라고 하늘과 땅이 양피지고 모든 사람이 쓰는 기술을 알고 있다고 해도 그들은 내가 스승으로부터 배운 율법의 가르침을 다 쓸 수 없을 것이다. (*DL*, pp. 49-50)

우리는 이 말 중에 일종의 '수사적 과장'을 봅니다. 그것은 레비나스가 그 스승 슈샤니에 관해서 술회할 때 우리가 느끼는 '수사적 과장'과 같습니다. 우리는 위대한 랍비 에리에제르를 우주적 스케일로 압도하는 율법의 스승이라는 것을 경험적 존재로서 상상할 수 없습니다. 이것은 랍비 에리에제르가 공작한 일종의 '허구'입니다. 그러나 이 '허구'를 애써 받아들임으로써 랍비 에리에제르는 랍비 에리에제르가 될 수 있습니다.

스승이 스승으로서 기능하기 위해서는 (많은 교사가 실제로는 오인하고 있는 일이긴 한데) 실제로 박학다식할 필요도 없고 제자에게 경의를 강요할 필요도 없습니다. 그것이 아니라 '나의 스승은 대양과 같은 예지의 소유주이고 나의 학지 같은 것은 거기에 비할 바도 못된다'라고 애처롭게 '그것이 의미하는 것을 취소'하는 것만으로 충분합니다. 그 취소의 몸짓으로 그는 그 제자의 욕망에 불을 붙이게 됩니다. 스승은 집요하게 자신의 스승에 비하였을 때의 자신의 무지무능을 주장해야 합니다. 이 집요함이 스승이 되기 위한 필수 요건 중 하나입니다.

> 진정한 교육이란 단지 듣고 있는 사람들뿐만 아니라 가르치는 자에도 일종의 집요함을 상기시키는 교육과 다름없습니다. 즉 자신이 얼마나 모르는지를 제대로 포착할 때만 나타나는 —무지는 무지로서 결실이 풍부하니까— 알고 싶은 욕망을 불러일으키는 교육입니다. (ジャック·ラカン, 『自我 〈下〉』, p. 56)

라캉은 그렇게 말한 후 청중에게 이렇게 요구합니다.

> 제가 결국 무엇을 말하고 싶은지를 한 명 한 명이 자기 나름으로 생각한 것을 제게 말해 주세요. 이번 해에 제가 말한 모든 것을 고려해서 제가 세우고 있는 물음이 그 사람에게 어떻게 세워지고 또 어떻게 닫히고 혹은 이미 결론이 나 있는지를, 게다가 또한 그러한 물음이 어떻게 저항하고 있는지를 상세하게 말해 주세요. (같은 책, p. 57)

라캉의 물음에 대해 세미나의 청중들은 머뭇머뭇하면서 자신의 의견을 말합니다. 그러나 라캉은 '어떻게 말하면 좋을지'를 절대 가르쳐 주지 않아서 발언자 중에는 어떤 사람은 질문하고 어떤 사람은 자기 이야기를 하고 어떤 사람은 라캉의 말을 인용합니다. 라캉은 그리고 그 대부분을 일소에 부칩니다. 질문에 관해서는 "그런 질문이 틀림없이 있을 것으로 생각했다"고 말하거나 요약에 관해서는 "그런 요약을 하는 사람이 틀림없이 있을 거로 생각했다"고 말합니다. 그 결과 한 명 한 명 '자신의 생각'을 말한 청중들은 보기 좋게 라캉의 '술책'에 걸려듭니다. 질의응답 후 청중은 질의응답이 시작되기 전보다도 더욱 깊게 '라캉의 앎'에 대한 갈망에 휘둘립니다. 다름 아닌 라캉은 그렇게 그의 세미나를 구조화하였습니다.

라캉은 '가르치는 자'로서 두 가지 규칙을 자신에게 부과합니다. 하나는 그의 파롤이 결코 결론에 도달하지 않는 것, 또 하나는 그가 어떻게 말하기 시작했는지, 그 기원에 결코 제자들이 닿을 수 없는 것. 필요한 것은 이미 매혹과 욕망의 운동이 시작되었다는 사실을 받아들이게 하는 것뿐입니다.

이 욕망의 운동에 관해서 라캉 자신이 말한 인상 깊고도 우스운 이야기를 마지막으로 소개하고 이 장을 끝내기로 하겠습니다. 빵 가게에서 돈을 내지 않는 남자 이야기입니다.

> 그는 손을 내밀고 케이크를 요구하고 그 케이크를 돌려주고 술을 한잔 요구하고 그것을 다 마십니다. 술 대금을 청구받자 이 남자는 이렇게 말합니다. "대신에 케이크를 줬잖아"/"그런데 그 케이크 대금은 아직 받지 않았습니다"/"그런데 그것을 먹지 않았거든"
> 여기에는 교환이 있습니다. 그러나 이 교환은 어떻게 시작할 수 있었을까요. 어느 때 뭔가가 교환의 바퀴 안에 들어가야 했습니다. 그러므로 이미 교환이 이루어져 있어야만 합니다. 그것은 요컨대 아직 돈을 내지 않은 케이크로 한 잔의 술에 대해 요금을 냈다는 것이 됩니다. (같은 책, p. 102)

라캉은 아마도 이 남자 안에 자신의 모습을 봤을 것입니다. 그야말로 교환의 운동, 욕망의 운동을 기동시킨 당사자입니다. 화폐의 근거가 '이미 화폐라는 것' 이외에 없는 것처럼 교환의 근거는 '이미 교환이 시작되었다'고 누군가가 선언하는 것과 다름없습니다. 그리고 이 남자는 그 선언을 하였습니다.

교환을 개시하기 위해서 이 남자는 무엇을 하였을까요. 다시 한번 봐 주기를 바랍니다.

그는 "손을 내밀어 케이크를 요구하고 그 케이크를 돌려"줬습니다. 통상의 교환이라고 하면 "그는 손을 내밀어 케이크를 요구하고 그 대가를 지불"하게 될 것입니다. 그러나 그는 그렇게 하지 않았습니다. 그는 케이크를 대가의 지불로 상쇄하는 대신에 자신이 보인 최초의 몸짓이 의미하는 것을 부정함으로써 상쇄하였습니다. 이제 눈치채셨으리라 생각합니다만 드는데 이것이야말로 전형적인 '전언철회'의 몸짓입니다. 무언가를 제시하고 뒤이어 그것을 철회합니다. 그것이 '교환'의 원초적 형태입니다.

그리고 세계를 덮는 욕망의 운동은 거기서부터 시작합니다.

> 진리는 본래 이 세계에서 이중의 나타남을 필요로 한다. (*DL*, p. 229)

제4장
'죽은 자'의 절박

1. 사체

'사체 감추기'는 서스펜스 드라마의 정석 중 하나입니다. 우리가 곧 떠올릴 수 있는 것은 알프레드 히치콕의 〈해리의 재난〉[7]에서 '해리의 사체'입니다. 바몬트의 평화로운 숲에서 한 명의 남자가 죽어서 누워 있습니다. 사냥꾼은 그것을 자신의 총기 오발로 인해 생긴 일로 생각하고 사체를 감춥니다. 그것을 발견한 다른 마을 사람들도 사체가 가져올 재액을 두려워하여 사체를 어떻게든 누군가에게 '떠넘기려고' 합니다. 그렇게 해리의 사체는 마치 『도둑맞은 편지』의 편지처럼 사람들 손에서 손으로 돌고 돌아 그때마다 매장되고 다시 파헤쳐집니다. 마침내 마을 사람 전원이 해리의 사체로 전

7 옮긴이 주: 한국명 <해리의 소동> 영어명 〈The Trouble With Harry〉

혀 움직일 수 없을 때까지 속박됩니다.

먼저 사체가 있습니다. 어떤 계기로 인해 누군가가 그것을 감춥니다. 여기서부터 드라마는 시작됩니다. 사체가 그것을 둘러싼 사람들의 네트워크 안에서 '그것이 의미하는 것의 취소를 바라는 시니피앙'으로서 기능하기 시작하자마자 사체는 그들 위에서 놀랄 만한 힘을 발휘하기 시작합니다.

물리적 실재로서는 부패하고 용해하고 풍화하고 소멸할 뿐인 이 사체가 산 자들을 얽어 매어 사람들은 마치 홀린 듯이 사체가 명하는 똑같은 행동을 반복하게 됩니다.

'자신을 드러내지 않는 어떤 것이 자신을 드러내는 어떤 것을 통해서 자신을 드러낼' 때 발휘하는 놀랄 만한 속박의 효과. 우리가 이 화법에 매달리는 것에는 인류학적인 이유가 있습니다. 구석기 시대에 죽은 자를 매장하는 의례를 갖게 됨으로써 인류는 유인원과 분기하였습니다. '장례 제도를 갖는다'는 것을 다른 말로 하면 '죽은 자가 발휘하는 놀랄 만한 힘'을 안다는 것입니다. 오해를 개의치 않고 말하자면 그렇게 함으로써 '인간이 된' 것입니다.

처음으로 인류를 유인원으로부터 구분 지은 것이 장례라면 '죽은 자가 발휘하는 놀랄 만한 힘'에 관한 앎이 인간성의 핵을 이루게 됩니다. 그래서 '인간성이란 무엇인가'라는 물음을 파고들었던 사상가들 대부분이 예외 없이 죽은 자와 장례 제도의 문제에 끌린 것은 일리가 있습니다.

죽은 자는 '존재'하지 않습니다. 그런데 '존재하지 않는 것'이 산 자를 속박하고 산 자의 행동방식을 규정합니다. 이 '존재하지 않는 것'에 관해서는 이것을 산 자의 세계의 화법으로는 말할 수 없습니다. 그래서 절도를 아는 사상가는 죽은 자에 관해서는 '죽은 자가 존재한다'는 언명이 불가능하다는 것을 알고 이것을 직접적인 논제로 삼는 것을 자제합니다.

죽은 자들은 우회적인 화법으로 '그것'이라고 지시되지 않는 방식으로 지명됩니다.

라캉에게 교육 분석을 받은 스튜어트 슈나이더맨Stuart Schneiderman은 어느 세미나에서 라캉 자신의 독특한 문체에 관해서 말했을 때의 일을 다음과 같이 회상하였다.

> 전쟁 중에 살해당한 죽은 자들의 유령의 존재가 살아남은 자들의 정신생활의 중요한 요소라고 말하는 것은 과언일까. 나는 이전에 어느 세미나에서 라캉이 한 말을 기억하고 있다. 그의 에크리튀르, 그가 자신을 표현할 때의 수수께끼 같은 방법은 만약 그가 그것 이외의 어법으로 말했다고 하면 '그들they'이 그에게 더는 이야기하는 것을 허락하지 않게 될테니까 이 어법으로 말할 수밖에 없다고 라캉은 말하였다. 그때 그가 도대체 무엇을 말하고 있는지 나는 추측도 할 수 없었다. 섹슈얼리티는 서구 여러 나라에서는 이미 일상적 사실이 되어 있고 성적인

> 암시와 언급이 불유쾌한 표정을 초래할 것 같은 분위기도 아니게 되었음에도.
> 그러나 그때 라캉은 아마도 죽은 자에 관해서 생각하고 있었을 것이다. 살아남은 자들의 정신에 계속 들러붙어 있는 유령에 관해서 생각하고 있었다. (Stuart Schneiderman, *Jacques Lacan: The death of an intellectual hero*, Harvard University Press, 1983, p. 175)

라캉에게 그 문체를 요청한 것은 '죽은 자들' 그것도 세계대전에서 죽어 간 전사자들의 유령이 아닐까 하고 슈나이더맨은 추리합니다.

> 유럽 전후 세대가 직면한 문제는 어떻게 '타자성Other-ness'을 동화하는가, 어떻게 '타자성'을 통합하는가보다도 오히려 어떻게 서양적 윤리를 재건하는가, 어떻게 형이상학과 신학의 물음에 접근하는 전통적인 방식을 쇄신할 것인가에 대한 문제였다. 서양 사상을 부활시켜 온 주체성 개념의 전복은 이 계획의 제1부였다. 제2부는 '타자성'과의 대화 혹은 변증법이었다. 확실히 문명의 기반에 뭔가 잘못된 것이 섞여 있었다. 그래서 마치 아무 일도 일어나지 않은 것처럼 지금까지처럼 계속하는 것은 이미 불가능하였다. (같은 책, p. 254)

슈나이더맨의 이 말은 라캉 그리고 그와 같은 시대 사람들의 세대 전체가 놓인 사상사적인 숙제를 적절하게 말하고 있습니다. '아무 일도 일어나지 않은 것처럼' 윤리에 관해서, 타자에 관해서 말하는 것은 유럽 전후 세대에는 허락되지 않았습니다. 전후 유럽인은 설령 개인적으로는 대전 중에 아무리 용감하게 파시즘과 싸웠다고 해도 광의에서의 '공범자'임을 벗어날 수 없습니다. 그 '억압적 체제'는 독일에서도 이탈리아에서도 프랑스에서도 유럽 풍토의 가장 깊은 곳에서 나오는 것이었기 때문입니다.

유럽의 지식인은 설령 개인적으로는 결백하였다고 해도 이 억압적 제도와 그 이데올로기에 대해서 이의 신청을 시도할 때 '유럽 풍토에 뿌리를 가진' 윤리와 형이상학과 신학의 어법을 사용하는 것을 자제해야 합니다. '뭔가 잘못된 것something wrong'이 '문명의 기반'에 잠재하고 있기 때문입니다.

레비나스는 전후 유럽인이 직면한 그 절망의 깊이에 관해서 다음과 같이 썼습니다.

> 그만큼이나 중요한 문화를 가진 독일로부터 라이프니츠와 칸트와 괴테와 헤겔의 독일의 심층에서 출현한 유럽의 히틀러 시대라는 그 구제할 길이 없는 절망을 말로 하는 것은 매우 어려운 일입니다. … 저는 오늘날에도 여전히 아우슈비츠는 초월

론적 관념론의 문명에 의해 저질러졌다고 생각하고 있습니다.

(*EL*, p. 91)

'홀로코스트'는 유럽 형이상학을 함양한 바로 그 풍토에서 만들어졌습니다. 그렇다면 '홀로 코스트' 이후 시대에 다시 그 동일한 형이상학을 토대로 비판을 하고 사람들의 상처를 치유하기를 바라는 것은 절도를 잃어버린 행위가 될 것입니다. 그것은 죽은 자에 대해 경의를 잃어버린 행위입니다.

투명하고 예지적인 '주체', 어떠한 역사적 사건에 의해서도 오염되지 않는 차갑고 중립적이며 관상적인 '앎', 그러한 것을 유럽 문명 '재건'의 기반으로 삼는 것은 더는 허락되지 않습니다.

이 '출구 없음'이라고 형언할 수 있는 상황을 어떻게 살아 낼 것인가 하는 곤란한 물음을 이 세대의 탁월한 지성은 자신의 과제로서 받아들였습니다. 레비나스와 라캉은 물론 하이데거도 야스퍼스도 사르트르도 블랑쇼도 그 점에서는 다르지 않습니다. 그런데 가장 인상적인 사상가를 한 명 꼽는다면 그것은 알베르 카뮈일 것입니다. 카뮈의 '페스트'라는 개념은 다름 아닌 그러한 상황[事況] 그 자체를 가리키고 있기 때문입니다.

카뮈의 『페스트』에서는 페스트에 휩싸인 도시에서 페스트와 싸우는 사람들은 늘 자신 또한 페스트에 걸리지 않을 수 없는, 이른바 도망갈 곳이 없는 상황에 던져집니다. 이야기의 주인공 중 한 명인, 한때 혁명가였던 타르는 이 배리로부터 하나의 윤리적 각성에 도달하게 됩니다. 그것은 '페스트'는 실재하는 '뭔가'가 아니라 '실체화된 사악한 존재'를 자신의 외부에 두고 그것으로 세계의 사태를 설명하려고 하는 '나'의 존재론적 구조 그 자체라는 것입니다. '나'의 '외부'에 있는 어떠한 실체에 '악'을 응축시키고 그것과 싸우는 주체로서 '나'를 구축하는 이야기의 양상 그 자체가 '페스트'입니다. 그것을 자각한 타르는 이렇게 말합니다.

> 모두 자신 안에 페스트를 키우고 있다. 이 세계의 누구 한 명이라도 페스트에 걸리지 않은 사람은 없다. 그래서 자그마한 방심으로 자칫 타인의 얼굴 앞에서 숨을 토하거나 병을 옮기지 않도록 계속해서 자신을 감시하지 않으면 안 된다. '자연스러운 것', 그것은 '병원균'이다. (Albert Camus, La Peste', Théâtre, *Récits, Nouvelles*, Gallimard, 1962, p. 1426)

'페스트'는 '내'가 '나'로서 존재하는 것을 자연스럽고 자명한 출발점으로 삼는 근원적인 '무반성성'을 다르게 일컫는 이름입니다. '내'가 있고 '타자'가 있고 두 사람 사이에 "어떻게 해서 커뮤니케이션을 구축할 것인가가 문제다"라는 방식으로 물음을 세우는 자는 다름 아닌 그 몸짓 때문에 '페스트'에 걸립니다. '페스트'로부터 벗어나기를 바란다면 그 화법 그 자체를 버리지 않으면 안 됩니다.

그런데 어떻게?

주체와 타자의 이원론 화법을 갖고 말하는 것은 '죽은 자들이 허락하지 않는다'라는 라캉의 자기 억제[自制]는 카뮈의 문제의식에도 통하고 있습니다. "죽은 자들은 '나'를 자명한 것으로 두는 것을 '나'에게 허락하지 않는다"라는 배리는 라캉에게만 고유한 것이 아니라 아마도 그들 세대에 공통된 숙명이었을 것입니다.

2. '나'는 누구를 가리키는가?

라캉의 첫 번째 중요한 연구 발표는 1936년의 국제정신분석협회에서의 '경상鏡像 단계' 이론이었는데, 그것이 다름 아닌 '나란 누군가?'라는 근원적인 주제에 관한 것이었다는 사실은 우연이 아닙니다.

라캉은 '나'라는 중추적인 기능을 모든 의식활동의 기원으로서 두는 것을 스스로 금하였습니다. 라캉은 '나'를 지각-의식 시스템 속에 위치하는 것으로서 구사하는 모든 사고, 코기토cogito가 최종 심급이라는 전제하에 이루어지는 모든 사고, 즉 '내가 정상임을 자명한 전제로 하는' 모든 앎을 물리칩니다. 자신을 투명하고 안정적인 '학지'로서 정위定位하는 자는 자신의 앎 그 자체의 '기반'에 잠복하고 있는 '뭔가 잘못된 것'을 검출할 수 없습니다.

라캉과 '죽은 자'의 관계에 관한 이해의 심도를 확보하기 위해서라면 라캉의 제2차 세계대전 중의 양의적 삶의 방식을 언급하는 것은 쓸데없는 일이 아니라고 생각합니다. 나치 독일 점령하의 프랑스에서 라캉은 자신의 아이덴티티를 애매하게 하는 것, 중추적인 '나'라는 것을 기능시키지 않는 것을 살아남기 위한 기본전략으로서 채택하였기 때문입니다.

라캉은 이 시기 '두 가족'을 동시에 갖고 있었습니다. 본처인 마르는 독일 점령하의 파리에 있고, 사실상의 아내였던 실비아 바타유는 마르세유에 있었습니다. 두 명의 '아내'는 거의 동시기에 임신해서 마르의 딸 시빌은 라캉의 성을 쓰고 실비아의 딸인 소피는 아직 실비아의 법률상의 남편인 조르주 바타유의 성을 쓰게 됩니다. 라캉은 '시트로엥'을 타고 2년 동안 2주일에 한 번꼴로 점령하의 파리와 마르세유 사이를, 즉 독일 점령 지역과 비시 정부하의 비점령 지역이라는 '두 나라' 사이를 왕복하였습니다.

이 시기의 라캉의 정치적 태도도 결코 확실한 것은 아니었습니다. 라캉은 비시 정권의 지지자가 아니었지만, 레지스탕스에도 참여하지 않았습니다. 이 시기의 그의 정치적 태도에 관해서 루디네스코Elizabeth Roudinesco는 『자크 라캉전』에서 다음과 같이 썼습니다.

> 라캉은 페탱주의pétanism자가 아니었지만, 레지스탕스에도 거의 공감하지 않았다. 그는 억압을 싫어했는데 영웅주의도 경멸

하였다. 인생의 이 시기에는 그가 청자가 바뀔 때마다 다른 이야기를 하는 경향이 있었다는 것을 이 모순되는 보고가 잘 보여 준다. (Elizabeth Roudinesco, *Jacques Lacan*, Polity Press, 1997, p. 158)

라캉의 잘 알려진 에피소드에 라캉은 실비아와 그녀의 모친이 스스로 유대인이라는 사실을 니스 경찰에 자진 신고했을 때 홀몸으로 경찰서에 들어가서 그 서류를 돌려받으려고 한 사건이 있었습니다.

실비아와 그녀의 모친이 우직하게도 스스로 유대인임을 프랑스 당국에 신고한 것을 알았을 때 라캉은 카뉴의 경찰서에 달려가서 서류를 돌려받으려고 하였다. 서류가 전달되는 것을 기다리지 못하고 그는 의자 위에 올라서서 서고로부터 파일을 집어 들고 바깥으로 나가자마자 파일 안에 있던 모든 서류를 북북 찢었다. (같은 책, p. 158)

라캉에게 이러한 대담한 행동을 허락한 것은 어떤 지인의 증언에 의하면 그가 정치권력과의 사이에 두꺼운 파이프를 갖고 있었기 때문입니다.

캐서린 밀러Cathrine Millot의 기억에 의하면 라캉은 무리스 호텔

Hôtel Meurice에 당당하게 출입하고 독일군의 장교와도 친해져서 비점령 지역에 있었던 실비아를 만나러 가기 위한 통행증을 손에 넣을 수 있었다고 말하였다. (같은 책, p. 158)

호텔 무리스Hôtel Meurice는 옥상에 하켄 크로이츠[8]가 펄럭이는 파리주재 독일군의 중심입니다. 호텔 무리스에 출입할 수 있다는 것은 (주관적 의도는 무엇이든지 간에) 적어도 독일군에서 본다면 '협력자'로 간주되었다는 것을 의미하였습니다.

그러나 이러한 교활한 보신保身의 행위는 라캉에게만 볼 수 있는 것이 아닙니다. 이 시기 프랑스 지식인 중에 이러한 종류의 '면종복배面從腹背' 전략을 채택하였던 사람이 적지 않았기 때문입니다. 독일군 검문관 게르하르트 헤라Gerhard Hella에게 '스승'으로 존경을 받으면서 한편으로는 레지스탕스 지하출판을 조직하였던 장 폴랑Jean Paulhan, 비시 정부로부터 자금 원조를 받고 반비시적 잡지의 간행을 기획하였던 모리스 블랑쇼, 아리아인화[9]에 의해 〈도시극장〉이라고 개명할 것을 강제받은 사라 베르나르Sarah Bernhardt, 극장에서 독일군의 검문하에 비시 비판을 암시하는 〈파리〉 상연을

8 옮긴이 주: Hakenkreuz 독일어의 '십자가'의 의미. 나치당의 상징이다.
9 옮긴이 주: 아리아화(化)(Arisierung)는 독일 정부가 압력을 통해 유대인의 영향하에 있는 기업을 아리아인(비유대인)에게 매각시키게 함으로써 유대인을 경제활동으로부터 배척하도록 하는 나치 독일의 경제정책을 말한다.

감행한 장 폴 사르트르…. 그 밖에 많은 지식인이 라캉과 똑같이 점령군의 권력을 역이용하여 행동의 자유를 확보하려고 하였습니다.

그러한 '사술詐術'의 습관으로서 이러한 종류의 '줄타기'를 하던 사람에게는 많든 적든 유사한 '화법'이 검출됩니다. 그것은 모든 말이 '뒷 의미'를 갖는 화법을 채택한다는 것입니다. 그들은 말 하나하나가 '보통의 의미' 이외에 '또 하나의 의미'를 띠고 있어서 어떤 해석 수준으로 읽을 수 있는 메시지와 그것과는 별도의 수준에서 읽을 수 있는 메시지가 전혀 다른, 교묘한tricky 에크리튀르를 구사하였습니다.

그 대표적인 예는 모리스 블랑쇼의 「문학은 어떻게 가능한가?」에서 볼 수 있습니다. 장 폴랑의 『타르브의 꽃』을 요약한 이 소책자에서 블랑쇼는 모든 조어에 이중의 의미를 부여해서 일독하면 문예비평의 텍스트로 밖에 생각이 들지 않지만 '뒷 의미'를 읽어 보면 1930년대에 블랑쇼 자신이 깊게 참여했던 '국민혁명' 운동에 관한 비판적 총괄로서도 읽을 수 있다는 경탄해야 할 곡예를 우리에게 보여 주었습니다. (内田樹, 「文学はいかにして可能性-'面従腹背' のテロリズム」, 『仏文論叢』 5, 東京都立大学, 1988)

'독자의 욕망에 대응해서 의미를 바꾸는 텍스트', 블랑쇼는 점령 시절 상황에 강제당해 그러한 텍스트를 구사하는 달인이 되었습니다. 아마도 그 시대를 살아남은 많은 지식인은 똑같은 기법에 정통하였을 것입니다.

라캉은 강고한 아이덴티티를 기반으로 하는 '나'를 기점으로 하는 주체 개념을 물리칩니다. 라캉에게 현실적인 것은 오히려 '파리와 마르세유 사이를 질주하는 시트로엥 5CV이고 '라캉이라는 생물학적인 아버지와 바타유라는 법률적인 아버지 사이에 매달려 있던 딸'이고 페탱파와 레지스탕스 양쪽에서 '동료'라고 오해받는 일이었습니다.

일단 살아남는 것이 긴급한 과제였습니다. 이 시기 라캉에게 죽음은 이미 임박해 있었습니다. 실비아와 조르주 베르니에Georges Bernier(라캉의 첫 분석주체인 절친이었던 인물)는 유대인이라는 이유로 절멸수용소에 보내질 위험에 노출되어 있었고 아내의 형제인 코뮤니스트인 자크 드쿠르Jacques Decour는 고문사하였습니다. 사랑하는 사람들을 지키기 위해서는 권력에 대해서 거짓 순종을 보여야 했고 비명횡사한 죽은 자의 혼을 달래기 위해서는 전력을 다해 권력에 저항해야 했습니다. 라캉은 그의 동시대 사람 중 많은 수가 그랬던 것처럼 그러한 모순되는 요청 사이에서 말하는 것을 강제당했습니다.

라캉이 자신을 표현할 때 채택한 수수께끼 같은 어법은 "만약 그가 그것 이외의 어법으로 말하였다면 '그들이' 그에게 더는 말하는 것을 허락해 주지 않게 됩니다." 그러한 아슬아슬한 선택이었다는 슈나이더맨의 지적은 역사적 전기적 상황에 비추어 봤을 때 그 나름의 설득력이 있습니다.

라캉은 모든 수단을 다 동원해서 현실을 살아남으려고 하면서 동시에 죽은 자들에 대한 책임상, 살아남기 위한 말이 그대로 동시에 죽은 자에 대한 진혼의 기원과 같은 화법을 선택할 것을 요청받았습니다. 그의 탁월한 지성은 이 곡예를 가능케 해 주었습니다. 그때 그가 선택한 것은 '라캉이 말하고 싶은 것'을 청자가 늘 '놓치는', '잘못 듣는' 화법이었습니다.

3. 양심의 가책

레비나스에 관해서도 우리는 라캉과 통하는 '죽은 자의 절박'을 지적할 수 있습니다. 레비나스는 러시아 제국령의 리투아니아에서 태어나 프랑스와 독일에서 철학자로서 수업修業을 쌓고 프랑스에 귀화하였습니다. 사용하는 말도 하나가 아닙니다. 러시아어권에서 태어나서 유아기부터 헤브라이어를 배우고 독일어로 철학을 배우고 프랑스어로 저술을 하는 레비나스에게 "당신의 제1 언어는 무슨 언어인가?"라고 묻는 것은 거의 의미가 없을 것입니다.

레비나스는 1939년에 입대해서 군사통역으로서 종군, 전쟁 시작 후에는 곧 포로가 되었습니다. 이때, 레비나스는 프랑스군 병사로서 포로가 되었기 때문에 유대인이었지만 강제수용소행을 피할 수 있었습니다. 그러나 그가 포로였던 동안에 리투아니아에 남겨진 가족은 다른 운명에 처했습니다.

> 제 자신은 아우슈비츠에 가지 않았습니다. 그런데 결국 저는 제 가족 전원을 거기서 잃었습니다. (*EI*, p. 159)

파리에 남았던 그의 아내도 유대인 사냥을 겨우 벗어날 수 있었습니다. 그녀를 구한 것은 레비나스의 친구였던 모리스 블랑쇼입니다. 레비나스는 유대인 포로부대에 배속되었는데, '빈협정하에서 레비나스는 '유대인'이기 이전에 '프랑스군 병사'로서 인정받았습니다. 같은 프랑스 유대인 시민이 '프랑스인'이기 이전에 '유대인'으로서 인정받음으로써 드랑시Drancy 국내 수용소에서 아우슈비츠 수용소와 다하우Dachau 수용소에 보내졌을 때 레비나스는 '프랑스군 병사'였기 때문에 살아남았습니다. 근친자와 동포가 죽음의 고통을 맛보고 있을 때 에마뉘엘 레비나스는 그들이 어떤 운명에 처할지 알지 못하고 수용소에서의 여가를 독서와 『존재에서 존재자로*De L'existence a L'existant*』의 집필로 보냈습니다.

저는 이 포로 경험이 레비나스의 사색과 에크리튀르에 숙명적인 '뒤틀림' 혹은 '비틀림'을 불러들인 게 아닌가 생각하고 있습니다. 실제로 레비나스는 전후 프랑스에 불어닥친 대독협력자의 숙청에 관해서도 레지스탕스에 관해서도 발언을 자제하였습니다. 이 침묵에 개인적 절도의 감각 이상의 것을 나는 느낍니다. 오히려 레비나스에게 피해자로서 혹은 승리자로서 발언을 허락하지 않는 '죽은 자들의 절박'이 거기에 관여하고 있었던 것은 아닐까요.

하노버 포로수용소의 레비나스는 다른 장소라고 하면 치명적인 조건이었을 유대인 신분으로 인한 박해를 벗어났습니다. 우연히 장착하게 된 법적 의제에 지나지 않은 '프랑스군 병사'라는 자격으로 생존을 허락받았습니다. 즉, 이때 레비나스의 목숨을 건 아이덴티티는 '내가 그 기원에서 누구인가'에서가 아니라 '타자' 혹은 '율법'과의 관계 속에서 어떤 자로 기능하는가에 의해 규정되었습니다.

물론 그런 복잡한 내력은 잊고 '순수한 피해자'에 스스로를 동일화해서 전쟁 책임을 규탄하는 것도 못할 일은 아닙니다. 그러나 레비나스는 그러지 않았습니다. 그는 "왜 자신은 살아남았는가?"의 의미를 묻고 살아남은 것에 의미가 있다면 그때 '주체성'이라는 개념이 어떻게 바뀌어야 하는지를 사유하는 길을 선택하였습니다.

그렇게 생각하면 전후의 레비나스의 몇몇 삶의 궤적은 설명할 수 있을 것 같습니다. 유대인 청년들을 위한 교육사업에 대한 헌신, 동구의 유대인 사회의 소멸과 함께 위기 상태에 빠진 탈무드학의 계승, 나치즘에 대한 공감을 공언한 이전 스승 하이데거에 대한 철저한 비판. 이러한 레비나스의 주위 사정이 그가 '살아남은 유대인으로서의 책무'라는 것을 강하게 의식하게끔 하였습니다.

적어도 후설의 『순수현상학과 현상학적 철학의 이념들*Ideen Zu Einer Reinen Phanomenologie Und Phanomenologischen Philosophie*』과 하이

데거의 『존재와 시간』의 철학사적 의의를 설파하는 것에 지적 노력을 집중시키고 있던 전쟁 전의 레비나스에게는 거의 감지할 수 없었던 '유대인으로서의 사명감'을 우리는 전후의 레비나스에게서 발견할 수 있습니다. 그러한 행동을 동기 지은 것은 아마도 그의 '살아남음'이라는 특이한 입장일 것입니다.

'살아남은 것'의 의미(혹은 무의미)에 관해서 레비나스 자신은 거의 직접적으로 언급하고 있지 않습니다. 예외적으로 어떤 강연 중에 장켈레비치Jankélévitch를 인용하면서 레비나스는 다음과 같이 말하였습니다.

> 장켈레비치 씨가 말한 것처럼 우리는 서로 여기에 살아남았다는 것 이외에 공통점이 없다. 우리에게 유일 공통의 것, 그리고 가장 본질적인 것, 그것은 다들 알 것이라 생각하지만 아직 살아있다는 것이다. 우연히도 우리는 여기에 있다. 우리는 모두 혼자 여기에 있다. 왜일까? 그 이유는 알 수 없다. 아마도 게슈타포가 부주의한 덕분에 … 무엇이 일어났는가. 우리는 지금도 모른다. 여하튼 우리는 살아 돌아왔다. … 우리의 삶의 나날에는 우리가 두려워해야 할 비극이 있다. 그것이 우리에게 영원히 각인되어 있고 다른 사람들과 우리를 확실히 다른 존재로 만들었다. (*DL*, pp. 227-228)

살아남은 자와 살아남을 수 없었던 자 사이에 납득할 수 있는 이유가 있으면 살아남은 것에 의미를 부여하는 것도 불가능한 것은 아닐 것입니다. 그러나 "왜인지 그 이유를 모릅니다."

산 자와 죽은 자 사이에 넘을 수 없는 경계선을 긋는 것부터 문명은 시작되었습니다. 그렇게 인류학은 우리에게 가르쳐 줍니다. 오르페우스의 지옥하강도, 그리고 요미노 히라사카[黃泉比良坂]의 이야기도 산 자와 죽은 자를 확연히 나누어서 결코 교차할 수 없다는 인간성의 근본에 관련된 명제를 말하고 있습니다.

그러나 홀로코스트에서 살아남은 유대인들은 이 산 자와 죽은 자 사이를 나누는 경계선을 확실히 볼 수 없습니다. 왜 살아남았는가, 그 이유를 알 수 없기 때문입니다. 그들의 눈에 죽은 자는 유명을 달리할 수 없는 채로 산 자의 세계를 어렴풋이 떠돌아다니고 있습니다. 그래서 태고의 신화 작가들이 그렇게 한 것처럼 '이유 없이 살아남은 자'들도 또한 '생사의 경계'에 분절선을 긋는 큰일을 받아들여야 합니다.

생사의 분절선을 긋는 것, 그것이 '죽은 자를 조문하는 일'입니다.

이 경우 조문하는 것은 그것을 통해 '무의미하게 죽은' 사람들의 영혼을 위로하기 위한 것이라기보다는 '무의미하게 살아남은', 자신들의 살아남음이라는 사실에 어떤 의미를 부여하기 위함입니다. 죽은 자들을 향해 "우리가 살아남은 것은 당신들을 위해서/대신에 어떤 일을 하기 위함이다"라고 고할 수 없으면 "내가 살아남은 이유를 모른다"라는 살아 있는 것의 근원적인 무근거성을 그들이 견뎌야 합니다. 그래서 살아남은 사람들은 예외 없이 '죽은 자를 조문하는 것'을 최우선의 책무로서 받아들였습니다.

이때 레비나스 세대의 '살아남은 유대인'이 '상주'로서 해야 할 조문은 우리가 평소에 친족의 상을 치를 때 하는 장례와는 그 결이 꽤 다릅니다.

우리는 가까운 친족의 상을 치를 때는 자신이 효도를 다 했을까요. 애정과 우정을 충분히 보였을까요. 필요로 하였던 도움을 아끼지는 않았을까요. 이처럼, '하지 못한 일'을 세어 보고 일말의 자책에 사로잡힙니다. 그러나 그 자책은 "왜 죽은 사람이 이 사람이고 내가 아니었을까?"와 같은 대답할 길이 없는 자문이 가져다주는 불안과는 종류가 다른 것입니다.

그럼에도 레비나스와 '홀로코스트의 생존자'가 살아남은 것에 대해 자신을 위한 합리화할 말이 있다고 하면 그것은 "우리는 자신들의 책무에 더해서 당신들의 책무도 함께 받아들여 그것을 통해 당신들이 죽음으로써 이 세계에 가져온 결여를 최소화할 생각이다"라는 결의를 말하는 것 이외에는 없습니다.

살아남은 것에 의미를 부여한다면 그것은 살아남은 자는 보다 많은 책무를 지고 보다 많은 수난을 견디기 위해서, 즉 특권이 아니라 많은 의무를 받아들이기 위해서 선택되었다는 자기규정을 스스로 받아들이는 것 이외에 다른 길은 없습니다.

레비나스는 '선택'에 관해서 이렇게 썼습니다.

> '선택되었다'는 말을 '특권'의 용어로 이해해서는 안 된다. 그것은 '책임'의 용어로 이해해야 한다. (*DL*, p. 195)

> 선택은 특권으로 구성된 것이 아니다. 그것은 유책성에 의해 구성되어 있다. … 그것은 인간으로서의 나의 지위에서 유래한다. 모든 사람은 '나'인 한 다른 사람과는 다르다. 그리고 다른 모든 사람에 대한 도덕적 의무가 '나'에게는 부과되어 있다. 도덕성에 관한 근원적 직관이란 아마도 나는 타자의 등격자가 아니라는 것을 자각하는 일일 것이다. 나는 타자에 대해서 책무를 지고 있다고 느끼고 있다. 그러므로 나는 나 자신에 대해서는 다른 사람들에 대해서보다 훨씬 많은 것을 요구하게 된다. (*DL*, p. 39)

이 언명을 유책성 일반에 관련된 '이야기'로 읽는 것은 물론 가능하지만, 레비나스의 개인사적 문맥을 고려해서 읽으면, 이 '다른 사람들'이라는 말에는 통상은 '다른 사람들'이라는 범주에 들어가지 않는 사람들까지 포함되어 있을 가능성을 음미해도 좋지 않을까 생각합니다.

레비나스는 반복해서 '타자'란 '과부, 고아, 이방인'이라고 쓰고 있습니다. 우리는 이 말을 보통 '약자', '가난한 자', '보호받지 못하는 사람들', '피억압자', '피차별자', '피박해자', '프롤레타리아'를 염두에 두고 씁니다. 그리고 그들은 무권리 상태에 있어서 우리가 지원의 손을 내밀 것을 기다리고 있는, 일종의 사회적 입장이라는 식으로 존재론적으로 해석합니다.

확실히 '타자'란 그러한 사람들을 우선으로 지칭할 것입니다. 그러나 그들이 전부라고 할 수 있을까요? 레비나스가 '타자'라는 말을 사용할 때 거기에는 '죽은 자들'도 포함된 것이 아닐까요? 보호받지 못하는 '과부, 고아, 이방인'에 관해서 말할 때 레비나스는 혹여 아우슈비츠 수용소의, 그리고 다하우의 수용소 유대인들을 염두에 두고 있는 것은 아닐까요?

레비나스는 '타자'에 관해서 푸아리에François Poirié와 다음과 같은 대화를 나누었습니다. 저는 레비나스의 말 중에 나오는 '타자'를 '아우슈비츠의 죽은 자들'이라고 바꿔 읽어 보면 거기에 철학적 타자론이라기보다는 오히려 '기원祈願'과 비슷한 말을 읽어 낼 수 있다고 생각합니다.

> 푸아리에: 타자에 대한, 타자를 대신하는 것으로서의 유책성은 구체적으로 어떠한 행위로서 실현되는 걸까요?
>
> 레비나스: 타자는 그 모든 물질적 궁상을 통해서 나에게 다가

옵니다. 때로는 타자에게 식료를 제공하든지 때론 옷을 입혀 주는 것이 문제가 됩니다. 그것이 성서가 말하고 있는 것입니다. 굶고 있는 자에게 먹을 것을 제공하라. 벌거벗은 자에게는 옷을 입혀 줘라. 목마른 자에게는 물을 마시게 해 줘라. 몸을 둘 장소가 없는 자에게는 집을 빌려줘라. 인간의 물질적 측면, 물질적 생활, 그것이 타자에 관해서 내가 배려해야 할 것입니다. 타자에 관해서 나에게 깊은 의미가 있는 것입니다. 그것이 나의 '성성聖性'과 관계가 있습니다. 지금까지 자주 인용한 마태복음 25장의 대화를 떠올려 보세요. "너희가 나를 내쫓고 나를 사냥하였다" / "언제 우리가 당신을 내쫓고 사냥을 하였다고 하는 겁니까?" / "너희들이 가난한 자들에게 먹을 것을 주는 것을 거부하고 가난한 자들을 내쫓고 그들에게 시선도 주지 않았을 때!" 나는 타자에 대해서 먹을 것, 마시는 것으로부터 시작하는 유책성을 지고 있습니다. 이른바 내가 쫓아낸 타자는 내가 쫓아낸 신과 같습니다. … 과실을 범하지 않았음에도 불구하고 죄의 의식을 안는 것! 나는 타자를 알기 전에 존재하지 않았던 과거의 어느 시점에 타자와 관계를 맺고 말았습니다. (*EL*, p. 114)

물론 레비나스 자신은 아우슈비츠에서 죽어 간 '과부, 고아, 이방인'에 그 어떤 책임이 있는 것도 아닙니다. 그 자신도 또한 같은 폭력의 피해자였으니까요. 그는 '결백'합니다. 그럼에도 레비나스가 전시 포로로서 독서를 하고 크리스트교도와 우애를 쌓을 기회를 잡는 등 비교적 견디기 쉬운 수용소 생활을 보내고 있는 동안 그의 동포들이 무참한 죽음을 경험한 이상, 레비나스는 그들의 죽음에 책임을 느끼지 않고는 견딜 수 없습니다.

그렇게 생각하면 레비나스가 '과실을 범하지 않았음에도 죄의식을 안고 타자를 알기 전에 타자와 관계를 맺고 말았다'고 쓸 때의 사고회로는 결코 사변적인 것이 아님을 알 수 있습니다.

레비나스가 물질적인 관계를 갖지 못한 채 비명횡사한 사람들이 있습니다. '나'는 이전에 그들을 쫓아냈습니다. 물론 그런 의도가 있었던 것은 아닙니다. '나'는 그러한 비참함을 그들이 경험하고 있던 것조차 몰랐고, '나'에게 구체적으로 그들을 구출할 방법이 있었던 것도 아닙니다. '나' 측에는 그들의 수난에 관해서 책망을 받을 만한 이유는 없습니다. 그럼에도 그들이 굶고, 목마르고 벌거벗은 채로 황야를 헤매는 것을 강요받았다는 것을 알았을 때 '나'는 자책에 시달립니다. 나는 그들의 추방에 가담하지도 않았고 '나'에게 책임은 없습니다. 그러나 그럼에도 그들의 수난이 '나'하고는 관계가 없다고 말할 수 없습니다.

"'나하고는 관계가 없다'고 말할 수 없습니다non-in-différence."
이것이 레비나스의 유책성이라는 사고를 적절하게 바꾸어 한 말입니다. 필립 네모와의 대담에서 레비나스는 이렇게 말했습니다.

> 나는 내가 받은 박해에 관해서조차도 유책입니다. 단 유책인 것은 나 혼자입니다. 나의 '근친자들' 나의 '민족' 그들은 이미 타자들입니다. 그래서 그들을 위해서 나는 정의를 요청합니다. (*EL*, p. 95)

'내가 받은 박해les persécutions que je subis'에 관해서조차도 나는 유책이라는 말은 지금까지 레비나스 윤리의 엄청남을 상징하는 말로서 반복해서 인용되어 왔습니다. 그러나 '똑같은 박해'를 받으면서 아우슈비츠 수용소와 하노버 수용소 사이에 존재했던 격절에 관해서, 그리고 '죽은 자들'과 '살아남은 자' 사이에 존재한 격절에 관해 레비나스 자신이 맛보았을 터인 자책에 관해서 생각한다면 '내가 받은 박해에 관해서도 나는 유책이다'라는 레비나스의 말은 결코 사변적으로 도출된 것이 아니라 신체의 깊은 곳에서 배어 나오듯 분출하는 말이었다는 것을 알 수 있습니다. 그렇지 않으면 '유책인 것은 나 혼자입니다!Mais seulment moi!'라는 말의 비통함을 이해할 수 없을 것입니다.

4. 존재하는 것과는 다른 방식으로

레비나스는 『존재하는 것과는 다른 방식으로*Autrement qu'être*

ou au-delà de l'essence』[10]라는 책에 다음과 같은 인상 깊은 말을 남겼습니다.

> 국가사회주의자들에 의해 학살당한 육백만 명 중 가장 친했던 사람들의 추억과 타자에 대한 동종의 증오, 동종의 반유대주의에 희생된 모든 종파, 모든 국적의 수백만 명의 사람들에게.
>
> (*AQE*)

레비나스는 그 두 번째, 그리고 마지막 주저를 '죽은 자들'에게 바치고 있습니다. 그리고 그 저작을 통해 전후 사반세기에 걸친 자신의 철학적 사유에 하나의 '결착'을 보았습니다. 『존재하는 것과는 다른 방식으로』를 레비나스에 의한 '상의 의례'라고 생각할 때 지금까지 레비나스의 가장 난해한 사유라고 보이던 『존재하는 것과는 다른 방식으로』와 '그'에 관한 논의를 새로운 조명 밑에서 다시 읽어 보는 것이 가능하지 않을까 생각합니다.

레비나스는 『존재하는 것과는 다른 방식으로』에서 수백만의 죽은 자들을 '조문'하기 위해 무엇을 하려고 하였을까요? 그것을 알기 위해서는 레비나스가 『존재하는 것과는 다른 방식으로』라는 저

10 옮긴이 주: 한국어 번역본의 제목은 『존재와는 달리 또는 존재성을 넘어』(그린비, 2021)이나 이후의 맥락을 고려했을 때 일본어 역본의 제목이 우치다 다쓰루의 의도를 잘 반영하고 있어 이를 그대로 번역했다.

서를 어떻게 규정하고 있는지, 레비나스 자신의 설명을 들어 볼 필요가 있습니다. 길고 이해하기 힘든 문장이긴 하지만 그대로 인용해 보기로 하겠습니다.

> 『전체성과 무한』 후 「주제화」로 환원 불가능한 것으로서의 '무한'과의 관계를 제시하는 것이 가능하게 되었다. '당신'의 얼굴이 '나'를 응시하고 있는 동안에도 '무한'은 늘 '제삼자', 즉 '그'로서 머물러 있다. '무한'은 나에게 영향을 미치지만 '나'는 '무한'을 지배할 수 없고 '무한'의 엄청남을 '로고스'의 기원arché을 통해서 받아들일 수도 없다. '무한'은 그렇게 해서 '나'에게 무기원적anarchiquement으로 영향을 미치고 '나'의 어떠한 자유에도 선행하는 절대적 수용성에 대해, 자신을 흔적으로서 각인하고 이 영향이 여기励起하는 '타자에 대한 유책성'으로서 현현한다.
> 관련된 유책성의 궁극적인 의미는 '나'를 '자기'의 절대적 수동성에서 '다른 것'을 대체하여 '다른 것'의 인질이 되는 사실 그 자체로서, 이 대체를 통해서 단지 별도의 방식으로 존재하는 것이 아니라 '존재하는 노력conatus essendi'으로부터 해방된 존재하는 것과는 다른 방식으로서 사고하는 것 안에 존재한다. 『전체성과 무한』에서는 아직 사용하지 않은 존재론의 용어는 이렇게 회피되게 된다. (*DL*, p. 412)

이것이 『존재하는 것과는 다른 방식으로』라는 책의 자기사적인 의미에 관해서 말한 구절입니다. 『존재하는 것과는 다른 방식으로』가 '죽은 자들'에게 바쳐진 책, 죽은 자들의 '진혼'을 위한 책이라는 것을 레비나스 자신이 선언하고 있는 이상 여기서 레비니스가 반복하고 있는 '무한'과 '타자'라는 특수한 술어를 '죽은 자들'을 염두에 두고 읽는 것을 피할 수는 없는 노릇일 것입니다.

우리의 흥미를 끄는 것은 『전체성과 무한』으로부터 『존재하는 것과는 다른 방식으로』 사이의 결정적인 지표Merkmal로서 레비나스가 이용한 '존재론이 사용하는 용어의 회피'라는 말입니다. 이 말은 도대체 무엇을 의미하는 것일까요?

'존재론이 사용하는 용어의 회피'는 단적으로는 '다른 방식으로 존재한다ètre autrement'가 아니라 '존재하는 것과는 다른 방식으로autrement qu'être'라는 이행으로서 표현됩니다. 그런데 '존재하는 것과는 다른 방식으로'는 도대체 무엇을 의미하는 것일까요?

레비나스 자신은 『존재하는 것과는 다른 방식으로』 모두에서 그것에 관해서 다음과 같이 썼습니다.

> 존재와는 다른 것으로 존재하는 것과는 다른 방식으로 이행하는 것passe à lautre de retre, autrement qu'être. 다른 방식으로 존재하는 것이 아니라 존재하는 것과는 다른 방식으로non pas étre autrement, mais autrement qu'être. 이것은 '존재하지 않는 것'을 의

미하는 것도 아니다.

이행한다는 것은 여기서는 죽음과 같은 의미가 아니다. 그것은 '존재하는 것'과 '존재하지 않는 것'이 서로 조응하고 있어서 사변적인 변증법을 전개하여 존재를 규정하는 하나의 방법이다. 혹은 존재를 거절하는 부정성도 거절하는 것과 동시에 존재가 그것을 삼켜 버리고 만다.

진상을 정확하게 지적받은 공허는 곧바로 '있다il ya, 일리야'의 무언이고 익명의 웅성거림에 의해 채워지고 만다. 빈사한 사람이 물러난 후의 공위가 곧 그 자리를 계승하려고 하는 자들의 웅성거림에 의해 채워지는 것처럼.

존재의 존재성esse은 존재하지 않는 것도 지배하고 있다. 그래서 '나의 죽음'이라는 말은 무의미하다. 마지막 싸움에서 맥베스가 바란 것처럼 나의 죽음 안에 존재의 전체를 길동무로 삼지 않으면 말이다. 그러나 나의 죽음 안에 존재 전체를 길동무로 삼을 때는 '죽어야 할 존재자'라는 말도 '삶' 그 자체도 무리해서 '그것 자신에게 아이러니'라는 말로 수선을 해 보아도 무의미하고 불합리하게 되는 수밖에 없다. (*AQE*, p. 3)

'존재하는 것과는 다른 방식으로'란 '무엇인가'라기보다는 오히려 '무엇이 아닌가'에 관해서 언급합니다. 이것이 최초의 문장입니다. 이 문장을 몇 번이나 읽다가 보니 우리는 거기에 어떤 이미지가 집요하게 반복되는 것을 자각합니다. 죽음입니다.

'죽는다mourir', '계속 죽어 가는 것mourant', '죽음mort', '죽어야 하는 것morte' 불과 14행 문장 안에 '죽음'에 관한 말이 네 번 등장합니다. 그 용례도 꽤 특이합니다. 여기서 레비나스는 '죽는 것'을 '존재하는 것'에 대비시키는 것이 아니라 '죽음'은 '존재'의 일부라고 말하고 있기 때문입니다.

레비나스는 '존재와는 다른 방식으로, 존재하는 것과는 다른 방식으로 이행하는 것'을 이 책의 논제로 들고 있습니다. 그리고 이 '이행한다'는 '죽는 것' 혹은 '존재하지 않는 것'과 같은 의미가 아니라고 계속해서 말하고 있습니다. 이것은 도대체 무엇을 의미할까요? 레비나스에 의하면 존재의 전체성 안에서 '존재하지 않는다'는 말은 이미 '존재하는 것'의 일종의 변용태에 지나지 않습니다.

'존재의 존재성이 존재하지 않는 것도 지배하고 있는' 이상, '나의 죽음'이라는 말에는 의미가 없습니다. '나의 죽음'이라는 말은 내가 죽은 후에 '나의 죽음'을 존재의 이코노미 안에서 일어난 '하나의 사건'으로서, ('아버지의 죽음'과 '애견의 죽음'과 똑같은 지평에서) 기술하는 '비인칭적인 관측자'를 상정하는 것 없이는 의미를 갖지 않기 때문입니다. "내가 죽은 후에도 세계는 변함없이 존재한다"는 믿음에 의심을 하지 않는 사람만이 '나의 죽음'이라는 말을 입에 담을 수 있습니다. (그것은 '아버지의 죽음'이라는 말을 입에 담을 수 있는 사람은 아버지의 사후도 그 죽은 자를 '아버지'라고 부르는 '자식'이 계속 존재하는 것을 자명한 전제로서 하고 있는 것과 똑같이) '죽음'은 그렇게 해서 이미 '존재의 지배'를 받고 있습니다.

이 역설은 곧바로 후설이 '상호주관성'에 관해서 말한 비유를 떠올리게 합니다. 후설은 이렇게 썼습니다. 설령 페스트로 세계 모든 사람이 다 죽고 나 혼자 살아남았다고 해도 그것에 의해 '세계는 존재한다'는 나의 확증은 흔들림이 없습니다. 왜냐하면 사실의 수준에서 '나와는 다른 방식으로 세계를 경험하고 있는 타아'가 있든 없든 원리의 수준에서 나는 상호주관적인 방식으로 타아들과 세계를 공유하고 있는 것에는 변함이 없기 때문입니다.

> 인간은 한 명 한 명이 이미 공동체의 구성원이라는 의미를 갖추고 있기 때문에 … 인간 사회 및 인간의 의미에는 상호에 대해서 존재한다는 것이 포함되어 있다. 그리고 인간은 그렇게 상호에 대해서 존재한다고 하면 나의 존재와 모든 타아의 존재는 당연히 객관화되고 동등화된다. 따라서 나도 그렇고 다른 누구도 그렇고 인간은 많은 인간 중의 한 명이 된다. … 우리는 이 모나드의 공동성을 선구적 상호주관성이라고 부른다. … 그 선구적 상호주관성은 '타'라는 변용태로 구성되는 모든 주관을 통해서 동일한 것으로 단지 각각의 주제로 나타나는 방식에서만 다른 것으로서 구성된다. (エドムント・フッサール, 『デカルト的省

察』, pp. 322-323)

이 '타他라는 변화된 모습'을 편력해서 전 시간을 일관되게 흐르는 '동일한 것'으로서의 상호주관성, 이것이 레비나스가 '동일자'라고 이름 붙인 바로 그것입니다. 단지 동일 주제의 다양한 변용태로서 출현하는 '타아'들이 짜내는 이 거대한 전체성의 이코노미[11]를 실체적인 '시스템'(예를 들면 모든 사상을 씹고 흡수하는 '우주적 소화기관'과 같은 것)으로 생각하면 어딘가에서 상상력의 한계에 부딪힙니다.

후설의 선구적 상호주관성이라는 개념의 가장 중요한 점은 페스트의 예로부터 알 수 있듯이 현실적으로 존재할 필요조차 없다는 데 있습니다. 즉 내가 죽든 당신이 죽든 '동일한 것'은 '각각의 주제가 나타나는 방식에서만 차이가 있는 것으로' 영원히 계속 존재합니다. 나는 전체성에서 '나의 죽음'이라는 부정성을 경유하여도 여전히 '죽을 수 있는 나'로서 동일성을 가질 수 있습니다.

이러한 공의존적인 양상을 하이데거는 '공존재Mitsein'라고 이름 붙였습니다. 그 존재 성격은 우리가 지금 본 후설의 상호주관성

11 옮긴이 주: 종종 '경제'로 번역되는 이 말은 고대 그리스에서는 원래 '가정'을 의미하였다. 단 서양의 사상사 안에서는 '이코노미'라는 개념은 어떤 번역어로도 담아낼 수 없는 의미를 갖고 있다. 개괄적으로 말하면 '이코노미'란 삶이 영위되는 '집' 내부의 일 혹은 시간 안에 있는 유한한 것에 대한 질서 지워진 통치를 그리고 그러한 것들을 효과적으로 교묘하게 배치하는 조화가 이루어진 질서 그 자체를 나아가 그러한 통치와 질서의 양상을 찾는 '학문'의 형태를 의미한다고 할 수 있다.

의 규정과 거의 다르지 않습니다.

> 공존재는 '타자'가 현실적으로 보이지 않고 지각되지 않을 때도 실존론적으로 현존재를 규정하고 있다. 현존재가 혼자서 존재하고 있는 것도 세계 내에서의 공존재다. … 혼자서 존재하고 있는 것은 공존재의 하나의 결손적 양태라서 혼자서 존재하는 것이 가능하므로 공존재를 증명한다. (マルティン・ハイデッガー, 『存在と時間』, p. 232)

타자가 현실적으로 있든 없든 '나'의 공존재적 본질은 조금도 영향을 받지 않습니다. 페스트로 전 세계 사람들이 다 죽은 후 혼자 살아남은 내가 "나는 혼자다"라고 중얼거렸다고 하면 나는 혼자이면서 이미 공존재이고 선구적 상호주관성을 전제로 하는 셈입니다. 왜냐하면 "나는 혼자다"라고 하는 그 중얼거림은 각자의 모국어의 문법에 맞게 각자 모국어의 어휘를 이용해서 모국어의 음소로서 등록된 음운을 울려 퍼지게 하기 때문입니다. 이러한 말하기는 그것을 듣고 그것을 계속 이어서 말하게 될 '타아'를 전제로 하는 것 이외에는 결코 발할 수 없는 것입니다. "나는 혼자다"라는 자기 인식 그 자체가 그 언명을 이해하고 그러한 언명을 계속 행하는 내가 공존재의 일부라는 전제 없이는 성립할 수 없습니다. 그것은 이와 같은 극단적인 예를 굳이 들지 않아도 우리가 일을 마치고 집으로 돌아가는 길에 아무도 듣지 않음에도 "와 오늘 참 피곤하다"라고 중얼거리는 경우도 똑같습니다. 나의 말을 현사실적으로 듣는 타자가 있든 없든 나는 그 중얼거림을 듣고 나의 노고를 승인하고 그것을 기록하고 '마침내' 그것에 관해서 보장을 해 줄 선구적 상호주관성을 전제로 해서 그 중얼거림을 수행하고 있습니다.

그래서 앞에서 등장한 페스트의 상상을 좀 더 확장해서 세계 모든 사람이 죽고 혼자 남겨진 내가 고독 속에서 수명을 다하고 죽은 후 세계는 어떻게 될까와 같은 물음에도 대답하는 것은 어렵지 않습니다.

물론 모든 존재자가 소멸한 후도 세계는 여전히 존재합니다. 왜냐하면 세계의 존립은 사실의 수준에서 존재자가 존재하든 존재하지 않든 상호주관성의 수준에서 담보되기 때문입니다. 레비나스가 '있다ilya, 일리야'라는 비인칭 구문으로 나타내려고 했던 것은 바로 이러한 극한적인 상황을 의미합니다.

> 모든 존재자가 인간도 사물도 무無로 돌아간 상태를 상상해 보기로 하자. 이 무로의 귀착을 어떠한 사태의 외측에 위치 짓는 것은 불가능하다. 그러면 이 무 자체란 무엇인가? 설령 그것이 무의 밤, 무의 침묵이었다고 해도 뭔가가 일어났다. 이 '뭔가가 일어났다'의 애매함은 주어의 애매함도 아니고 어떠한 실사實詞와 관계 지을 수 없다. 이 애매함은 동사의 비인칭구문의 삼인

칭대명사와 똑같이 그 동작의 동작 주체가 인식되지 않는 것을 지시하는 것이 아니라 이른바 동작 주체를 갖지 않는 동작, 익명적인 동작이 그 성격을 지시한다. 존재의 익명적인, 그러나 지울 수 없는 '소진燒盡'인 무 자체의 깊은 곳에서 술렁거리는 '소진'에 우리는 '있다'는 술어를 할당하고자 한다. (*EE*, pp. 93-94)

존재하는 모든 것을 공제한 그 마지막에서도 '있다'를 공제할 수 없는 세계. 레비나스가 '존재의 존재성 지배'라고 부른 것은 이러한 존재의 범람, 동일적인 것이 영원히 재귀하는 상황을 의미합니다. 이 '존재'의 왕국에서는 '존재하지 않는 것'조차도 '존재'의 언어로 말하여지고 맙니다.

레비나스는 이 존재의 만연으로부터 탈출하는 방법을 찾아서 '존재하는 것과는 다른 방식으로', '존재하는 것의 저편'이라는 문제 설정을 하게 되었습니다. 그것을 단적으로 '존재하지 않는 것'에 관해서는 '존재하는 것과는 다른 방식으로'라고 말합니다. 물론 그것을 말할 정형구의 화법이 있을 리가 없습니다. 그것은 레비나스가 말하듯이 일종의 일탈, 난조, 혹은 '숨이 끊어짐'이라는 형태로서밖에 존재의 이코노미 안에서 머무를 수 없는 무엇인가입니다.

5. 죽은 자를 죽게 하자

'존재의 저편'을 목표로 하는 어법, 그것은 말을 바꾸면 죽은 자를 죽게 할 수 있는 어법입니다. 최악의 죽은 자들, 그것은 '죽는' 것을 거절당한 죽은 자들입니다. 페스트(후설이 고른 이 비유를 카뮈가 그의 소설세계를 점하는 원리로 채택한 것은 우연이 아닙니다.)로 '나' 이외의 전 세계의 모든 사람이 죽고 마지막에 남은 그 '내'가 죽었을 때도 세계는 여전히 존재합니다. 세계의 존재를 담보하는 것은 상호주관성의 지평에 남겨진 '타아'들입니다. 그들이야말로 다름 아닌 '죽는 것'을 거절당한 죽은 자들과 다름없습니다. 이 죽은 자들은 상호주관적 지평을 '죽음(최후)의 거처'로서 거기서 '영겁의 죽음'을 '사는' 것이 숙명 지워집니다. 이 '결코 죽지 않는 죽은 자'야말로 '존재의 존재성이 지배'하는 우리 세계의 죽은 자의 모습입니다.

죽은 자는 죽지 않습니다.

그것은 '죽다être mort'라는 프랑스어의 표현이 뜻밖에도 잘 보여 주듯이 '죽은 자로서 존재합니다.' 그래서 죽은 자를 죽게 해야 합니다. 제2차 세계대전 종전 직후 이윽고 20세기에 가장 많은 부수를 기록하게 된 소설이 프랑스에서 출현하였습니다. 그 단편소설의 주제는 단지 하나밖에 없습니다. 그것은 '죽은 자를 죽을 수 있도록 하는 것'입니다.

이야기는 주인공의 모친의 죽음으로부터 시작합니다. "오늘 엄마가 죽었다. 혹은 어제일지도 모른다. 나는 모르겠다"는 이 모두의 일절을 세계 대부분의 사람이 홀린 듯이 반복했습니다. 이 도입의 말이 이만큼이나 넓게 회자한 것은 죽음을 세속적인 용어법으로 말하기를 거절하고 죽음의 무의미성을, 그 무의미성을 훼손하지 않고 유지하려고 한 주인공의 엄청난 욕망이 제2차 세계대전 후의 사람들에게 아마도 상상 이상으로 절실한 것이었기 때문입니다. (그것은 7천만 명이라는 공전의 전사자에 대한 조문이 가장 급한 영적 과제였던 시기였습니다.)

주인공이 모두에서 흘리는 감회가 '이방인'이라는 제목을 갖는 이 소설이 기본적으로 목표하는 것을 그대로 말하고 있습니다.

> 아직, 엄마가 죽지 않은 것 같은 느낌이 든다. 매장이 끝나면 역으로 엄마의 죽음은 공공적인 일이 되고 만사는 좀 더 공식적인 모습이 되고 마는 것일 테다. (Albert Camus, '*L'Étranger*, p. 1127)

주인공은 엄마의 죽음을 '공공적인 일'로 하는 것, 그것이 '공식적인 모습'을 두르는 것을 거부합니다. 주인공은 마치 엄마가 아직 죽지 않은 것처럼 행동합니다. 장례 후 해수욕에 가고 희극영화를 보고 웃고, 여자친구를 침대에 데리고 옵니다. 그 '비인정'은 이윽고 그가 연루되어 있는 상해치사 사건의 심리에서 그를 극형으로 처해 줄 것을 바라는 검사의 입으로부터 주인공의 충격적인 '괴물성'

의 증거로서 언급됩니다.

검사는 말합니다.

> 이 남자에게 정상참작은 필요 없다. 왜냐하면 '이 남자의 내면에서 발견되는 공허가 균열이 되어서 사회전체가 거기에 빨려 들어갈 수밖에 없기' 때문이다. (같은 책, p. 1197)

검사의 고발은 정확하게 문제의 본질을 꿰뚫고 있습니다. 『이방인』의 주인공 뫼르소는 이 사회의 한구석에서 '존재에 감염되지 않은 죽음'이 있을 수 있음을 혼자서 실증하려고 하다가 존재의 이코노미의 압도적인 대기압에 의해 찌그러집니다. 그것은 뫼르소의 시도가 그만큼 위험하다는 것을 예증하고 있습니다.

주인공에게 엄마의 죽음을 옳게 조문하는 것은 거기에서 모든 존재론적인 의미를 다 벗겨 내고 죽음의 순수한 무의미성을 훼손하지 않고 유지하는 것에 있었습니다. 그것이 진정한 복상服喪이라고 주인공은 직감하였습니다. 죽음을 늘 있는 일로 생각하고 무덤을 세우고 눈물을 흘리고 인습적인 복상의 행동을 그대로 모방하는 것은 죽은 자를 상호주관성의 지평에 보내서 거기서 '죽은 자로서 사는 것'(즉, 산 자 측이 죽은 자에게 '볼일'이 있을 때는 언제라도 '호출 가능'한 상태로 '기다리도록 강제하는 것, 즉 죽은 자에게 연옥煉獄의 공벌을 주는 것)입니다.

레비나스는 '죽은 자를 조문하는 것'에 제2차 세계대전 이후의 자신의 사상을 바쳤습니다. '조문한다'는 것은 바꿔 말하면 '죽은 자를 죽게 할 수 있는 것'입니다.

'죽은 자를 죽게 하기' 위해서 산 자가 해야 하는 일은 죽은 자들을 결코 '존재론의 어법'으로 말하지 않는 엄청난 금욕입니다. 죽은 자들은 존재론의 어법으로 말하는 한 '여기'에 없으므로 얼마든지 '여기서' 이용할 수 있게 되기 때문입니다.

존재론의 세계에서는 '죽은 자들'은 죽는 것이 허락되지 않습니다. '죽은 자들'은 산 자들(그것은 '현사실적으로 살아 있는 인간'이라는 정의로 다 담아낼 수 없지만)에 의해 '사역'을 당합니다.

그래서 실제로 지금도 '죽은 자들'은 산 자들의 '정치적 옳음'을 증언하기 위해서 쉴 틈 없이 '역사의 법정'에 증인으로 출석을 요구받고 있습니다. 물론 죽은 자를 언급하는 사람들은 주관적으로는 선의를 가졌고 죽은 자들에 대해서 깊은 애도의 마음을 갖고 있음이 분명합니다.

하지만 '죽은 자들이 존재한다'는 어법을 채택하는 한, 그들은 죽은 자들을 도구적으로 이용하고 죽은 자들을 수탈하는 숙명에서 벗어날 수 없습니다. 그 사정은 레비나스에게도 예외는 아닙니다. 만약 레비나스가 '아우슈비츠의 죽은 자들'의 진혼을 위해 후설과 하이데거를 혹은 히틀러를 만들어 낸 유럽 문명 그 자체를 비판하는 어법을 채택했다면 어떻게 되었을까요?

레비나스는 '피박해자를 대신해서/그 대역으로서 전쟁범죄자를 고발한다'는 문형을 채택할 수밖에 없었을 것입니다. 그때 레비나스는 '정의의 보복을 요구하는 피해자의 근친자, 동포'라는 지위에 서야 합니다. 그러한 입장에서는 필연적으로 "나는 죽은 자의 증인이고 그 유언 집행인이다"라는 말이 도출될 것입니다.

역사가 가르쳐 주고 있듯이 지금까지 거의 모든 숙청과 배외주의는 '죽은 자의 유언 집행인', '비인도적 박해의 증인'을 자칭하는 사람들이 저질렀습니다. 대전 기간 유럽에서 파시즘이 부활한 것은 무엇보다도 먼저 '제1차 세계대전의 죽은 자들'을 어떻게 조문할 것인가 하는 물음에 많은 사람이 존재론의 어법을 갖고 대답하려고 하였기 때문입니다. 그리고 지금도 여전히 '죽은 자의 유언집행'이라는 대의명분을 주장하는 사람들에 의해 세계 각지에서 민족대립, 종교대립, 박해와 차별, 테러와 보복의 끝없는 연쇄 폭력이 계속 생산되고 있다는 사실은 여기서 굳이 반복할 필요도 없을 것입니다.

그 사실을 감안하면 '죽은 자들과 가까운 사람이 행하는 권리회복과 배상의 요구'의 화법이야말로 '존재론의 어법'의 최악의 형태라는 것을 알 수 있습니다. '죽은 자들의 유언 집행인'들은 '죽은 자의 이름으로' 나에게는 고발권이 위임되어 있다는 형태로 정의를 요청합니다. 그리고 그러한 화법으로밖에 죽은 자에 관해서 언급이 이루어질 수 없다는 것이 정말이라고 하면 세계에서는 앞으로도 보복의 폭력이 연쇄하고 사람이 계속 죽임을 당하고 '지금 여기서 이루어지는 테러'의 정당성을 증언하기 위해서 죽은 자들의 유골은 무덤에서 계속 파헤쳐지고 '죽을 수 없는 타자'들이 상호주관성이라는 이름의 '연옥'에 북적거리게 될 것입니다.

그래서 레비나스는 죽은 자에 관해서 그것과는 다른 방식으로 말하는 방법을 탐구하였습니다. 그것은 세속의 '심문의 사상가'들이 하는 것처럼 '죽은 자들의 이름'으로 유책자를 정의의 법정에 세우는 것이 아닙니다. 혹은 살아남은 사람들에게 반성을 재촉하기 위해서 죽은 자들의 비참한 죽음을 상세하게 보고하는 것도 아닙니다.

전쟁이 끝나고 10년 후 레비나스는 바르샤바 게이트의 봉기 중에 죽은 어느 유대인의 수기라는 체재를 갖춘 픽션을 논평한 적이 있습니다. 이것은 '홀로코스트'에 관해서 레비나스가 직접 언급한 몇 안되는 문장 중 하나입니다. 그곳에서 레비나스는 이렇게 썼습니다.

> 화자는 다양한 공포를 경험해 온 사람 같다. 그는 놀랄 만한 상황에서 어린아이들을 잃어버렸다. 그는 남겨진 얼마 되지 않은 시간 그의 가족 중 단 한 명이 살아남아서 그 마지막 생각을 우리에게 유언한다. 이것은 물론 문학적 픽션이다. 그러나 그것은 그 시대를 살아남은 우리 한 명 한 명이 거기서 현기증이 나는 듯한 기시감을 느끼는 픽션이다.

> 우리는 그 일에 관해서는 지금부터 말할 마음이 없다. 설령 세계의 사람들이 아무것도 모르고 모든 것을 잊어버렸다고 해도 우리는 '수난 중의 수난'을 구경거리로 삼거나 이 비인도적인 외침의 기록자와 연출가로서 자그마한 허명을 얻는 것을 자신에게 금하고 있다. 그 외침은 영원의 시간을 뚫고 결코 사라지지 않은 채 계속 잔향한다. 그 외침 안에서 들을 수 있는 사고에 귀를 기울이자. (*DL*, p. 202)

이 문장은 '홀로코스트'의 죽은 자들에 대한 레비나스의 태도가 어떤 것인지를 우리에게 가르쳐 줍니다. 죽은 자들의 말은 '영원히 잔향하는 외침'이고 그것을 기록하거나 분류하거나 범주화하는 것은 우리에게 허락되지 않습니다. 살아남은 자에게 허락된 것은 그 외침 안에 '사고'를 듣고 그것을 '그 시대를 살아남은 우리 한 명 한 명이 거기에 현기증이 나는 듯한 기시감을 느끼는 종류의 픽션'으로서 말을 이어 가는 것뿐입니다.

그것 이외의 '증언'의 방법은 라캉이 말한 대로 '죽은 자들이 허락하지 않습니다.' 그래서 산 자들은 '소환하는 자'가 아니라 '소환당하는 자'로서 스스로를 위치 짓게 됩니다. 죽은 자들을 산 자의 법정에 불러서 그 증언을 말하게 하는 것이 아니라 산 자들이 '죽은 자들이 배석하는 법정'에 소환되어 거기서 자신의 유책성에 대해서 변론하는 것을 요청받습니다.

그런데 '죽은 자들이 배석하는 법정'에서 산 자들이 말하는 말, 그것은 도대체 어떤 말일 수 있을까요? 레비나스의 『존재하는 것과는 다른 방식으로』에 관한 자주自註를 다시 한번 읽어 보기로 하겠습니다.

> '당신'의 얼굴이 '나'를 응시하고 있는 동안에도 '무한'은 늘 '제삼자', 즉 '그'로서 머물러 있습니다. '무한'은 나에게 영향을 미치지만 '나'는 '무한'을 지배할 수 없고 '무한'의 엄청남을 '로고스'의 기원arché을 통해서 받아들일 수도 없습니다. '무한'은 그렇게 해서 '나'에게 무기원적anarchiquement으로 영향을 미치고 '나'의 어떠한 자유에도 선행하는 절대적 수동성에 대해, 자신을 흔적으로서 각인하고 이 영향이 불러일으키는[励起] '타자에 대한 유책성'으로서 현현합니다.
> 관련된 유책성의 궁극적인 의미는 '나'를 '자기'의 절대적 수동성에서 '다른 것'으로 대체하여 '다른 것'의 인질이 되는 사실 그 자체로서, 이 대체를 통해서 단지 별도의 방식으로 존재하는 것이 아니라 '존재하는 노력conatus essendi'으로부터 해방된 존재하는 것과는 다른 방식으로서 사고하는 것 안에 존재합니다.
> (*DL*, p. 202)

'죽은 자들이 배석하는 법정'을 상상하면 이 레비나스의 말은 갑자기 생생한 것으로 읽을 수 있습니다. 존재론의 어법이란 '산 자들의 공용어'입니다. 산 자가 말할 수 있는 것은 필경 '산 자의 말'(로고스)뿐입니다. 그것은 죽은 자들에는 닿지 않고 죽은 자들의 목소리를 이어받을 수도 없습니다.

그러나 그 말을 갖고도 '그 말을 갖고 말하는 근원적인 정황에 관해서는 아무것도 말할 수 없다'는 것에 관해서만큼은 말할 수 있습니다. 그것이 '나의 어떠한 자유에도 선행하는 절대적 수동성타자에 대한 유책성'이 발현하는 형태입니다.

'죽은 자를 위해서/죽은 자를 대신해서' 말하고자 하는 산 자는 그렇게 입에 담은 순간 '신분 사칭자'가 됩니다. 그것은 "나는 입법자다"라고 선언하는 자가 그 권위의 원천을 나보다 상위의 심급에서 찾는 순간 사칭자가 된다고 하는 라캉의 지적대로입니다.

그래서 산 자에게는 '죽은 자를 위해서/죽은 자를 대신해서' 말할 권리가 허락되지 않습니다. 그것을 말할 수 있는 것은 '죽은 자들은 존재한다'는 것을 자명시하는 존재론의 어법뿐이고 그 어법이야말로 그 죽은 자들을 연옥으로 몬 바로 그 폭력의 공용어, '권력의 어법'과 다름없습니다.

> 서구 철학은 대부분 늘 존재론, 즉 존재자의 지성을 보증하는 중간적 중립적 항을 매개해서 '다른 것', '타자'를 동일자에 환원해 왔다. 내 안에 이미 있는 것 이외에는 '타자'로부터 아무것도

받지 않는 것. 마치 미래 영겁으로 외부로부터 나에게 도래하는 것을 내가 소유하고 있는 것처럼…. 그것이야말로 '타자'의 동일자로의 환원이다. (77, pp. 13-14)

이 『전체성과 무한』에서 종종 인용되는 구절 중 '타자'를 '죽은 자'로, '동일자'를 '산 자'로 바꾸어 읽을 때 우리는 새삼 이 시도의 곤란함을 알게 됩니다. 죽은 자들이 '주제 혹은 대상이 되어 눈에 보이는 형태로 현현해서, 즉 빛 속에 위치 지워지는 것' 그것은 죽은 자들에 관해서 존재론의 어법으로 말하는 것입니다. 레비나스는 그것을 멈춰야 한다고 말합니다.

지금 우리 세계에 '신의 대리소송인'과 '신의 유언 집행인'을 자칭하는 사람들은 더는 그다지 많지 않고 그런 '이름 내걸기'를 믿는 사람도 적습니다. 그러나 '죽은 자의 대리소송인'과 '죽은 자의 유언 집행인'이 되는 것을 자신의 윤리적 책무라고 믿고 있는 '선의의 사람들'은 아주 많이 존재합니다. 이전에 마르크스주의자는 '프롤레타리아와 제3세계의 피억압 대중' 앞에 매우 부끄러워함으로써 자신의 '정치적 옳음'을 기초 짓고 지적 위신을 획득하려고 하였습니다. 지금 또 다른 사람들은 그때의 약자(피억업자, 피박해자, 피차별자)를 찾아내서 그들의 '대리 소송인'이라는 입장에서 정의를 요청하려고 합니다.

그 처음의 동기가 아무리 선의라고 해도 그 사고의 회로와 호름은 존재론적인 것을 벗어나지 않습니다. 그러할 때 '타자'들은 다름 아닌 '나'의 도덕적, 지적 탁월의 '증인'으로서 존재 안에 소환되기 때문입니다. '타자'들은 '나'를 심문하는 일을 통해서 '나'를 기초짓는 작업에 공리적으로 사역당합니다. '타자'들은 전체성의 이코노미 안에서 제대로 호적이 등록되고 ID카드가 발행되어 그 근무형태에 관해서 세세한 규칙이 부과되어 '사역'당합니다.

그런데 그것을 비웃는 것도 우리에게는 허락되지 않습니다. 그만큼 '존재론의 제국'의 판도版圖는 강대한 것이라서 우리는 아무리 거기로부터 항거하려고 해도 그때마다 이코노미 안으로 끌려들어 가게 됩니다.

그것이 존재론 비판인지 모르고 존재론의 어법으로 수행하는 것의 위험입니다.

레비나스는 『전체성과 무한』 후 레비나스를 매우 기쁘게 인용하는 존재론자들이라는 역설에 생각이 미치지 않았을까요? 그래서 『존재하는 것과는 다른 방식으로』를 쓰지 않으면 안 되었습니다. (아마도 그 위험성을 레비나스에게 재빨리 알려 준 것이 자크 데리다의 『폭력과 형이상학』의 공적일 것입니다.)

레비나스에게 남겨진 길은 한 가지. 그것은 '자신을 드러내지 않는 어떤 것이 자신을 드러내는 어떤 것을 통해서 자신을 드러내는' 어법, '전언철회'의 어법, '흔적'의 어법입니다. 그것은 '신'에 관해서 말하는 어법과 구조적으로 동일합니다. 이미 살펴본 대로 레비나스는 신에 관해서 이렇게 썼습니다.

> '신'이라는 말이 의미하는 절대성을 훼손하지 않고 '신'에 관해서 합법적으로 말하는 것은 과연 가능할까? '신'에 관한 의식을 갖는다는 것은 대상을 동화·흡수하는 '앎' 안에, 즉 다양한 양태로 학습하는 것, 파지하는 것의 경험 안에 '신'을 포섭한 것으로는 되지 않는 것이 아닐까? … 우리의 어휘에 포함되는 '신'이라는 상궤를 벗어난 명사가 의미하는 것은 이러한 회수에 ―그것이 불가피하더라도― 저항하는 것은 아닐까? (*DDQV*, p. 8)

이 한 절의 '신'이라는 말을 '죽은 자'로 치환할 때 우리는 레비나스 철학이 시도한 엄청남과 곤란함을 알게 됩니다.

6. 지향성

소크라테스부터 하이데거까지 서양철학사는 '자기동일자에 의한 타자성의 감축', '나에 의한 타자의 향유'라는 기본적인 지향성으로 벗어날 수 없었습니다. 그 기본적 지향성은 '레비나스 이후' 시대를 살고 있는 우리의 신체와 사고의 심층까지 뿌리 깊게 내려 있습니다.

'존재론의 제국'에 외부는 없습니다.

왜냐하면 '있다/없다'라는 이원성 그 자체가 존재론이기 때문입니다. '존재론의 제국에 외부'가 '있다'고 말하는 순간 그 명제의 모든 것이 존재론으로 회수됩니다. 전체성의 이코노미 안에 있는 한 '나'는 '비非-나'인 모든 것을 이름 짓고 지배하고 정리하고 향유하고 소비하고 폐기하는 타동사적인 행위에 취합니다. 나의 이 자기중심적인 양상을 레비나스는 '폭력'이라고 불렀습니다.

> 마치 자기 혼자만이 행동하고 있고 세계에서 자신 이외의 모든 것은 자신의 행동을 수용하기 위해서만 거기에 있는 것처럼 이루어지는 모든 행동은 폭력적이다. … 모든 인과관계는 그 의미에서 폭력적이다. 사물의 제작도 욕구의 충족도 욕망도 대상의 인식조차도. 투쟁과 전쟁도 그렇다. 왜냐하면 타자는 그 취약함을 통해서 포착되고 그 약함이 타자를 배반하기 때문이다. (*Dl*, p. 18)

이러한 자기중심적 자기회귀적인 주체를 중심으로 해서 사유된 세계의 '비-나'를 레비나스는 외부적인 것l'autre이라고 술어화했습니다. 그것은 정관사로 받는 데서 알 수 있듯이 하나의 카테고리이고 개념입니다. 즉, 그것은 존재의 이코노미 안에 적법하게 등록된 하나의 '존재자'입니다.

'상대방'은 그때마다 이미 나와의 관계 안에 들어 있어서 이미 나의 일부를 이루고 있습니다. '상대방'과 '나'의 관계는 우리와 음식물의 관계와 유비적입니다. 내가 빵을 먹고 있을 때 빵은 관상의 대상이 되는 것도 아니고 표상되는 것도 아닙니다. 지금, 다름 아닌 빵을 먹고 있는 나는 그때 이미 빵에 의해 살고 있습니다. 나는 빵을 먹고 있지만, 그 빵 덕분에 '빵을 먹고 있는 나'라는 것이 기초 지어집니다.

이 주체와 대상의 얽히고설킴의 정황을 레비나스는 '…로 산다 jouir de…'는 동사를 이용해서 설명했습니다.

> 우리는 '맛있는 스프'와 공기와 빛과 풍경과 노동과 이념과 잠으로 살고 있다. 그러한 것은 표상의 대상이 아니다. 우리는 실제로 그것으로 살고 있다. 우리가 그것에 의해 살고 있다는 것은 '사는 수단'이 아니다. (*TI*, p. 82)

'우리가 그것으로 사는 바로 그것ce dont nous vivons'은 도구와 수단이 아닙니다. 그것을 사는 우리에게 이미 달라붙어 있어서 '상대'를 분리한, 그것과 전혀 관계를 갖지 않는 '순수한 나'라는 개념은 배리에 지나지 않습니다.

'사람은 그 생을 산다on vit sa vie'는 표현에서 문법적으로는 '사람'이 주어이고 그 사람의 '생'은 타동사의 목적어입니다. 그런데 진상은 문형만큼 단순하지 않습니다. 그 '생'이라는 목적어가 없으면 애당초 '그 사람'은 사는 것이 아니기 때문입니다. 타동사의 주어인 것이 존재하기 위해 타동사의 목적어에 의지하고 있는 인간 주체의 양상, 그것이 '…로 산다'는 의미다. '산다'는 것은 '사는 것의 내용 그 자체가 동사의 직접목적어인 타동사'(*TI*, p. 83)입니다.

'…로 산다', '…를 누린다' 혹은 '양식nourriture'과 같은 독특한 술어로 레비나스가 제시하려고 한 것은 나와 '상대'가 그 기원에서 이미 서로가 서로를 기초 짓고 있고 서로를 지탱하고 있다는 '얽히고설킴'입니다. 이 '얽히고설킴'을 레비나스는 '지향성'이라는 개념을 사용해서 설명하였습니다. 단, 레비나스의 지향성 개념은 후설의 그것과는 맛과 감촉이 꽤 다릅니다.

앞에서 든 예를 다시 한번 반복하자면, 내가 집 앞에 서 있을 때 나에게는 집의 앞면밖에 보이지 않습니다. 조금 옆으로 이동하면 옆면도 시야에 들어오고 발뒤꿈치를 들면 지붕 일부도 보입니다. 그런 식으로 나에게 현전하는 집이 '보이는 방식'은 나의 '시점'이 바뀜에 따라서 바뀝니다. 그런데 아무리 노력해 봐도 나는 최대 집의 삼면까지밖에 볼 수 없습니다. 그럼에도 나는 그것이 '같은 집의 그때마다 다르게 나타나는 방식'이라는 것에 관해서는 흔들리지 않는 확신이 있습니다.

후설은 대상의 '그때마다 다르게 나타나는 방식'을 '대상 그 자체'와 구별해서 '노에마'라고 이름 붙였습니다. 그리고 그것과 대비

되는 '그때마다 다르게 나타나는 방식을 의미적으로 파악하는 의식의 양상'을 '노에시스'라고 불렀습니다.

집의 예로 말하자면 어떤 위치에 서는 것이 '노에시스'이고 그 포지션으로부터 보이는 대상의 '상'이 노에마입니다. 포지션이 바뀌면 보이는 것도 바뀌는 것입니다. 그러나 노에마의 '상'이 아무리 변화하여도 늘 동일한 대상과 관계를 맺고 있다는 것에 관한 확신은 흔들림이 없습니다. 그것은 노에마의 모든 변용태를 관통하는 순수한 대상적 의미가 존재하기 때문입니다.

후설은 노에마의 제상諸相의 근본적인 동일성을 지탱하는 것을 '노에마적 케른(핵)'이라고 부릅니다. 이 노에마적 케른이 완전히 한눈에 다 내려다보이는 방식으로 드러나는 일은 없습니다. 그것은 우리가 어떤 대상을 360도로, 더 나아가 과거, 현재, 미래에 걸쳐서 모두를 동시에 파지할 수 없는 것과 똑같습니다. 그럼에도 노에마적 케른의 믿음이 흔들리지 않는 것은 우리에게 '타아'라는 상호주관적 파트너가 있기 때문입니다.

> 나는 타아를 이 세계, 즉 나 자신이 경험하는 것과 동일한 이 세계를 경험하고 그때 나도 즉 세계를 경험하고 그 세계 안에서 타아를 경험하는 것으로서 나도 경험하는 것으로서 경험한다. (エドムント・フッサール, 『デカルト的省察』, p. 276)

레비나스는 후설의 이러한 지향성 개념을 근본적으로 비판하고 있는 것이 아닙니다. 레비나스와 후설의 차이는 원리의 문제라기보다는 비유 수준의 문제입니다. 레비나스는 지향성을 '집과 그것을 보는 나'와 같은 단순한 비유로는 말할 수 없다고 생각하였습니다. 레비나스는 후설이 지향성의 사례로서 거의 배타적으로 '사물을 보는' 예를 들고 있다는 것에 이의신청을 합니다.

> 지향성은 무엇이든 표상적 사유의 전유물은 아니다. 모든 감각은 감각으로 다가오는 것에 관한 감각이고 모든 욕망은 욕망되는 것에 관한 욕망인데 이러한 경우 목표의 대상이 되는 것은 관상된 대상이 아니다. 감각으로 다가오는 것, 바람의 대상이 된 것, 욕망된 것, 그러한 것들은 사물이 아니다. (*EDE*, p. 22)

레비나스가 지적하듯이 확실히 후설은 '본다/잡는다'라는 동작을 집요하게 지향성의 비유로 사용하였습니다. 후설이 지향성의 비유로서 즐겨 가져온 것은 '주사위를 보는' 동작입니다. 확실히 우리는 주사위 면 중에서 최대 삼면까지밖에 볼 수 없지만 남은 삼면에 관해서는 이것을 상호주관적 경위에서 비주제적으로 파지하고 있습니다.

우리의 시선이 주사위를 응시하고 있으면 시야 가득히 주사위가 들어오고 '나의 시야는 주사위에 의해 막혀 있다'는 사태가 일어나는 것은 확실합니다. 그러나 주사위와 나의 눈 사이에는 '얽히고 설킴'이라고 말할 정도의 깊은 관계는 검출되지 않습니다. 내가 주사위로부터 눈을 돌려도 주사위에는 아무것도 일어나지 않고 주사위를 정리해 버려도 내 눈은 어떠한 영향도 받지 않는다는 사실을 나는 미리 알고 있기 때문입니다.

이것이 시각의 비유를 사용하는 것의 '빠지기 쉬운 함정'입니다. '주사위의 의미적 파지'가 노에마, 노에시스 구조라는 것, 그것은 확실합니다. 그러나 눈이 주사위를 '욕망'한다는 정황은 이 예로부터 상기할 수 없습니다.

레비나스가 지향성의 실례로서 제시한 것은 '빵'입니다. '빵을 먹고 싶은' 배고픔은 거의 '빵의 형태로 위가 움푹 들어가는' 방식으로 경험됩니다. 그 '빵의 형태로 움푹 들어간 위'에 딱 들어맞도록 just fit 빵이 삼켜지는 것이 빵을 누릴 때의 노에마-노에시스 구조입니다. '빵에 대한 갈망'이 노에시스, 따라서 '향유된 빵'이 노에마에 해당합니다.

이 비유가 '주사위와 그것을 응시하는 눈'의 관계와는 꽤 다름을 금방 알 수 있습니다. '눈'이 '주사위 형태로 움푹 들어가는' 일은 있을 수 없고, '주사위를 볼 수 없어서 죽은' 사람도 없습니다. 그러나 '빵으로 사는 사람'은 '빵에 대한 갈망'이 채워지지 않을 때 아사하게 됩니다.

똑같은 예는 텍스트의 해석에도 들어맞습니다.

러시아의 영화감독 레프 쿨레쇼프Lev Vladimirovich Kuleshov는 이전에 '몽타주 실험'이라는 것을 수행하였습니다. 쿨레쇼프는 명배우 몽타주를 사용해서 어떤 영상 실험을 하였습니다. 그것은 몽타주를 클로즈업하는 장면에 다양한 컷을 연결해서 보여 주며 관객의 반응을 보는 것이었습니다. 몽타주 다음에 '스프 접시'를 보여 주니 관객들은 몽타주의 표정 중에서 '고통'을 읽어 냈습니다. '완구로 노는 소녀'의 컷을 연결했을 때는 '미소'를 '죽은 소녀'의 컷을 연결하니 '깊은 슬픔'을 보았다고 관객들은 입을 모아 증언하였습니다. 그리고 얼마 안 되는 표정의 변화만으로 이만큼 다양한 감정을 표현할 수 있는 명배우의 연기력을 극찬하였습니다. 그러나 실제로는 몽타주의 클로즈업은 모두 똑같은 컷을 계속 사용한 것에 불과하였습니다. 관객은 똑같은 표정에 다른 의미를 자발적으로 써 넣은 것입니다. (ヒッチコック/トリュフォー, 『定本 映画術』, 山田宏一 他訳, 晶文社, 1990, p. 239)

책에 관해서도 똑같은 일이 일어납니다. 연애를 경험하는 전후로, 부모의 죽음을 경험한 전후로, 아이가 태어난 전후로 똑같은 읽는 이가 짧은 간격을 두고 똑같은 텍스트를 읽은 경우라도 거기서 읽는 이가 읽어 내는 것은 꽤 다릅니다.

물론 노에마적 케룬의 불가의성이라는 것에 한정해서 말하자면 '주사위라는 노에마'도 '책이라는 노에마'도 모두 틀림없이 존재한다고 믿습니다. 그러나 예를 들면 주사위의 '일곱번째 면'과 같은 노에마는 결코 지향되지 않습니다. (그러한 것을 지향해도 우리는 무엇 하나 얻는 것이 없기 때문입니다.) 그래서 지향의 본의는 한 권의 책 안에 그 읽는 이 이외의 그 누구도 읽어 낼 수 없었던 의미를 읽어 내는 지향성처럼 주사위의 '일곱 번째 면'을 지향하는 '당치 않음' 안에 있는 것이 아닐까요.

후설과 레비나스가 사용하는 비유의 차이가 두드러지게 해 주는 것은 레비나스가 지향대상으로서 사물적으로는 존재하지 않고 지향하고 있는 의식과 다른 차원에 속하지만 그럼에도 지향에 의해 부활되고 현현하는 것을 목표로 하고 있다는 것입니다. 그 사실은 레비나스 자신이 후설의 지향성 개념의 철학사적 의의로서 거의 그것만을 강조하고 있는 것에서부터 알 수 있습니다.

> 사유된 것은 사유 안에 이념적으로 현현한다. 사유가 자신과는 다른 것을 이념적으로 포함하는 이 방법, 그것이 지향성이다. 그것은 외재하는 대상이 의식과 관계를 갖는 것도 아니고 의식 그 자체 안에 얽히고설킨 두 가지 심적 내용 사이에 관계가 성립하는 것도 아니다.
> 지향성의 관계는 현실의 것끼리의 관계가 아니다. 그것은 본질적으로 의미부여 행위이다. (*EDE*, p. 22)

레비나스가 강조하는 것은 '지향대상은 존재하는 것을 요건으로 하지 않는다'는 것입니다. 그리고 레비나스는 그 생각을 가능하게 한 것이야말로 후설 현상학의 최고의 공적이라고 보았습니다.

> 대상의 외재성은 '사유되는 것'을 목표로 하는 사유에 대해서 '사유되는 것'이 외재한다는 사태 그 자체를 표상하고 있다. … 대상이 있다는 것은 후설의 경우, 어떤 실재론의 표현이 아니다. 대상은 후설의 철학에서 어떤 의미를 가진 사유의 구조 그 자체에 의해 규정된 것으로 현출한다. 사유는 그것이 상정한 어떤 동일성의 극을 목표로 한다. 후설이 초월이라는 이념을 만들기 위한 시작점으로서 한 것은 대상의 실재성이 아니라 의미라는 관념이었다. (*EDE*, p. 22)

후설의 현상학이 우리에게 선사해 준 가장 깊은 탁견은 '대상이라는 관념보다도 오히려 의미라는 관념에 우위성을 부여하는 것'이라고 레비나스는 말합니다. 왜냐하면 그때 비로소 현상학은 의미를 갖는데 대상으로서 전면적으로는 파지할 수 없는 것, 즉 '타자'에 관한 엄밀한 학문이 될 가능성을 잉태하였기 때문입니다.

> 욕망과 감정이라는 지향은 ―욕망과 감정인 한― 독자의 의미를 갖고 있고 그것은 협의의 대상적인 의미가 아니다. 사유는 하나의 의미를 가질 수 있다. 즉 '무언가가 절대적으로 비

규정적이고 대상이 거의 부재하는 때조차도 그 무언가를 지향할 수 있다'는 식의 생각을 철학적으로 도입한 것은 후설이다. (*EDE*, p. 24)

우리가 여기서 주목해야 하는 것은 '지향하다viser'라는 의미의 동사입니다. 이것은 레비나스의 타자론을 이해하는 데 있어 열쇠가 되는 동사입니다. 레비나스는 이 동사에 의해 '보다voir' 혹은 '잡다saisir'와는 다른 방식으로 대상에 접근하는 방법을 지칭하려고 하였습니다.

본래 'viser'은 시각적 동작만을 가리키고 있고, 청각적 함의를 갖지 않습니다. 그러나 레비나스는 애써 이 동사의 의미를 확대해서 '듣는다', '말한다'라는 의미를 함의시키려고 합니다. 그것은 시각과 촉각이 일종의 권력성을 띠고 있기 때문입니다.

얼굴은 포섭되는 것의 거부를 통해서 현현한다. 그래서 얼굴은 이해될 수 없다. 즉 포함되지 않는다. 그것은 보여지지 않고 만져지지 않는다. 시각과 촉각을 통해서 자아의 자기동일성은 대상의 타자성을 삼켜 버리고 그때 대상은 다름 아닌 포섭되어 버리기 때문이다. (*TI*, p. 168)

시각과 촉각, 보는 것과 잡는 것, 이것이 레비나스에 의하면 서

구철학이 '타자'에 접근할 때 취하는 기본적 태도입니다.

> 우리는 시각적, 촉각적 형질에 초월론적 기능을 부여하고 그것 이외의 지각이 감지하는 형질에 관해서는 보이고 만져진 대상에 부속한 형용사의 역할밖에 남지 않는다. 파헤쳐지고 덮임이 펼쳐지고 모습을 드러내고 현상하는 대상, 그것이 시각적 혹은 촉각적 대상이다. 그 대상성은 다른 지각이 관여하는 일 없이 해석된다. 대상성이 늘 자기 자신과 동일적인 것은 대상이 시각과 만지는 손의 운동 영역 안에 자기 정위하고 있기 때문이다. 그래서 성 아우구스티누스가, 나중에는 하이데거가 지적하고 있듯이 우리는 시각 이외의 지각에 관련된 경험에 관해서도 똑같이 시각의 용어를 적용한다. (*TI*, p. 162)

대상적 경험에서 시각의 압도적인 우위성, 레비나스는 그것에 의문을 품습니다. 왜 서구의 지적 전통은 '보는 것'에만 고집하고 그것 이외의 지각에는 부차적인 역할밖에 부여하지 않았을까요. 실제로 후설의 지향성은 철두철미 시각적인 것을 지향합니다. 그런데 지향성의 대상은 본래 표상적인 것에 한정되지 않습니다. 지향성은 단지 '관상되는 대상'과 '표상하는 사유' 사이에서만 일어나는 정황은 아닙니다. 그런데 '비-관상적 대상' 과 '비-표상적 사유' 사이에 일어날지도 모르는 지향성의 경험의 가능성에 관해서 후설은 거의 배려하지 않았습니다.

> 모든 지향의 기초에는 —정동적인 지향이던 관계적인 지향이던— 표상이 있다는 것은 정신활동의 전체를 빛을 모델로 해서 구상하는 것이다. … 밝음의 기적이야말로 사유의 기적 그 자체다. 대상과 주체의 관계는 단순한 대상의 주체로의 현현이 아니라 주체의 의한 대상의 이해—포함comprehension, 즉 깨우침[知解, intellection]이다. 그리고 이 깨우침이야말로 명증이다. 후설의 지향성이론은 그의 명증이론과 깊게 연결되어 있고 궁극적으로는 정신과 깨우침을 같은 것으로 보는 것, 깨우침과 빛을 동일한 것으로 취급하는 것에 있다. (*EDE*, p. 24)

후설의 진리체험은 '빛 안에서 대상을 전면 상응적으로 간취하는' 것에 귀착합니다. 레비나스는 이 '광학편향'에 강한 위화감을 느낍니다. 왜냐하면 레비나스가 속해 있는 지적 전통에서는 '절대 타자'는 보이지 않고 만져지지 않고 속속들이 간취하는 것이 생각도 못 할 일임에도 확실히 주체에 절박해 오기 때문입니다.

레비나스는 이 '우리 세계에 어떠한 단서도 갖지 않는 외재적 존재자의 현현'을 얼굴visage이라고 호칭하였습니다. (*TI*, p. 272) 말할 필요도 없이 '얼굴' 중에서 으뜸가는 것은 '신'입니다. 그리고 유대교의 전승은 초월자의 임재의 기본적인 양태가 '우상'이 아니라 '목소리'라는 것을 가르쳐 줍니다. 얼굴은 본질적으로 비가시적입니다.

> … "그러나 네가 내 얼굴은 보지 못한다. 나를 보고 살아남은 사람이 없다."
> 그러고 나서 여호와[주主]께서 또 말씀하셨습니다. "자, 내 가까운 곳에 바위가 있으니 그 위에 서 있어라. 그러면 내 영광이 지나갈 때 내가 너를 바위 틈새에 두고 내가 다 지나갈 때까지 내 손으로 덮을 것이다. 그러고 나서 내가 내 손을 뗄 것이니 너는 내 뒷모습만 보고 내 얼굴은 보지 못할 것이다." (출애굽기 33장 20-23절)

아브라함에게 나타난 '주'의 말은 '환상 속에' 재림하여(창세기 15장 1절), 모세는 '신을 올려다보는 것을 두려워하여 얼굴을 감추고'(출애굽기 3장 6절), 엘리야는 '주의 말이 들리는 것과 동시에' 외투로 얼굴을 가립니다.(열왕기상 19장 13절)

신이 시각적으로 표상될 때는 타오르는 불기둥과 밀운密雲이 (그 사이를) 매개하는데 신의 목소리는 매개 없이 직접적으로 예언자와 족장에게 내려집니다.

왜 신을 시각적으로 표상하는 것이 금지될까요? 그것은 시각적, 촉각적 파지가 '우상숭배'로 통하는 길이기 때문입니다. 그래서 '주'가 모세에게 제공한 계율은 다른 어떤 행위보다 먼저 우상숭배를 금하고 있습니다.

> "너는 너 자신을 위해 하늘에 있는 것이나 땅에 있는 것이나 물 속에 있는 것이나 무슨 형태로든 우상을 만들지 마라. 너는 그것들에게 절하거나 예배하지 마라. 네 하나님 나 여호와는 질투하는 하나님이니 나를 미워하는 자들에 대해서는 아버지의 죄를 그 자식에게 갚되 3, 4대까지 갚고 …" (출애굽기 20장 4-5절)

우상숭배가 가장 심각하게 신을 모독하는 행위로 취급받는 것은 그것이 타자를 '존재론의 어법'으로 말하기 때문입니다. 신의 절대적 초월성은 시각과 촉각으로 인해 더럽혀집니다. 이러한 사실은 유대교도에게는 거의 상식에 속합니다. 그래서 레비나스가 타자의 '얼굴'의 현전을 맞이하는 '나' 측의 몸짓을 '지향한다'는 특이한 동사를 통해 지시한 것이 연유가 없는 것은 아닙니다.

레비나스에 의하면 '얼굴'을 지향하는 것은 얼굴을 보는 것도 만지는 것도 아닌 무엇보다도 먼저 '말을 거는 것'입니다.

> 말을 거는 것과 듣는 것은 합쳐서 하나의 행위이고 그중 하나가 선행하는 것이 아니다. … 말하여진 것, 즉 전달된 내용은 이 얼굴과 얼굴을 마주 보게 한 관계를 경유함으로써만 닿는다. 타자는 인식되기보다 전에 대화의 상대로서 이미 거기에

있기 때문이다. 시선을 응시한다. 시선을 응시한다는 것은 굴복하지 않는 자, 자신을 맡기는 자, 우리를 지향하는 자ce qui vous vise를 응시하는 것이다. 그것이 얼굴visage을 응시하는 것이다. (*DL*, p. 20)

레비나스는 여기서 'viser'라는 동사를 'visage'와 동어원의 친족어로 간주하는, 어원학적으로는 파격적인 독해를 수행하고 '보는 것'과 '듣는 것', 이 두 가지 공존할 수 없는 동작을 그 하나의 몸짓 안에 담습니다. 그러고 보면 하나의 말 안에 다른 두 가지 의미를 포함시키는 것은 거의 레비나스 '사고의 지문'이라고 해도 좋을 특질입니다.

7. 절대적으로 외부적인 것

존재와의 관계는 존재론으로서 전개하는 셈인데, 그 골자는 존재자를 중립화하고 그것을 이해하고 파지하는 것에 있다. 따라서 존재론은 외부적인 것으로서, 외부적인 것과의 관계가 아니라 '외부적인 것'의 '동일자'로의 환원이다. … 제1철학으로서의 존재론은 권력의 철학이다. (*TL*, pp. 15-6)

종종 인용되는 유명한 문장이긴 한데, 자칫하면 우리는 '동일자'라든지 '권력', '종속'과 같은 말을 의인擬人화하여 상상해서 '중추적인 자기'라는 것이 선행적으로 있고 그것이 '외부적인 것'을 받아들이거나 권능을 휘두르거나 종속시키고 있다는 구도를 그리고 맙니다. 그러나 레비나스는 그러한 단순히 의인화된 자기에 대해 말하고 있는 것이 아닙니다.

그러한 자기를 출현할 수 있게 하는 '비인칭적인 것l'impersonnel'의 기능에 관해서 말하고 있습니다. 그것이 '빛'이라고 불리든 '상호주관성'이라고 불리든 '존재'라고 불리든 기능은 똑같습니다. '타자와 동일자를 동시에 포괄하는 심급'을 의미하는 것은 모두 '중립적 매개'로서 '외부적인 것'의 '동일자'로의 환원을 성취합니다.

레비나스가 '외부적인 것l'autre/l'Autre', '타자Autrui'라는 거의 구별이 되지 않는 유사어를 나누어서 사용하는 이유는 거기에 있습니다. '외부적인 것'은 오디세우스 앞에 출현하는 '이류異類'들입니다. 이 괴이한 '이류'들은 확실히 오디세우스에게는 '외부적인 것'입니다. 그러나 그들도 또한 올림푸스의 신들이 통치하는 똑같은 세계의 정규 멤버라는 사실에서는 오디세우스와 동격입니다. 오디세우스는 이 이류들과 함께 전체성의 이코노미를 구성하고 있습니다.

'동일자'의 경계선을 확정하는 한 '외부적인 것'은 엄밀한 의미에서 타적인 것이 아니다. 경계선을 공유하는 한 '외부적인 것'은 시스템의 내부에 있고 여전히 동일자다. (같은 책, p. 9)

오디세우스는 '동일한 시스템에 함께 속해 있는 외부적인 것' 밖에 만날 수 없습니다. 주체와 '함께' 시스템에 속해 있는 것, 그것이 서구철학의 '타자'의 근원적인 존재 양태입니다.

그래서 오디세우스는 고향 섬에서 '이류'들과의 만남의 경험을 모험담冒険譚으로서 '존재론의 어법'으로 들려줄 수 있습니다. '이형異形'의 것들의 이타성은 그가 여기저기 두루 돌아다닌 모험에 색채를 더할 수는 있어도 결코 '나'의 근본적인 권능을 위협하지는 않습니다. 오디세우스는 이 경험을 늘 "나는 … 할 수 있었다"라는 권력의 어법으로 말하게 되고 애당초 그는 그것 이외의 어법을 모릅니다.

오디세우스는 '외부적인 것'을 표상하지도 이용하지도 탐구하지도 않고 단적으로 '그것을 살고 있습니다.'

'내가 그것으로 살고 있는 것', 나의 생을 부양하고 나의 욕구를 채워 주고 나를 행복하게 하는 것 그것은 '양식'이라 불린다. 우리는 양식을 추구하고 양식 없이는 살아갈 수가 없다. 그런데 양식에 대한 사활적인 욕구는 단순한 결여와는 다르다. 왜냐하면 '인간존재는 그 욕구 안에서 쾌락을 찾아내고 자신의 욕구에 의해 행복을 느끼기 때문이다.' (같은 책, p. 87)

우리는 욕구가 완전히 영원히 채워져서 더는 아무것도 바라지 않게 되는 해탈Nirvana을 바라는 것이 아닙니다. 오히려 우리는 이 결여를 적극적으로 사랑하고 있습니다.

행복이란 자신의 욕구에 자족하는 것이지 욕구를 소멸시키는 것이 아니다. 행복은 욕구가 '채워지지' 않음으로 채워진다. (같은 책, pp. 90-91)

채워지지 않음으로 채워지고, 의존함으로써 자립을 이룹니다. 권력적인 '나'는 그렇게 구조화되어 있습니다. '나'의 욕구를 불러일으키고 '나'를 채우고 '나'에 의해 향유되는 것, 그것이 '내가 그것으로 살고 있는' 것으로서의 '나 아닌 것', 즉 '외부적인 것'입니다.

주체는 '나는 나다'라는 동의반복에 의해 존재하지 않습니다. 오히려 '나는 …로 살고 있다'라는 '외부적인 것'에 대한 의존, 외부적인 것의 향유에 기초 지어져 있습니다. '나'는 '비-나'를 향유하고 '비-나'에 의존하는 양상으로 비로소 '나'입니다. '나'는 '외부적인 것'을 관상하고 있는 것도 표상하고 있는 것도 아니고 단적으로 그것을 '향유'하고 '그것으로 살고 있는 것입니다.' '나'는 다름 아닌

'나 아닌 것'에 의존하고 있는 형태로 독립하게 됩니다. '나'는 '비-나'를 '양식'으로서 탐하고 섭취하는 방식으로 '외부적인 것' 안에 살게 됩니다.

내가 음식물을 섭취하는 것은 '비-나'가 가진 에너지를 나 자신의 에너지로 바꾸는 것입니다. 그렇게 해서 섭취된 '비-나'가 나의 세포와 골격을 형성합니다. 그런데 그렇게 나 아닌 것에 의존하는 것은 적어도 나의 자기동일성을 흔들지 않습니다. 오히려 '비-나'를 끊임없이 자신 안에 계속 들여보내는, '똬리를 트는 듯한 내회전의 운동성enroulement이야말로 '나'의 본질을 이룹니다. '나'는 실체가 아닙니다. 그것은 '향유가 안으로 말려들어 가고 내폐內閉해 갈 때의 나선운동의 극점'(같은 책, p. 91), 즉 '자기중심성'이라는 취향성 그 자체입니다.

마엘스트롬Maelström의 소용돌이처럼 '외부적인 것'이 어떠한 형태를 띠든 '나'는 그것을 안말이의 나선운동 안으로 흡수합니다. 그 나선의 중심에 있을 때 '나'는 나 자신의 집에 있는 것처럼 편안합니다etre chez soi. 그러나 이러한 방식으로 '외부적인 것'을 향유하는 한 '나'는 진정한 의미에서 '외부적인 것'으로부터는 결정적인 방식으로 격리되어 있습니다. 모든 것을 '나'라는 중심을 향해서 말려들게 하는 운동은 철저하게 '고독'입니다.

다름 아닌 '나'란 고독 중에서 으뜸이다. (같은 책, p. 90)

'내'가 유일무이하다는 것, 그것은 내가 격리되어 있다는 것을 의미한다. 격리 중 으뜸이 고독이고 향유다. (같은 책, p. 91)

'나'는 고독한데 그것은 단지 사실적인 수준에서 '내'가 고독하다는 의미가 아닙니다. 오히려 '내'가 늘 '나 아닌 것'을 향유하고 그것을 '동일자' 안에 들여놓아 버리기 때문에 '나'는 고독한 것입니다. 나의 고독이란 미지의 것을 갖지 않는 방식에서의 고독입니다.

향유하고 있는 나는 절대적으로 나를 위해서 존재하고 있다. 에고이스트이고 타자에 대한 어떠한 참조도 하지 않고 나는 혼자다. … 나는 완전히 타자에게 귀를 막고 있고 모든 커뮤니케이션과 모든 커뮤니케이션의 거절 외부에 있다. (같은 책, p. 107)

이 고독한 나를 근원적인 방식에서 흔들기 위해서 절박해 오는 것이 '절대적으로 외부적인 것absolument autre'으로서의 타자입니다.

타자를 자아와 똑같은 도량형을 갖고 계량할 수 없다. … 소유도 도량형의 일치도 개념의 일치도 나를 타자와 연결 짓지 않는다. 공통하는 조국의 부재, 그것이 '외부적인 것'을 '이방인'으로 만들어 준다. '이방인'은 우리 집에 혼란을 가져온다. 그런데 '이방인'은 자유로운 것도 의미한다. 왜냐하면 나는 그 위에 권력을 행사할 수 없기 때문이다. 그는 내가 그를 마음먹은 대로 하고 있을 때조차도 어떤 본질적인 측면에서 나의 파지를 벗어나고 있다. (같은 책. p. 91)

타자에 대해 '완전하게 귀를 막고 있는 자아'의 면전에 '절대적으로 외부적인 것'을 세움으로써 레비나스는 여기서 후설이 상호주관성의 사유로 그린 것과는 상당히 이질적인 긴장관계를 만들어 내게 됩니다. 그러면 '절대적으로 외부적인 것'과 '나'는 어떠한 관계를 맺을 수 있을까요?

'타자'의 타자성은 '타자' 안에 있는 것이지 나와의 관계에 있는 것이 아니다. 그것은 현현한다. 그러나 '타자'에 접근하는 것은 어디까지나 나를 기점으로 해서이지 나와 '외부적인 것'의 비교 계량에 의해서가 아니다. 나는 '타자'의 타자성에 내가 '타자'와 연결되는 사회성société에 기초해서 접근하는데, 이 관계로부터 이탈해서 그 관계의 양쪽 항을 성찰하는 것은 불가능하다. (같은 책, p. 94)

'타자'는 '나'와 국경선을 공유하지 않고 동일한 풍경에 포함되어 한눈에 내려다볼 수 없는 '완전한 이방인'입니다. 그럼에도 '나'는 '나를 기점'으로 해서 이 '타자'에 접근해 갑니다. 그 역정歷程에 관해서 고찰하기 위해서는 또 하나 다른 논건을 우회하는 것이 유효할 것입니다. 그것은 에로스적 관계입니다.

8. 에로스적 타자

> 섹슈얼리티는 타자와의 관계의 범례를 제공한다. 섹슈얼리티에서는 관계는 성찰되기에 앞서 성취되기 때문이다. 이성은 어떤 존재자가 본질로서 담당하는 타자성이다. 이성이란 나의 성을 반전한 것이 아니다. 그럼에도 만약 내가 '비성적' 존재라고 하면 이성이 나에게 충격을 주는 일은 일어나지 않았을 것이다. (같은 책, p. 94)

이성에게 내가 느끼는 에로스적 욕망은 관상 혹은 표상과는 다른 수준의 사건입니다. 내가 어떤 사람에게 성적인 욕망을 느낀다고 할 때 나는 먼저 그 사람을 관찰하고 그 속성의 이런저런 것을 음미 점검하고 그 상태에서 욕망을 느끼는 순서를 밟는 것이 아닙니다. 사람은 '이미 에로스적 욕망의 관계에 들어가 있는 자신을 발견하는' 방식으로 에로스적 타자와 관계를 맺습니다.

그때까지 그다지 강한 감정을 품지 않았던 사람이 어느 날 갑자기 성적 대상으로서 '현현'할 때가 있습니다. 그렇다고 해서 그 사람과의 관계를 결정적으로 쇄신할 만한 새로운 데이터가 추가된 것도 아닌데, 그 사람이 누군가에게 말을 걸 때 사용한 표현 일부를 흘려보내거나 옆 얼굴을 무심코 쳐다보다가 '갑자기' 성적 욕망에 사로잡혀 있는 자신을 발견하는 일이 일어날 수 있습니다.

그 사람은 이전과 '같은 사람'이면서 동시에 이미 '다른 사람'입니다. '사랑하는' 일은 관계의 한편에 '사랑하는 주체'가 있고 다른 한편에 '사랑받는 대상'이 있어서 주체 측의 욕구와 대상 측의 '식량'이 전면 상응적으로 일치하여서 성취하는 것이 아닙니다. '사랑하는 주체'도 '사랑받는 대상'도 '사랑하는 감정'이 일어났을 때 그 정동의 시점 안에 비로소 등장합니다.

> 사랑받는 대상의 고유성은 다름 아닌 사랑의 지향 안에 주어지는 것에 있다. 이 지향은 순수히 관조적인 표상으로는 환원 불가능하다. (Emmanuel Lévinas, *Théorie de l'Intuition dans la phénoménologie de Husserl,* Vrin, 1930/70, p. 75)

그래서 '사랑의 지향'이 소실하는 것과 동시에 '사랑하는 주체'도 '사랑받는 대상'도 동시에 소실합니다. 에로스는 지향성 안에서만 삽니다. 우리는 에로스적 욕망으로 정신이 없는 친구에게 "네가 욕망을 품고 있는 사람은 그러한 욕망할 가치가 없는 인간이다"와 같은 충고를 하는 것이 전혀 무의미하다는 것을 경험적으로 숙지하고 있는데, 그것은 내가 외부에서 보고 있는 '그 사람'과 '사랑하는 주체'가 내적으로 경험하고 있는 '그 사람'이 다른 사람이기 때문입니다.

에로스적 관계의 바깥쪽에 있는 내가 '사랑받는 대상'이 '사랑하는 주체'에게 어떻게 현현하는지를 아는 것은 원리적으로 불가능합니다. 에로스적 타자는 '스승으로서의 타자'와 마찬가지로 '나를 기점으로 해서밖에 접근할 수 없습니다.' 사랑하고 있는 사람이 거기서 어떠한 '타자'를 만나는가는 당사자 이외에 그 누구도 그것을 알아맞힐 수 없습니다.

그러나 에로스에는 이러한 세속적인 사례로 이해할 수 있는 범위를 넘어선 깊이가 내재해 있습니다. 레비나스는 『전체성과 무한』의 마지막 장 「에로스의 현상학」에서 에로스와 타자성의 문제에 관해서 집중적인 고찰을 하였습니다. 그 사고회로를 간단히 짚고 넘어가기로 하겠습니다.

> 사랑은 '타자'를 지향한다. 사랑은 '타자'를 그 약함faiblesse에서 지향한다. (같은 책, p. 233)

여기서 말하는 '약함'이란 무엇을 의미하는 것일까요? '타자'는 정의상 '나'와 도량형을 공유하지 않기 때문에 어느 쪽이 '강하고' 어느 쪽이 '약한지'와 같은 비교 고찰은 나와 타자 사이에서는 성립하지 않습니다.

> 약함은 타자성 그 자체를 형용하고 있다. 사랑한다는 것은 타자로 인해 무서워하고 타자의 약함으로 인해 손을 내미는 것이다. 이 약함 안에 '사랑받는 것l'Aimé'은 새벽의 빛처럼 일어선다. 그것은 '사랑받는 여자l'Aimée'이다. (*TI*, p. 233)

'약함'이란 여성성을 의미합니다. 단, 여기서 말하는 '여성'은 존재적인 여성이 아닙니다. 존재론적인 여성입니다. '내'가 '타자'를 사랑하는 일 안에 말려들고 말았을 때 '내'가 남성이든 여성이든 '타자'가 해부학적으로 혹은 제도적으로 남성이든 여성이든 상관없이 '사랑하는 나'는 존재론적인 카테고리로서는 늘 '남성'이고 '사랑받는 타자'는 존재론적 카테고리로서 늘 '여성'입니다.

사랑은 '타자'의 약함을 지향하기 때문입니다. 약함을 본질로서 '나'에게 현현하는 것 그것이 '사랑받는 여자'입니다. 에로스적 관계에서는 '사랑하는 자'는 늘 '남성—약함을 지향하는 자'이고, '사랑받는 자'로서는 늘 '여성—약함을 지향받는 자'입니다.

'사랑받는 여자'의 속성으로서 레비나스는 유화柔和, tendresse, 상처받기 쉬움vulnérabilité, 부끄러움pudeur, 부서지기 쉬움fragilité, 비닉성秘匿性, clandestinité과 같은 경험적인 함의를 농밀하게 띠고 있는 말들을 나열합니다. 그러나 이러한 것 또한 존재적인 형질로서 이해해서는 안 됩니다. '유화'란 '유화하지 않는 것'을 향하는 자에게 사후적으로 부여된 호칭입니다. '상처받기 쉬움'에는 '상처를 주는 자'가, '부끄러움'에는 '파렴치'가, '비닉성'에는 '모독'이, '어둠으로의 퇴거'에는 '밝음으로의 찾아냄'이 각각 대응합니다.

당연한 말인데 '절대적인 유화함'이라는 것은 존재하지 않습니다. 그것은 '유화하지 않는 것'과의 비교를 통해서만 의미가 있습니다.

경험을 '이분할—이중화'해서 '대상'과 '주체'가 가설적으로 분리됩니다. 에로스적 관계에 앞서서 '남성성'과 '여성성'이 자존한다고 생각해서는 안 됩니다. 섹슈얼리티는 자연스러운 생리적 사실로서 미리 부여된 것이 아니라 '에로스적 지향'을 매개로 해서 사후적으로 구축됩니다. '내'가 '당신'을 사랑한다는 것은 이미 무방위로 유화하고 부서지기 쉽고, 상처받기 쉬운 것으로서 '당신'에 대한 자각이 생성하고 있다는 것을 의미합니다.

즉, '내 앞에 있는 자는 나보다 약하고 부서지기 쉽고 상처받기 쉽다'는 비대칭성 안에 스스로를 위치 지음으로써 비로소 '나'라고 발화할 수 있는 에로스적 주체가 구축됩니다. 유화한 것을 보고 그리고 나서 자각할 필요성을 느낀 것이 아닙니다. '나'가 자각(신경 씀)의 필요성을 느낌으로써 '유화한 자'가 현현한 것입니다. 앞뒤 순서를 틀려서는 안 됩니다.

여기서 문제가 되는 것은 사실상의 성차의 문제가 아니라 시니피앙 차원의 문제입니다.

예를 들면 '낮과 밤'이라는 말이 있어서 우리는 그 말을 매일같이 사용하고 있습니다. 그러나 새삼 '낮' 그 자체, '밤' 그 자체를 엄밀하게 정의해 보라는 말을 듣는다고 해도 그런 일은 아무도 할 수 없습니다. '낮'은 '밤'의 차이화를 통해 '밤'은 '낮'과의 차이화를 통해 개념화되는 것이지 '밤을 뺀 낮'이라든지 '낮을 뺀 밤'을 현실로서 추출하는 것은 누구도 할 수 없기 때문입니다.

그러나 우리는 그만큼 애매한 개념임에도 이 말을 손에서 놓을 수 없습니다.

남녀에 관해서도 사정은 똑같습니다. 우리는 '남과 여'라는 말을 일상적으로 사용하고 있습니다. 그런데 남자는 여자와의 차이화에 의해서, 여자는 남자와의 차이화에 의해 개념화되어 있어서 '남자를 뺀 여자'와 '여자를 뺀 남자'를 실체로서 말하는 것은 누구에게도 불가능합니다. 이것에 관해서 라캉은 단호한 어조로 다음과 같이 썼습니다.

> 남자와 여자라는 시니피앙은 수동적 태도와 능동적 태도라든지 공격적 태도와 협조적 태도 같은 것과는 다른 것입니다. 즉 그러한 행동과는 다른 차원을 의미합니다. 그러한 행동의 배후

에 틀림없이 어떤 시니피앙이 숨겨져 있습니다. 이 시니피앙은 어디에도 결코 완전하게는 구체화되지 않습니다만 '남자'와 '여자'라는 말의 존재 아래서 가장 완전에 가까운 형태로 구현화됩니다. (ジャック・ラカン,『精神病〈下〉』, p. 69)

남자와 여자라는 물리적, 생리적 차이가 '먼저 있고' 그것을 비유로 해서 섹슈얼리티가 말하여지는 것이 아닙니다. 우리 세계는 '먼저 실체가 있고 그다음에 이름이 붙여졌다'라는 식으로 분절되는 것이 아닙니다. '실체'와 '사물'과 '이름'은 동시에 생기고 그 이름이 세계에 분절선을 부여합니다.

레비나스는 '남과 여'라는 시니피앙을 존재론적 카테고리로서 사용할 것을 제언하였습니다. 이것은 '새로운 기호'의 사용방식입니다. 그러나 인간의 '새로운' 존재 방식을 제시하기 위해서 레비나스가 꺼낸 것은 '남과 여'라는 정말로 오래된 시니피앙이었습니다. 그러나 그것은 사용할 수 있는 시니피앙이 그것밖에 없기 때문입니다. 그것이 아마도 가장 완전한 형태로 이 차이를 지시할 수 있는 시니피앙이기 때문일 것입니다.

다시 라캉의 말입니다.

낮과 밤, 남과 여, 전쟁과 평화, 이러한 대립은 이것 이외에도 몇 가지 들 수가 있습니다. 이러한 대립은 현실적인 세계로부터 도출된 것이 아닙니다. 그것은 현실 세계에 뼈대와 축과 구조를 부여해서 현실 세계를 조직화하고 인간의 현실을 존재시키고 그 안에 인간이 자신을 다시 발견하게 하는 그런 대립입니다. (같은 책, p. 70)

'남자'가 무엇인지, '여자'가 무엇인지를 단독으로 상정하는 것은 불가능합니다.

'남자'도 '여자'도 '현실적인 세계'에서 도출된 것이 아니기 때문입니다. 그것이 아니라 '현실 세계에 뼈대와 축과 구조를 부여해서 현실 세계를 조직화하고 인간의 현실을 존재시키고 그 안에서 인간이 자신을 다시 발견할 수 있도록' 하기 위해서 성차는 시니피앙이 되었습니다.

타자가 나를 기초 짓고 그 내가 타자를 기초 짓는 방식으로 타자와 나는 각각 상대에 대해서 서로 '절대적 늦음' 안에 있습니다. 나는 에로스적 관계에서 찾아 헤매고 그것에 닿고 싶다고 바라는 바로 그 대상에 이미 연결되어 있습니다. 뭔가에 '손이 닿지 않는다'라고 느낄 수 있는 것은 '손이 닿지 않는 것을 갖는' 방식으로 이미 거기에 닿고 있기 때문입니다. 우리는 종종 그 사람을 만나기 이전에 이미 그 사람과 만나는 것이 숙명 지워져 있다는 감각을 갖는 일이 있습니다. 그때 사랑은 '선택된 것이 아닌 선택'이고 그 의미에서는 '내가 내가 되기 이전의 사건', '내재의 바로 앞'입니다.

나와 나의 욕망이 향하는 에로스적 타자는 어떤 의미에서는 다른 시간의 흐름 속에 있어서 각각이 상대에 뒤처져 있습니다. 이 '어긋남'을 단적으로 나타내는 것이 애무의 경험입니다.

사랑 행위에서 애무는 그것을 통해 욕망을 진정시키기 위함이 아닙니다. 애무는 '사랑하는 여자'를 붙잡으려고 손을 내밀지만, 그것은 그 어떤 확실한 것도 붙잡을 수 없습니다. 애무는 욕망을 항진시킬 뿐입니다.

> 애무는 허기 그 자체를 양식으로 삼는다. 애무는 아무것도 파지하지 않는다. 애무는 자신의 형태로부터 계속 도망가서 미래를 향하는 자에게 매달린다. 아직 존재하지 않는 것처럼 벗어나려는 것에 매달린다. 애무는 탐구한다. 애매성은 손으로 더듬는다. 그것은 폭로의 지향성이 아니다. 탐구의 지향성, 비가시적인 것을 향한 걸음이다. (*TI*, p. 235)

상대방에 닿고(만지고) 상대방을 붙잡고 상대방을 여기에 영원히 잡아 두려고 내민 손은 그 시도가 번번이 좌절되는 사실 그 자체로 인해 욕망이 항진됩니다. 애무를 구동하는 허기는 결코 채워지지 않습니다. 그렇다면 애무하는 손은 애무를 받는 신체 그 자체가 아니라 그 '저편'을 지향하는 것이 됩니다. 애무는 '사랑받는 것'을 자신의 권능하에 상대를 깔고 앉고 그것을 지배하고 마음대로 하는 것을 지향하는 것이 아닙니다. 애무는 '아직 존재하지 않는 것'을 지향합니다. 여기서는 아무리 만져도 채워지지 않는 정황 그 자체가 욕망되고 있습니다.

애무에서 '이제껏 존재하지 않는 것'은 '내' 안에 있어서 아직껏 발현되지 않은 잠재 가능성과 같은 것이 아닙니다. 그것은 닿으면 사라지고 말지만 사라지기 바로 직전에는 만질 수 있는 것으로서 확실히 거기에 있었던 것처럼 느껴지는 것에 고유한 '존재한다/하지 않는다'는 방입니다. 따라서 섹슈얼리티는 타자와의 범례적 관계가 됩니다.

> 사랑은 아무것도 파지하지 않는다. 사랑은 개념에 도달하지 않는다. 사랑은 아무것에도 도달하지 않는다. 사랑은 주체, 대상, 나, 당신이라는 구조를 갖지 않는다. 대상을 고정하는 주체로서도 가능한 것을 향한 투기로서도 에로스는 성취되지 않는다. 에로스의 운동이란 가능한 것의 저편으로 향하는 것이다. (같은 책, p. 238)

아무것에도 도달하지 않는 지향, 결코 성취되지 않는 운동, 결코 채워지지 않는 욕망, 에로스적 지향은 그 '범례'를 우리에게 보여 줍니다. 그런데 그것은 어떠한 관계에 관한 '범례'일까요.

9. '제가 여기에 있습니다'

전체성의 이코노미에 '외부'는 없습니다. 그러나 '가능한 것의 저편'을 멀리서 바라보는 방법을 우리는 '에로스적 타자'에 대한 욕망과 '스승으로서의 타자'에 대한 욕망과 같은 '범례적 경험'을 통해서 '학습'할 수 있습니다. 그러한 '수업修業'을 통해서 우리는 무한의 무한성을 훼손하지 않고 무한으로 닿는 방법을 습득해 갑니다.

레비나스는 '무한'을 '전체성'과 대비하면서 논하였습니다. 그러나 그 타이틀이 제시하고 있듯이 문제는 '전체성이냐 무한이냐'가 아니라 '전체성과 무한'입니다. '무한'은 물론 단독으로는 관념되지 않습니다. 그것을 늘 전체성과 대를 이루고 전체성의 이코노미의 '열림' 혹은 '파탄'으로서 혹은 '빛 속에서 퇴거한 어떤 흔적'으로서, 즉 결성태로 밖에 지시되지 않습니다.

우리는 '빛 속에서 퇴거한 무언가', '자기 자신을 드러내지 않는 것'을 가리키기 위해서 '자신을 드러내는' 빛의 어법을 이용하여 그것을 전언철회하는 것 이외의 어법을 갖고 있지 않습니다. 존재론의 저편에 관해서 논의를 전개하기 위해서는 그때마다 존재론을 불러내서 우리 눈앞에서 '탈구'시키지 않으면 안 됩니다.

'무한'에 관해서 레비나스는 이렇게 말합니다.

> 자기 한정하는 것의 저편에 하나의 열림이 있습니다. '무한'의 현현이란 그러한 것입니다.
> 그것은 '덮개를 제거하는' 의미에서의 현현이 아닙니다. 그것이라면 어떤 소여에 전면 상응적으로 대응하는 것이 되기 때문에. 오히려 '무한'과의 관계의 두드러진 특징은 그것이 '덮개를 제거하는 것'이 아니라는 것입니다. 타자의 면전에서 내가 "제가 여기에 있습니다"라고 말할 때 '무한'은 이 "제가 여기에 있습니다"라는 장을 경유해서 보여지는 일 없이 그 말 안에 들어옵니다. '무한'은 시각적으로는 출현하지 않습니다. 당연한 말이지만 '무한'을 그 기원에서 주제화할 수 없기 때문입니다. (*EI*, p. 102)

레비나스는 이러한 '무한'의 발생을 유대신비주의의 '그il'라는 대명사의 희한한 용법을 빌려서 말합니다.

> 유대신비주의의 어떤 고유한 표현에 관해서 이야기해 보죠. 고대의 권위자가 제정한 매우 오래된 기도의 말 중에 신자는 신을 향해 '당신tu'이라고 말을 거는 것부터 시작하는데요. 그런데 그 기도를 '그il'로 끝냅니다. 마치 '당신'에게 접근하다가 보니 '그'로서의 신의 초월성이 생긴 것처럼. 제가 '무한'의 '그성

illéité'이라고 부르는 것은 그것을 의미합니다.
그래서 "제가 여기에 있습니다"라고 말하면서 타자에 접근해도 '무한'은 거기에 모습을 드러내지 않습니다. 그러면 그 행위에는 어떤 의미가 있을까요.
"제가 여기에 있습니다"라고 말하는 주체는 '무한'을 "증언하고 있다" 저는 그렇게 말씀드리고 싶습니다. 이 증언의 진리는 표상의 진리도 지각의 진리도 아닙니다. 그러나 이 증언을 통해서 '무한'의 현현이 일어납니다. '무한'의 영광은 이 증언을 통해서 '스스로'를 빛나게 합니다. (*EI*, pp. 102-103)

지금 인용한 두 구절에는 예기치 않게 "제가 여기에 있습니다"라는 선언이 자기동일성의 기점으로서 나와 있습니다.

하나님께서 아브라함에게 말씀하셨습니다. "아브라함아." 그가 대답했습니다. "예, 제가 여기 있습니다." (창세기 22장 1절)

신의 부름에 대해서 인간은 "이것은 어떤 의미일까"라며 먼저 사고하고 그 메시지의 의미를 완전히 이해하고 나서야 행동하는 것이 아닙니다. 인간이 말을 안 것은 신의 말을 해독하는 작업을 통해서입니다. 인간의 말은 그것 자체가 신의 말에 의해 기초 지어진 이상 신의 말의 합리성과 적법성을 인간의 말에 준거해서 판단하는 것은 배리가 됩니다. 그래서 인간에 대한 신의 부름에는 바로 "예, 제가 여기에 있습니다"라고 대답하고 그 불가해한 명령을 공손하게 받아들여야 합니다.

아브라함이 "예, 제가 여기에 있습니다"라고 대답한 후에 '주'는 아브라함에게 이렇게 말합니다.

> 여호와[주]께서 말씀하셨습니다. "네 아들, 네가 사랑하는 네 외아들 이삭을 데리고 모리아 땅으로 가서 내가 네게 지시하는 산에서 그를 번제물로 바쳐라." (창세기 22장 2절)

'주'는 신앙심이 두터운 족장에게 가혹한 의식을 요구합니다. 물론 아브라함은 그 의도를 이해할 수 없습니다. '주'의 의도는 '수수께끼'이고 게다가 이 '수수께끼'를 풀기 위한 코드는 어디에도 존재하지 않습니다. 똑같이 정의와 신앙심이 두터운 욥 또한 아브라함에게 뒤지지 않는 가공할 기로에 섭니다. 반복되는 불행의 고통 속에서 욥은 신에게 물음을 던집니다.[12]

12 옮긴이 주: 성서의 내용에서 해당 장면은 욥이 신에게 물음을 던지는 것이 아니라 욥의 세 친구 중 한 사람인 엘리바스에게 항변적 물음을 던지는 장면이다. 그러나 욥기의 마지막 장면에서 신은 욥이 친구들에게 던진 항변 모두를 신에게 던지는 항변으로 받아들였음을 볼 수 있다.

“나를 가르쳐 보시게나. 내가 입 다물고 있겠네. 내가 어디서부터 잘못됐는지 가르쳐 보란 말이네.” (욥기 6장 24절)

그리고 욥은 신과의 ‘논의’를 요구합니다.

“오, 내가 그분을 어디서 찾을지 알 수만 있다면! 내가 그분의 거처에 갈 수만 있다면! 내가 그분 앞에서 내 사정을 내놓고 내 입을 할 말로 채웠을 텐데. 그분이 내게 뭐라고 대답하실지 알고 그분이 내게 하시는 말씀을 곰곰이 생각했을 텐데.” (욥기 23장 3-5절)

욥은 신도 인간도 그 법리하에서 평등하다는 ‘성스러운 관뚜껑[天蓋]’을 상정하고 있습니다. 욥이 ‘재판의 장’에서의 변론을 요구한 것은 바로 욥이 신과 인간 사이에 ‘공통의 장의 도량형’이 존재한다고 믿었기 때문입니다. 젊은 엘리후는 이 ‘약음’ 안에 욥의 신앙심의 한계를 봅니다.

욥과 아브라함은 똑같은 종류의 부조리 앞에 서 있습니다. 아브라함은 묵묵히 이삭을 희생양으로 바치는 것에 비해서 욥은 ‘납득할 수 없다’며 신에 항의합니다. 그 결과 욥에게는 ‘알지도 못하면서 말로 이치를 어둡게 하는 사람이 누구냐?’(욥기 38장 2절)와 같은 굉음과 같은 ‘주’의 목소리가 내려옵니다.

한편 아브라함은 신의 축복을 받습니다. 주의 천사는 이렇게 말합니다.

> "여호와의 말씀이다. '내가 나를 두고 맹세한다. 네가 이렇게 네 아들, 곧 네 외아들을 아끼지 않았으니 내가 반드시 네게 복을 주고 반드시 네 자손을 하늘의 별처럼, 바닷가의 모래처럼 많아지게 하겠다. 네 자손이 원수들의 성문을 차지할 것이다. 네가 내 말에 순종했으므로 네 자손을 통해 이 땅의 모든 민족들이 복을 받을 것이다." (창세기 22장 16-18절)

성서 속 두 명의 인상 깊은 인물이 맞이하는 대조적인 운명은 아브라함이 "예, 제가 여기에 있습니다"라고 주의 증인으로서 자신을 밝힌 것에 비해서 욥은 '주'를 진리의 법정에 소환하려고 바랐을 뿐 아니라 "주께서 아침에 나를 찾으셔도 내가 더는 없을 것입니다"(욥기 7장 21절)라고 말함으로써 '주'의 증인이 되는 것을 거절한 것에서 비롯되었습니다.

성서가 가르쳐 주는 것은 "저는 여기에 있습니다"라는 말이 '주'를 자신의 증인으로서 불러내는 것이 아니라 자신을 '주'의 증인으로서 봉헌하는 사람이 내거는 말이라는 것입니다. 그런데 이것은 부조리한 요구가 아닐까요? 어떻게 그 의미를 이해할 수 없는 명령을 따르는 것이 이치에 맞는 일이 될 수 있는 것일까요?

그것은 '네 이웃을 사랑하라'는 명령의 부조리함과 근본적으로 똑같습니다.

타자는 내가 그 궁상에 대해서 유책인 '과부, 고아, 이방인'으로서 나에게 절박해져 옵니다. 나에게는 그 사람들을 그러한 궁상으로 내몬 개인적 책임이 있는 것도 아니고 내가 '윤택하고' 그들이 '가난하다'는 사회적 불평등을 시정하고 양자의 관계를 '상칭적相稱的'인 것으로 하는 것이 정치적으로 옳기 때문도 아닙니다. 그럼에도 나는 그들에 대해서 '유책성'을 느껴야 합니다. 왜일까요?

> 과실을 범하지 않음에도 죄의식을 갖는 것, 마치 나는 타자를 알기 이전에 존재하지 않았던 과거 시점에 타자와 관계를 맺어 버린 것처럼, 이 죄상 없는 유책성이 중요합니다. 타자는 나에게 늘 무엇인가였고 타자의 '이방인'이라는 조건이야말로 나와 관계하고 있었습니다. '타자는 나와 관계가 없다'는 것이 나에게는 윤리적으로 불가능합니다. (*EL*, pp. 114-115)

'이웃 사람'이란 내가 그들의 물질적 궁상에 대해 유책인 '과부, 고아, 이방인'을 의미합니다. 이웃 사람은 정의상 그때마다 늘 수난을 받고 있고 나는 그 수난에 관해서 유책입니다. 성서는 그렇게 가르쳐 주고 있습니다. 그러나 이웃 사람은 나보다 부유할지도 모르고 이웃 사람이 나를 학대하고 수탈하고 있을 수도 있습니다. 설령 이웃 사람이 가난하고 약하다고 해도 왜 전능한 신은 스스로 그 사람을 구원하지 않고 나에게 구원하도록 시키는 것입니까? 그들의 궁상도 그 구제도 본래 신이 다 관리해야 하는 것이 아닙니까? 왜 내가 그것을 맡아야 하는 것입니까? 부조리한 명령입니다. 그러나 그럼에도 레비나스는 이 명령에 아브라함이 한 것처럼 "예, 제가 여기에 있습니다"라고 즉답해야 한다고 가르칩니다.

아브라함은 그 명령의 적법성을 음미하는 어떠한 상위 심급도 없이 명령에 따르는 것을 받아들였습니다. 욥은 그것을 하지 못했습니다. 욥은 어떤 의미에서는 '근대인'입니다. 그는 이해하고 그리고 실행하는 순서가 정통적일 것이라고 생각합니다. 그러나 아브라함은 그러지 않았습니다. 그는 행동하는 것을 우선시합니다.

그런데 이것이야말로 본래의 순서이고 윤리성은 이 순서가 뒤바뀐 것 안에서 잉태됩니다. '사랑받는 여자'가 '사랑의 지향' 안에서만 주어지는 것처럼 '이웃 사람'은 '이웃 사랑' 안에서밖에 주어지지 않습니다. '나를 박해하고 수탈하는 이웃'이라는 개념은 (남편이 있는 과부, 부모가 있는 고아, 고향에 사는 이방인과 똑같이) 형용모순입니다. 신은 '신을 믿는 행위' 안에서만 존재합니다.

탈무드의 일절, "이스라엘 백성이 '이해하는 것'보다도 먼저 실행하는 것을 약속했을 때 6천만의 천사가 내려와서 이스라엘 백성 한 명 한 명의 머리 위에 두 개의 왕관을 씌웠다"라는 성구를 해석하면서 레비나스는 이렇게 썼습니다.

> 이스라엘 백성이 논리적 사고에도 조리에도 역행하여 말했다고 하는 것은 확실한 것일까. 그들은 아마도 그 신뢰를 말하였을 것이다. 말하는 자에 대한 신뢰를 통해서 우리는 따르는 것을 약속한다. 그리고 그 후 우리는 말하여진 것을 듣는다. 조리에 맞는 일이다. 모든 검증에 선행하는 신뢰의 탄생을 제외하고는. (*QLT*, p. 92)

'말하여진 내용'에 관한 진위의 검증이 끝난 후 '말한 사람'에 대한 신뢰가 결정되는 것이 아닙니다. '말한 사람'을 신뢰해야 할지 말아야 할지를 결정하지 않은 채 객관적으로 그 진위를 음미한 후 발신자를 신뢰하는 일은 있을 수 없습니다. 우리는 '먼저' 신뢰하고 '이어서' 듣게 됩니다. 먼저 커뮤니케이션의 회로를 열고 나서 '메시지'를 듣습니다. 열지 않는 한 커뮤니케이션은 시작되지 않고 어떠한 메시지도 나에게 닿지 않습니다. 그래서 커뮤니케이션을 여는 것 없이는 메시지의 진위를 음미하는 것은 불가능합니다.

> '우리는 행동합니다. 그러고 나서 우리는 이해합니다'라고 말하는 자들이 선을 고집하는 것은 선악의 선택의 결과가 아니다. 선에 대한 고집은 선악 선택에 선행한다. 선의 무조건 승인. …

선인가 악인가의 양자택일에 선행하는 선과의 연결이라는 것이 존재한다. (*QLT*, p. 95)

"네 이웃을 사랑하라"고 신은 명합니다. 그것은 이웃의 모든 수난에 관해서 내가 이웃을 알기 이전에 '존재하지 않았던 과거'에서 유책이라는 것을 받아들이는 것을 의미합니다. 그것은 그 신의 명령의 옳고 그름을 검증하기에 앞서서 그 명령을 믿고 받아들이는 것입니다.

10. '그'와 '대체, 대역'

'무한'과의 관계는 '덮개를 제거하는' 것이 아닙니다. 타자의 면전에서 내가 "제가 여기에 있습니다"라고 말할 때, '무한'은 "제가 여기에 있습니다"라는 장을 경유해서 보이는 것이 아니라 단지 그 말 안에 들어옵니다.

앞 절에서 인용한 대로 레비나스는 분명히 그렇게 썼습니다. 나는 그때마다 늘 지나가 버린 시간의 그곳에는 더는 있지 않은 사람에 대한 유책자로서, 그 사람의 증인으로서 소환됩니다.

나는 '타자를 위해서/대신해서pour Autrui' 증언합니다. 나는 타자의 '대역'으로서 증언하는 그 일을 다른 누구에게도 양도할 수 없습니다. 나의 자기동일성은 다른 사람 그 누구도 나를 대신할 수 없다는 방식으로 기초 지어집니다. 그러나 이 자기동일성은 "나는 나다"라는 자기회귀적·자기참조적인 자기동일성이 아니라 "여기에는 더는 없는 '그'의, 누구에 의해서도 대체할 수 없는 '대역'으로 있는 것"을 통해서 담보되는 자기동일성입니다.

다른 어떤 배우도 대신 연기할 수 없는 '대역'을 연기하는 배우는 '누구도 그 대역을 대체할 수 없다'라는 방식으로 유일무이합니다.

우리의 자기동일성, 우리의 대체 불가능성은 그래서 '나' 안에 실증적으로 갖추어져 있는 자질과 조건에 의해서가 아니라 '내가 그 대역을 맡는 곳의 존재하지 않는 것'에 의해 담보됩니다.

이러한 레비나스의 증인-주체론은 존재론적으로 해석하려고 해서는 안 됩니다. '무한의 증인'에 관해서 말한 레비나스의 발언을 듣고 필립 네모는 그 당혹감을 정직하게 표현하였습니다.

> 레비나스: "제가 여기에 있습니다"라고 말하는 주체는 '무한'을 증언한다고 말씀드리고 싶습니다. 이 증언을 매개로 해서 — 단, 이 증언의 진리는 표상의 진리도 지각의 진리도 아닙니다만—'무한'의 개시開示가 성취됩니다. …
>
> 네모: 잠시만요. 그 증언에서는 누가, 무엇에 관해, 혹은 누구에 관해 증언하는 겁니까? 말씀하고 계신 증인과 예언자는 지

나가는 무엇을 봤길래 그것에 관해서 증언해야 한다고 생각하였습니까?

레비나스: 당신은 여전히 증언이라는 것을 인식과 주제화 위에 성립한다고 생각하고 있군요. 내가 말하려고 하는 증언의 개념은 확실히 개시의 하나의 형식이긴 합니다만 이 개시는 우리에게 그 무엇 하나 보여 주지 않습니다. 철학적 어법은 늘 이 주제화라는 곳에 귀착해 버리는군요. (*EI*, p. 103)

레비나스의 증언의 의미에 관해서는 라캉이 말한 제욱시스와 파라시오스 이야기가 이해에 도움이 될 수 있을 것입니다.

파라시오스가 그린 '덮인 그림'은 뭔가를 감춤으로써 현현되었습니다. 그것은 확실히 '덮개를 제거한' 의미에서의 현현이 아닙니다. 오히려 파라시오스의 '덮인 그림'은 뭔가를 시각적으로 현현하는 것을 차단함으로써 제욱시스의 시선을 그곳으로 끌어당겼습니다. 이때 확실히 '덮개 그림'은 확실히 제욱시스에게 "나를 봐라"라고 호소하였을 것입니다. 이 "나를 봐라"라고 말하는 '덮개'를 경유해서 '무한'은 보여지는 일 없이 시각적으로 출현하지 않은 채 그들의 세계에 도래하게 되었습니다.

라캉은 비꼬는 필체로 '인간을 속이려고 하면 제시되어야 할 것은 덮개로서의 그림, 즉 저편을 보게 하려는 무엇이어야 한다'는 교훈을 이 일화로부터 끄집어냈는데, 레비나스는 오히려 그 배후에 있는 것을 '전면 상응적으로 표상할 수 없는' 덮개 그림의 자기주장을 '무한'이 일어나는 조건으로 고쳐 읽습니다.

파라시오스가 그린 '덮개의 그림'은 '그림을 덮는다'는 방식으로 '이전에 한 번도 현재가 된 적이 없는 과거'이고 그려진 그림의 '대역'을 하고 있습니다. 그 '그려지지 않은 그림'을 덮는 일은 이 '덮개의 그림' 이외의 어떠한 그림도 대체할 수 없습니다. 그래서 '덮개의 그림'은 '그려지지 않았던 그림을 덮은 것'을 통해 그 자기동일성이 기초 지어집니다. 레비나스적 '나'의 자기동일성도 또한 '그려지지 않았던' 그림, 즉 '이전에 한 번도 현재가 된 적이 없는 과거'의 대역이라는 것에 의해 담보됩니다. 그런데 내가 그 '대역'을 하고 있는 곳의 '타자'는 현실 세계에 사실적으로 존재한/존재하고 있는 '누군가'가 아닙니다.

'내'가 그 '증인'이 되는 '무한'이란 내가 '덮개의 그림'일 때의 덮힌 그림입니다.

라캉은 '그림은 겉보기이고 이 겉보기야말로 겉보기를 겉보기로 만들어 주는 바로 그것이다'라고 말합니다. 우리는 이 말을 레비나스의 '주체'의 정의에 그대로 적용할 수 있습니다. 주체는 대역이고 대역이라는 것이 대역을 대역으로 해 주는 해당 근거입니다.

대역인 '나'는 결코 '무한'을 전면적으로 대리 표상할 수 없고 그 진의를 대변할 수도 없고 그 유지遺志를 표현할 수도 없습니다. 왜냐하면 '나'는 '무한'의 대역, '무한'을 덮고 있는 볼품없는 '덮개'에 불과하기 때문입니다.

'나'는 '덮개'이지 '그림'이 아닙니다. 그래서 나는 "이 천이 어떤 그림을 덮고 있는지"를 실증적으로 전할 수가 없습니다. 내가 할 수 있는 것은 고작 "내가 천으로서/대역으로서 기능하고 있는 한 그림은 결코 존재할 수 없다"는 방식으로 '감추어진 그림'에 대한 사람들의 욕망을 불러일으키는 것뿐입니다. 그리고 파라시오스는 다름 아닌 '대역'이 됨으로써 제욱시스의 욕망에 점화하는 것에 성공하였습니다. '대역'이란 '그것이 의미하는 것의 취소를 추구하는 시니피앙'을 현현시키는 장치입니다. '현현하지 않는다'는 양태에서밖에 이 세계에 현현하는 것이 없다는 것을 욕망하도록 하는 기제를 의미합니다.

나는 '그'의 증인이 될 수 있지만 '그'는 나를 위해서 증언할 수 없습니다.

그런데 내가 '그의 증인'이라는 것을 '그'는 결코 모습을 나타내서 증언해 주지 않는다는 해당 사실이야말로 '대역'으로서의 '나'의 유일무이성을 담보하고 있습니다.

'내'가 그 '대역'이라는 것을 통해 '나'의 자기동일성을 기초 지어 준 '그'야말로 나의 '기원'이고 '나'의 사는 의미의 담보자입니다. 그래서 결코 현실 세계에 존재한 적이 없는 것만이 확실한 방식으로 '나'를 현실적인 것으로 기초 지어 줍니다.

'결코 현실 세계에 존재한 적이 없는 것'을 결코 현실 세계에 존재하게 하지 않는 것, 그것이 '죽은 자를 조문하는' 일의 본의입니다.

이렇게 해서 레비나스는 윤리적 주체의 기초 짓기와 '죽은 자의 진혼'을 동시에 이룰 수 있는 철학적인 곡예를 구축하였습니다.

제5장

죽은 자로서의 타자

1. 죽은 후의 나

우리가 레비나스를 반복해서 읽어도 싫증이 나지 않는 것은 그곳에 우리가 일상생활에서 경험하는 '말이 되지 않는' 요소, '철학적' 어휘 안에 회수됨으로써 그 통절함을 잃어버리게 되는 논건이 레비나스 안에 '수수께끼'인 채로 유지되고 있다는 것을 실감하기 때문입니다.

우리가 잊기 쉬운 것은 우리가 일상생활에서 실제로 경험하고 있는 많은 '평범한' 일은 본질적으로 '수수께끼'이고 철학은 오히려 그 '수수께끼'의 성질을 감축減縮한다는 것이고 그것이 철학의 공리적인 의의라는 사실입니다. 보통 사람은 '현실은 간단한데 철학은 복잡하다'고 생각합니다. 실은 그 반대입니다. '현실은 너무 복잡한 반면에 철학은 너무 간단합니다.'

레비나스가 복잡한 것은 그가 비현실적인 사변에 취해 있어서가 아니라 현실의 복잡함에 대해 다른 어떤 철학자보다도 '제대로 맞서고 있기' 때문입니다. 레비나스가 '얼굴'과 '불면'과 '거주' 같은 생활 속의 실감 나는 일상어를 애써 조어로 채택하는 것은 거기에 일의적一義的인 철학 용어로는 다 길어낼 수 없을 만큼 깊은 것이 잠재되어 있다는 것을 알고 있기 때문입니다.

하이데거가 말한 대로 종종 '존재적으로 가장 가깝고 숙지하고 있는 것은 역으로 존재론적으로는 가장 멀어서 인식되지 않습니다.'(マルティン・ハイデガー,『存在と時間』, P. 123)

우리는 지금 '죽음' 이야기를 하고 있습니다. 우리 모두는 언젠가 '죽을' 운명에 있습니다. 그 점에서는 '죽음'은 완전히 평등하고 비개성적인 일입니다. 그러나 우리 중 그 누구도 '죽는다'는 것이 어떤 경험인가를 '죽는' 주체로서는 말할 수 없습니다. 살아 있는 자는 누구도 아직 죽은 적이 없고, 타인의 죽음을 대신해서 죽을 수도 없기 때문입니다.

물론 우리는 타인의 죽음에 입회할 수 있고 그 부재를 애도할 수도 있습니다. 그러나 남겨진 자는 '상실감'을 경험하지만, 그것은 죽은 당사자가 경험하는 '존재상실'과는 완전히 다른 것입니다. 죽음에 관한 하이데거의 훌륭한 분석을 잠시 더듬어 보기로 하겠습니다.

> 우리는 순정한 의미에서의 타자의 사망을 경험하는 일은 없고 겨우 해 봤자 단지 늘 '그 장에 있을' 뿐이다. (같은 책, pp. 393-394)

물론 '타인을 위해서' 대신해서 죽는 일이 때로 있을 수는 있습니다. 설령 그렇다고 해서 타인이 '불사'가 되는 것은 아닙니다. 내가 일시적으로 대신 죽어서 타인이 연명한다 해도 타인은 언젠가 그 고유의 죽음을 죽는 것에서 벗어날 수 없고 그때 나는 이미 죽었기 때문에 그의 죽음에 입회할 수조차 없습니다.

> 사망은 각각의 현존재가 그때그때 스스로 자기 몸으로 받아들이지 않으면 안 된다. 게다가 죽음은 하나의 특유의 존재 가능성을 의미하고 있어서 이 존재 가능성에서는 그때마다 자신에게 고유한 현존재의 존재로 한결같이 관계를 맺는 것이 문제다. (같은 책, p. 295)

우리의 인생은 어떤 의미에서 일종의 '이야기'로서 전개됩니다. 그리고 어떠한 이야기에서도 이야기 속 단편의 의미는 문맥의 존적이라서 종지부가 찍힐 때까지는 그 단편이 '진정으로 의미하고 있는 것'을 독자는 원리적으로 알 수 없습니다.

개관사정蓋棺事定[13]이라는 말이 가르쳐 주듯이 이야기는 마지막 페이지까지 다 읽고 나서야 비로소 처음에 등장한 에피소드의 의미를 알 수 있도록 구조화되어 있습니다.

'나'는 이른바 '나라는 이야기'의 독자입니다. 독자가 책을 읽듯이 '나'는 '나의 존재할 수 있는 것'의 의미를 '이해하면서 존재하는' 방식으로 실제로 존재하고 있습니다.

그런데 이 '나라는 이야기'를 계속 읽고 있는 '나'는 그 '이야기'의 그때그때의 분기점에 다다를 때마다 "이것은 나의 '본래성'에 기초한 실존론적으로 옳은 삶이다"라든지 "이것은 비본래성으로 퇴락한 실존론적으로 부적절한 삶이다"와 같은 판단을 내려야 합니다. (말투가 이 정도로 딱딱하지는 않을 테지만 '나답다'라든지 '-답지 못하다'와 같은 말을 반복해서 입에 담을 것입니다.)

그런데 이러한 적법성을 도대체 '누가' 판단할 수 있는 것일까요. '옳은 삶'에 '만인을 위한' 매뉴얼은 없습니다. '내'가 하는 선택의 옳고 그름은 단지 '개관사정'이라는 형태로 사후적으로, 즉 '내가 죽은 후'에서야 비로소 판단할 수 있습니다.

> 현존재는 실존하는 한은 존재할 수 있다는 것에 머물면서 그때마다 아직 어떤 특정한 자가 아닐 것이다. 실존이 그 본질을 이루는 존재자는 자신이 전체적인 존재자로서 보충될 가능성에 본질상 역행한다. (같은 책, p. 386)

13 옮긴이 주: 사람의 진가는 죽어서 관뚜껑이 닫힌 후에 정해진다.

우리의 인생은 '미결'입니다. 그럼에도 우리는 자신의 실존 방식에 관해서 마치 '기결'인 것처럼 그것이 '본래적'인지 아니면 '비본래적'인지 판정을 내릴 것을 요구받습니다. 라캉의 표현을 빌리자면 우리는 (이미 우리 인생을 성취하고 우리 인생의 의미가 빠짐없이 확실해진 시점에서 지금을 회고하는 듯한) '전미래형'으로 살고 있습니다.

> 현존재는 현존재가 존재하는 한 부단히, 이미 자신의 미결이지만, 그것과 똑같이 현존재는 발 빠르게 자신의 끝이다. 죽음이 가리키는 끝은 현존재가 끝에 도달했다는 것을 의미하는 것이 아니라, 현존재라는 이 존재자가 끝과 관계를 맺는 존재를 의미한다. 죽음은 현존재가 존재하자마자 현존재가 떠맡는 하나의 존재하는 방식이다. (같은 책, p. 403)

그러한 방식으로 우리는 비주제적이긴 하지만 '현존재의 그때마다 가능한 전체성을 경계 짓고 규정하는 죽음'을 실존 안에 앞당겨 집어넣고 그렇게 해서 '자신의 본래적 실존의 가능성과 존재 방식'을 이른바 '선수금先受金'으로 수령하고 있습니다. '현존재는 자기 자신으로서 현존재가 아직 그것이 아닌 것이 되어야 한다'(같은 책, p. 400)는 이 프로세스를 하이데거는 과실의 비유를 사용해서 훌륭하게 설명하였습니다.

예를 들면 미숙한 과실은 그 성숙을 향해 나간다. 그때 이렇게 성숙해 가는 과정에서 아직 과실이 아닌 그 존재가 사실적으로 존재하지 않는 것으로 과실에 덧씌워진 것이 결코 아니다. 과실 자신이 성숙에 이르는 것이고 게다가 그렇게 스스로 성숙에 이르는 것이 과실로서의 그 존재를 규정 짓는다. (같은 책, p. 400)

미숙한 과실은 설령 폭풍으로 인해 미숙한 채로 낙과했다고 해도 식물로서의 죽음의 순간까지 '성숙한 과실'로서의 자신의 환상적인 소실점을 목표로 성숙하는 것을 멈추지 않습니다. 현존재에게 이 죽음은 이 '성숙한 과실의 환상'과 비슷합니다.

죽음은 현존재의 가장 고유한 가능성이다. 이 가능성에 관련된 존재가 현존재에 가장 고유한 존재할 수 있는 것을 개시開示하는 것으로 그러한 존재할 수 있는 것에서는 현존재의 존재와 단적으로 관계를 맺는 것이 문제다. (같은 책, p. 428)

하이데거의 생각을 우리의 관심이라는 문맥에 가져와서 다시 읽어 보면 우리에게는 두 개의 시간의식이 있다는 것을 의미합니다. 하나는 일상적인 '과거로부터 미래로' 흐르는 시간의식입니다. 이것은 하이데거적으로 말하자면 '세속인das Mann'이라는 비본래적 양태로 퇴락한 존재자가 채택하는 것입니다. '사람'이라는 일인칭 안에 자신을 붙들어 매고 있는 '세속인'은 '나의 죽음'이 불가피하다는 것은 알고 있습니다. 그런데 그것은 절박하게 다가오지 않습니다. 물론 '사람은 죽습니다.' 그러나 '사망하는 것은 그때마다 다름 아닌 내가 아닙니다.' '세속인'이란 '그 누구도 아닌 자', '나'라는 일인칭 단수를 받아들이는 것을 거절하는 자이기 때문입니다. '세속인'에게 죽음은 늘 '남의 일'입니다.

> 사망하는 것은 본질상 대리 불가능한 것으로서 나의 일임에도 공공적으로 일어나서 세속인이 만나는 하나의 사건으로 전도되고 만다. (같은 책, p. 414)

이러한 통속적인 '세속인적' 시간의식 안에서 안주하는 자는 죽음의 절박을 감각적으로 차단하고 있으므로 결코 '다름 아닌 내가 죽은 후의 다름 아닌 나'라는 환상적 소실점을 떠올리는 일은 없습니다.

이에 비해서 또 하나 미래로부터 과거로 흐르는 시간의식이라는 것을 우리는 상정할 수 있습니다. 하이데거적으로 말하자면 '시숙時熟'하는 시간의식, 라캉식으로 말하자면 '전미래형'으로 사는 시간의식, 레비나스의 술어로 말하자면 '타자를 위해서/타자의 대역인 자'의 시간의식이 그것입니다. 그것은 '나에 관한 이야기를 다 끝낸 나'를 상상적인 기점으로서 지금 여기를 조사照射하는, 역주행하는 시간의식입니다.

우리는 이 두 가지 시간의식의 틈새기에서 흔들리고 있습니다. 아무리 공공적인 피해석성被解釋性[14]으로 퇴락해도 우리는 죽음의 절박을 완전히 '남의 일'로 할 수 없습니다. 그리고 우리가 누구도 대신할 수 없는, 유일무이한 사람이고 싶습니다. 얼마 되지 않겠지만, 이 세계에 '좋은 일'을 남기고 싶다고 바랄 때 우리는 '죽은 후의 나'의 시점에서 '지금 여기'의 나를 바라보는 조작을 경유하는 것을 피할 수 없습니다.

우리는 자신에게 다가오는 죽음의 절박을 느낀 사람이 문득 자신 안에 잠재되어 있던 '선善성'을 자각하는 원형적 설화를 무수히 갖고 있습니다. 찰스 디킨스의 『크리스마스 캐롤』과 구로사와 아키라의 『살다』도 다 그런 이야기입니다. 그들의 회심의 계기는 반드시 '죽음'만은 아닙니다. '한정된 시간' 안에 갇혀 있는 인간, '무한한 미래'라는 가상을 갖는 것을 금지당한 인간[예를 들면 시간이 딸꾹질처럼 반복되는 SF적 상황에 갇혔던 「사랑은 데자뷰」의 『비루 마레原題, Groundhog Day』도 또한 스크루지 할아버지와 와타나베('살다'의 주인공)[15]]과 똑같이 이윽고 자신의 '유책성'과 '사명'을 각성하게 됩니다.

혹은 이런 글쓰기는 앞뒤 순서를 틀린 것일지도 모릅니다. (우

14 옮긴이 주: 자신의 죽음에 대해 능동적으로 해석하는 것이 아니라 남들이 해 놓은 해석에 따르는 행위를 말한다.
15 옮긴이 주: 구로사와 아키라 감독의 작품이다.

리는 거의 늘 중요한 일에 관해서는 원인과 결과를 역전시킵니다.) 즉, 죽음이 절박해 오는 가운데 죽음이 자신의 '현존재의 가장 고유한 가능성'이라고 각성한 사람이 선행을 베푸는 것이 아니라 죽음이 절박해 와서 존재의 저편을 멀리서 바라본 사람이 하는 행위를 통틀어서 '선'이라고 부른다고 정의하는 것이 순서로서는 옳을지도 모르겠습니다.

실제로 레비나스는 '선성'에 관해서 이렇게 썼습니다.

> '선'은 그것 자체로서 '선'이다. '선'이 결여된 욕구와의 관계에 의해 '선'이 아니다. 그것은 욕구에 대한 과잉이다. 다름 아닌 그것으로 인해 '선'은 존재의 저편에 있다. (*TI*, p. 76)

레비나스의 '선'은 덕목으로서 카탈로그화할 수 있는 것도 아니고 혹은 '역사의 법정'이 정하는 그때그때의 '정치적 옳음'에 의해 증명되는 것도 아닙니다. 그것이 아니라 자신의 근원적 유책성의 각성에 다다른 인간만이 담당할 수 있는 것입니다. 그 유책성은 반복해서 말하는 대로 내가 범한 어떠한 죄에 대한 속죄가 아니라 내가 범하지 않은 죄상에 관한 유책성입니다. '존재의 확정, 존재하기 위한 노력, 존재자의 자신의 존재에 대한 전면적 고집'(*EL*, p. 116)에서 벗어나서 '존재론이 끊어진 장소로 걸음을 옮긴 사람만이 맡을 수 있는 유책성입니다.

그렇게 해서 자신의 존재에의 고집에서 벗어나는 것 안에서 레비나스는 인간의 인간성의 궁극의 형태를 발견하고 그것을 'dés-inter-essement'라고 술어화하였습니다. 그것은 '존재하는 것esse으로부터의 일탈dés과 '공정무사'를 동시에 함의시키기 위해 레비나스가 고심해서 만든 조어입니다.

레비나스의 '선'은 기존의 도덕질서로부터 연역된 것이 아니라 단적으로 '존재의 저편'이라는 가상적인 시좌를 상정해서 그럼에도 자신을 유책으로 하는 피조물로서 회고하고 "나는 여기에 있습니다"라고 발언할 수 있는 순수한 초출超出의 운동성으로 관념되어 있습니다.

> '유책성의 무한'이란 그것이 현사실적으로 광대하다는 것을 의미하지 않는다. 그것과 달리, 받아들이면 받아들일수록 유책성이 증대한다는 것을 의미한다. 책무는 맡을수록 수가 늘어난다. 자신에게 맡겨진 책무를 더 적절히 수행하면 그만큼 나의 권리는 적어진다. 내가 의로우면 의로울수록 나의 죄는 무거워진다. … 이것이 '선성'이라 불리는 것이다. 이러한 유책성의 과잉이 일어나는 우주의 한점이 있을 수 있다는 것, 그것이 아마도 궁극적으로는 '나'를 정의할 것이다. (*TI*, p. 222)

'우주의 한 점'이라는 표현이 암시하고 있듯이 '나'의 궁극적인 자기동일성은 거의 시공을 초월할 정도로 광대한 '네트워크' 안에 그 우주의 광대함에 필적할 수 있을 만큼의 '선성의 과잉'이 확실히 두드러지는 방식으로 기초 지어집니다. "제가 여기에 있습니다"라는 말은 아마도 "아브라함아"하고 말을 건 주의 목소리와 똑같을 정도로 쩡쩡히 우주에 울려 퍼졌을 것입니다.

> '제가'라고 발어하는 것, 환원 불가능의 고유성을 확정하는 것 … 그것이 의미하는 것은 누구도 나 대신에 맡을 수 없고, 누구도 거기서 나를 풀어놓을 수 없는 유책성에 관해서 특권적인 위치를 점하는 것이다. 벗어날 수 없는 것, 거기에 '내'가 있다.
>
> (같은 책, p. 223)

2. 터부와 자책

죽은 자와 유책감과 진혼의 관계에 관해서 근대에서 가장 투철한 분석을 수행했던 사람은 라캉의 '스승' 지그문트 프로이트입니다. 만년의 프로이트는 실로 대담한 사변을 전개하는데 그중에서 특히 우리의 흥미를 끄는 것은 유책성이 죽은 자와의 관계에서 생성한다는 발상입니다.

신의 개념과 계율이 죽은 자에 대한 산 자 측의 유책성으로 기초 지어진다는 발상에 한해서 말하자면 프로이트와 레비나스 사이에 차이는 없습니다. 그러나 프로이트에게 있어 인과의 흐름은 직선적인 시간계열로 진행하는 데 비해 레비나스의 경우 시간이 흐르는 방식은 그만큼 단순하지 않습니다.

여기서는 프로이트와 레비나스의 시간의식의 차이를 검토해 보는 것을 통해서 레비나스의 '선' 개념이 어떠한 '빙퉁그러진' 시간의식에 기초하고 있는지 그 특이성을 밝혀 보기로 하겠습니다.

프로이트는 『토템과 터부』에서 제임스 프레이저James Frazer를 비롯한 근대 인류학의 필드워크의 성과를 염두에 두고 '죽은 자에 대한 터부'의 심리학적 해명을 시도하였습니다. 새삼 말할 필요도 없이 죽은 자에 대한 터부는 모든 인류사회에서 볼 수 있습니다. 죽은 자를 만진 자는 (스스로 자신을 죽인 자도, 죽음에 입회한 자도) '부정'을 타게 되어 다양한 '복상服喪'의 의례를 강제당합니다. 죽은 자의 이름을 부르는 것도 많은 사회에서 엄중한 금기입니다. (따라서 많은 사회에서는 사람들은 죽은 자의 호칭을 바꿉니다.) 대략 '죽은 자와의 접촉'을 연상시키는 모든 것은 '터부'가 됩니다. 사람들은 죽은 자의 영의 출현과 그 돌아옴을 두려워해서 죽은 자의 영을 멀리하기 위해서 다양한 진혼의 의례를 수행합니다. 그 전제에는 '죽은 자는 악령이 되어 산 자에게 재화를 입힌다'라는 믿음이 존재하기 때문입니다.

그러한 믿음은 지금 굳이 확인할 것까지도 없이 숙지되어 있습니다. 그러나 여기서 우리가 주의해야 하는 것은 우리가 죽은 자를 조문하고 복상을 하고 그 부르는 이름을 바꾸는 것과 같은 진혼의 의례를 진지하게 수행하는 것은 종종 가족 중에서 죽은 자와 가장 친근한 멤버였을 경우입니다.

그런데 이것은 생각해 보면 조금 이상한 이야기입니다. 우리가 학살하거나 박해해서 우리에게 원한을 안고 죽은 사람이라면 그렇다 치더라도, 왜 생전에 친하게 지내고, 깊은 애정과 신뢰로 연결된 사람까지도 일단 '죽은 자'가 되면 (그 사람이) 돌아오는 것을 두려워할까요. 프로이트는 많은 사회에서 '죽은 자'를 친구가 아닌 적으로 볼 뿐 아니라 '가장 가깝고 가장 애정이 풍부했던 관계라고 해도 사후에는 그 성질을 바꾸어서 이전에는 사랑했던 사람에 대해서조차도 악의를 품는다'고 봤습니다. 그는 다음과 같이 썼습니다.

> 죽은 자란 사람을 죽이는 자. 오늘날에도 주검은 해골로 상징되어 있는데 그 해골이 의미하는 것은 죽음 그 자체가 죽은 자와 다름없다는 것이다. … 본래 죽은 자는 모두 흡혈귀다. 그들은 모두 산 자에 원한을 품고 있고 해를 가하고 그 생명을 뺏으려고 노력했다. … 일반적으로 말해서 사체에 의해 비로소 악령의 개념이 만들어졌다. (ジークムント·フロイト, 『トーテムとタブー』, 高橋 義孝 訳, 同学社, 1969, p. 198)

> 이것과 유사한 죽은 자에 대한 양가감정을 프로이트는 정신신경증환자 안에서 찾아냈고 이것을 '강박자책'이라고 이름 붙였다. 이것은 근친자가 죽었을 때 우리가 떠안는 '자신의 부주의 혹은 태만으로 인해 사랑하는 사람을 죽게 만든 것이 아닌가 하는 애처로운 의념'을 의미한다. (같은 책, pp. 199-200)

병증 연구로부터 프로이트가 찾아낸 것은 실제로는 충분히 극진한 간호와 배려를 행했던 경우조차도 강박자책이 발병한다는 것입니다. 이것은 사실 수준의 문제가 아니라 환상 수준의 문제입니다. 그 원인을 프로이트는 '죽음을 바라는 마음'에 있다고 미루어 헤아립니다.

> 이 바람은 죽음을 불만으로 여기지 않으며, 만약 힘만 있으면 죽음을 재촉하려 했을지도 모른다. 이 무의식적 바람에 대한 반동으로서 사랑하는 자의 사후에 자책하는 마음이 나타난다. 다정한 애정의 그림자 뒤에 무의식적으로 감추어져 있는 이러한 적의는 어떤 특정한 인물에 대한 감정의 결합이 나타나는 경우에는 반드시라고 해도 좋을 정도로 존재한다. 이것은 인간 감정활동의 '애매모호함'의 고전적 사례, 즉 전형이다. (같은 책, p. 199)

우리가 만약 무의식적으로라도 사랑하는 사람의 죽음을 바라고 있었다면 격한 자책을 느낄 것입니다. 그런데 우리는 그러한 자책을 결코 받아들일 수가 없습니다. 그러므로 그러한 자책은 결코 의식되지 않습니다. 그래서 '우리 안에' 있는 이 사악한 생각이 억압되면 그것은 '검문'을 통과해서 다른 것으로 모습을 바꾸어 외부에 '투사'되며, 모습을 바꾸어서 우리에게 다가오게 됩니다. 프로이트는 그것이야말로 '악령'의 정체라고 말합니다.

> 적의는 그 적의의 대상이 되는 죽은 자로 옮아감으로써 방어된다. 영혼의 원한이 이렇게 해서 일어난다고 하면 죽은 자와 가장 가깝고 생전에 그를 가장 사랑했던 유족이 누구보다도 영혼의 원한을 두려워해야 한다는 것은 저절로 밝혀질 것이다. (같은 책, p. 200)

사랑하는 자의 죽음이 가져오는 자책은 악령으로 모습을 바꾸어 회귀합니다. 우리 안에 있고 생전에는 결코 의식화된 적이 없었던 '가장 가까운 친족에 대한 적의'라는 '사악한 충동'은 '악령에 의한 징벌'로서 나 자신을 때려눕히기 위해 회귀합니다. 그래서 모든 선조숭배의 기원에는 악령에 대한 공포가 있습니다. 상복과 주진呪鎮의 의례는 죽은 자를 소생시키기 위함이 아니라 죽은 자가 두 번 다시 돌아오지 않기를 바라서 이루어집니다. 원리적으로 '악한 악

령은 착한 악령보다 오래되었습니다.'

죽은 자는 우리와 가장 가까우면서도 가장 소원합니다. 우리는 죽은 자를 애모하고 동시에 공포합니다. 그리고 프로이트는 사유를 더욱 진행해서 이 양가적 태도 안에 '양심'의 기원을 찾아내게 됩니다. 라틴어 'conscientia'는 '함께 관련이 있는 것, 동의, 의식, 자각, 양심, 죄의식'을 의미합니다. 어원적으로도 '양심을 갖는 것', '선을 지향하는 것'은 '죄의식을 갖는 것'입니다. 그러면 'conscientia'의 어원인 '함께 관련이 있는 것'에서 '나와 함께 관련이 있는 것'은 '누구'일까요?

악령일까요? 그럴 수 없습니다. 악령은 내가 그것과 함께 있는 것을 거절한 자이기 때문입니다. 그러면 신일까요? 그럴 수도 없습니다. 신은 우리가 그 심적 과정을 결코 알 수 없는 존재이기 때문입니다. 그렇다면 남는 것은 하나밖에 없습니다. 그것은 나 자신입니다. '악의가 성취된 후의 나 자신입니다.'

우리가 '양심의 아픔'과 '찝찝함—양심의 가책'을 느끼는 것은 '나의 사악한 바람이 성취된 후의 미래의 나'라는 가상적 관점에 설 수 있는 경우에 한합니다. '살인을 저질러서는 안 된다'는 계율을 내면화할 수 있는 것은 '죽인 후 피로 더럽혀진 손을 하고 사체를 내려다보는 나'에게 상상적으로 동일화할 수 있는 인간뿐입니다.

금령과 억압과 터부는 모두 우리가 욕망하고 있는 바로 그 행동과 관계가 있습니다. 아무도 행하고자 하지 않는 것을 금지할 필요는 없습니다. 인간에게 먹거나 마시는 것을 명령한다든지 혹은 불에 손을 갖다 대는 것을 금하는 율법은 없습니다. 율법이 명하지 않아도 본능이 그것을 명하기 때문입니다.

> '법률은 인간이 본능에 추동되어 수행할지도 모르는 것만을 금지한다. 자연 그 자체가 금하거나 벌하는 것은 그것을 금하거나 벌하는 법률을 필요로 하지 않는다.' (같은 책, p. 250)

'금지되어 있는 것', 그것은 '금지되어 있다'라는 바로 그 사실로부터 반드시 '욕망되고 있는 것'입니다. 프로이트의 사고는 여기서부터 '폭주'하기 시작합니다.

가장 준엄하게 우리의 욕망을 금지하는 것은 무엇입니까. 그것은 '신'입니다. '신'이란 '우리가 그 누구보다도 죽기를 바라는 자'의 대리 표상이 됩니다. 그래서 '신'과 '우리가 그 죽음을 누구보다도 바라는 자'는 똑같은 이름으로 불립니다. 그것은 '아버지'입니다.

3. 아버지 죽이기

동물공포증이란 아이가 어떤 종류의 동물(말, 개, 고양이, 새 등)에 대해서 이상할 정도의 관심과 공포를 나타내는 병증입니다. 프로이트가 분석한 '작은 한스'는 말 공포증을 호소한 5세아로, 말이 방에 들어와서 자신을 물 것 같다는 공포에 시달리고 있었습니다. 프로이트는 이 공포증이 '말의 죽음'을 바란 한스 자신의 바람에 대한 자기 처벌에서 유래하는 것으로 생각하였습니다. 한스에게는 '아버지의 죽음'을 바라고 어머니를 독점하려고 하는 바람이 있고, 그것이 아버지에 대한 애정과 경의와 갈등합니다. 따라서 프로이트는 한스에게 아버지에 대한 공격성과 죽음을 상상하는 것이 그리 고통스럽지 않을 '말'로 대리 표상되었다고 해석하였습니다.

프로이트는 이 동물공포증 안에서 토테미즘의 기원을 발견합니다. 말은 이른바 한스의 '토템'입니다. 또 한 명의 병증, 닭 공포증을 겪고 있는 알버트는 유아 때 닭에게 자신의 성기를 공격당한 이후 닭장의 일밖에 흥미를 갖지 않게 되고 일시적으로 인간의 말을 멈추고 닭이 쓰는 말만 하게 되었습니다. 알버트의 닭에 대한 태도는 양가적이라서 닭을 목 졸라 죽이는 놀이를 아주 좋아했고 그것은 그에게는 일종의 축제처럼 몇 시간이라도 그 사체 주위에서 탐닉하듯 춤을 춘다고 보고되어 있습니다. 닭은 알버트에게는 토템입니다.

공포증을 겪는 아이들에게 있어 동물은 애착과 공포의 양가감정을 불러일으킵니다. 그것은 토테미즘의 경우와 다르지 않습니다. 여기서부터 프로이트는 토템이란 살해당한 아버지라는 대담한 결론을 끌어냅니다.

> 만약 토템 동물이 아버지라고 하면 토테미즘의 주요한 두 가지 명령, 즉 토테미즘의 핵심을 이루는 두 가지 터부의 규칙, 즉 토템을 죽이지 않는 것, 동일한 토템에 속하는 여자를 성적 목적으로 사용하지 않는 것, 이 두 가지는 내용적으로 아버지를 죽이고 어머니를 아내로서 받아들인 오이디푸스의 두 가지 죄와 일치한다. (같은 책, p 258)

토템 동물은 성스러운 존재라서 평소에는 이것을 살상하는 것은 엄하게 금해져 있는데, 희생양 축제에서는 종족 전원이 참가해서 이것을 살해하고 이것을 나누어 먹습니다. 그 축연의 제사에서는 종종 종족 멤버들은 토템 분장을 하고 목소리와 몸짓을 흉내를 냅니다. 그리고 그 후 사람들은 살해한 동물을 위해서 애도하고 상의 의례를 치르고 그 죽임에 관여한 책임을 벗어나려고 합니다. 프로이트는 이것을 '원부原夫살해'를 재현하는 의례가 아닌가 하고 추리합니다. '원부'란 찰스 다윈이 가설로 세운 원시 사회에 군림하였던 남성을 의미합니다.

> 인간은 처음에는 작은 사회 속에서 생활하고 있어서 남자는 각각 한 명의 여자와 남자에게 힘이 있다면 여러 명의 여자와 함께 생활하고, 그 여성을, 다른 모든 남자로부터 질투의 대상이 되면서 지키고 있었다. 이것이 가장 확실성 있는 견해다. … 왜

냐하면 하나의 집단에서는 성년 남자는 단지 한 명이면 족하다는 것이 모든 원주민의 일치된 생각이기 때문이다. 젊은 남성이 성장하면 지배권을 둘러싼 싸움이 이루어지고 최강의 남자가 다른 남자들을 죽이거나 쫓아내서 그 사회의 수장으로서의 지위를 확보한다. (チャールズ·ダーウィン, 『人間の起源』; ジークムント·フロイト, 『トーテムとタブー』)

그러나 우리가 아는 한 가장 오래된 사회집단은 실제로는 이런 모습이 아닙니다. 그것은 '남자결합체', 즉 똑같은 엄마를 둔 형제들의 집단이었습니다. 어딘가에서 사회집단은 아버지를 중심으로 하는 무리에서 형제들의 무리로 이행하였습니다. 부군夫群 집단에서 형제 군집단으로의 이행을 프로이트는 다음과 같은 가설을 통해 설명합니다.

어느 날의 일, 추방된 형제들이 힘을 합쳐서 아버지를 죽이고 그 고기를 먹었다. 이렇게 해서 부군에 마침표를 찍게 되었다. 그들은 단결함으로써 한 명 한 명으로는 도무지 불가능하였던 일을 할 수 있게 되고 급기야 이것을 실현한다. … 폭력적인 아버지는 형제 중 누구에게나 갈망과 공포를 동반하는 모범이었다. 그래서 그들은 먹는 행위를 통해 아버지와의 일체화를 이루었다. 아버지의 강함의 일부를 손에 넣은 셈이다. 아마도 인

> 류 최초의 제사인 토템 향연은 이 기억해야 할 범죄행위의 반복이고 기념제였을 것이다. 그리고 이 범죄행위로부터 사회조직, 도덕적 제약, 종교 등 많은 것이 시작되었다. (같은 책, p. 265)

원부를 살해한 형제들은 아버지를 사랑하고 찬미하였기 때문에 원부의 살해는 그들에게 깊은 회한과 자책감을 남겼습니다. '죽은 아버지는 살아 있었을 때보다도 강해졌습니다.' (같은 책, p. 266) 여기서부터 스스로의 죄악감을 완화하고 굴욕을 당한 아버지를 달래는 시도로서의 토테미즘이 발상発祥합니다. 즉, 형제들은 아버지의 살해에 대한 자책으로부터 '토템을 죽여서는 안 된다'는 종교적 금령을 도출하고 아버지가 겪은 운명의 반복을 피하려고 '형제를 죽여서는 안 된다'는 사회적 금령을 도출하였습니다. 그리고 오랜 세월을 지나 '이 형제를 죽여서는 안 된다'가 '사람을 죽여서는 안 된다'는 계율로 정착하게 됩니다. 이것이 프로이트의 유명한 '원부 살해'의 시나리오입니다.

이 가설은 『쾌락원칙의 저편』에서 전개된 '죽음의 본능' 가설이 그런 것처럼 순수한 사변이라서 실증적으로 맞고 틀림을 검증해야 할 종류의 것이 아닙니다. 그러나 나는 욕망과 자책이 윤리적 행동의 기저에 존재한다는 일반이론에 관해서는 이것이 옳다고 생각합니다. 자책과 상의 의례를 결과로 하기 위해서 사실 수준에서 아버지 죽이기가 범해질 필요는 없습니다.

욕망 수준에서 자식이 아버지에 대해서 애증의 갈등을 느끼고 유책감이 발생한다고 하면 거기서부터 '선'에의 동기는 논리적으로는 도출되기 때문입니다. 우리 사회는 부군 집단도 아니고 모계형제 군집단도 아니고 토템 동물도 희생 향연도 제도적으로 존재하지 않습니다. 그러나 우리가 뭔가를 '여기'에서 밀어내고 그렇게 해서 배제한 것에 대한 회한과 복상을 통해서 자신의 자기동일성과 선성을 기초 짓는 심적 메커니즘은 지금도 활발하게 기능하고 있습니다.

내가 그 장소를 찬탈함으로써 '여기'에서 어둠으로 추방당하고 빛 안에서 퇴거한 것, 그리고 그렇게 해서 나에게 '장소를 양보함'으로써 내 안에 치유하기 힘든 유책감을 남기고 그 유책감을 매개로 해서 나의 자기동일성과 선성을 기초 짓는 자, 그것을 레비나스는 '타자'라고 이름 붙였습니다.

4. '죄를 범한 나'와 '자책하는 나'

'네가 나를 내쫓고 나를 고발하였다.' 주가 그렇게 말하자 사람들은 대답했습니다. '우리가 언제 당신을 내쫓고 당신을 고발하였습니까?'/'네가 가난한 사람들에게 먹을 것을 주지 않았을 때, 가난한 사람들을 내쫓았을 때, 그들에게 배려를 게을리하였을 때'

이것은 레비나스가 즐겨 인용하는 마태복음의 일절입니다. 성서는 여기서 '가난한 사람들'을 쫓아내는 몸짓과 '주'를 쫓아내는 몸짓은 똑같은 하나의 일이라고 말하고 있습니다. 윤리적인 사고입니다. 그러나 이 성구에서 사람들은 신이 가르친 형제애의 계율을 깨고 가난한 사람들을 내쫓았습니다. '주'는 이 때문에 그것을 책망하였다고 읽어야 할까요?

레비나스의 독해는 그렇지 않습니다.

> 먹는 것과 마시는 것에 관련된 문제는 타자에 관련되는 한 이미 '성별聖別'되어 있다. 중요한 것은 죄 많은 행위가 먼저 이루어졌다는 관념에 선행하는 유책성의 관념이다. (*EL*, p. 114)

여기에는 간과할 수 없는 중요한 지적이 있습니다. 그것은 '사람들이 가난한 자를 내쫓는 부정을 저질렀기 때문에 유책'이라는 것이 아니라는 점입니다. 이야기의 순서를 잘 보기 바랍니다. 인간은 부정을 저지르기 전에 이미 부정에 관해서 유책입니다.

프로이트의 '원부살해'의 논리를 가져와 보면 일은 '먼저' 사람들이 누군가를 내쫓고 그 흉한 짓을 한 사실이 사람들 안에 유책감을 남기고 그것이 형제애를 명하는 계율과 입법자로서의 신의 관념이 탄생하였다는 식의 시간의 흐름에 기초해서 설명됩니다.

그러나 그것은 레비나스의 생각과는 비슷한 듯하면서도 다릅니다. 레비나스는 인간에게 주도권을 인정하지 않기 때문입니다.

인간이 먼저 어떤 행동을 했기 때문에 그것에 관해서 유책한 것이 아닙니다. 인간은 모든 행위에 앞서서 이미 유책입니다. 가난한 사람들을 환대하면 '주'로부터 축복을 받고 가난한 사람들을 추방하면 '주'에게 저주를 받는다는 식으로 '주'가 인간의 사후에 주체적 결단을 평가하는 일은 일어나지 않습니다. 인간은 환대인지 아니면 추방인지를 선택하기에 앞서서 추방한 것에 관해서 이미 유책입니다.

이 부조리한 테제를 받아들이기 위해서는 우리는 일단 인습적 시간의식과 손절해야 합니다. 레비나스가 '시대착오anachronisme'와 '시간의 절단diachronie'이라는 특수한 술어로 그 시간개념을 말하는 것은 다 나름의 연유가 있습니다. 레비나스적인 시간은 과거로부터 미래를 향해서가 아니라 미래로부터 과거를 향해 흐르고 있습니다. 이 시간의 전도轉倒에 관해서 레비나스는 이렇게 썼습니다.

> 내가 이웃 사람을 가리키기에 앞서서 이웃은 나를 소환하고 있다. 그것은 인식이 아니라 절박obsession의 형태다. … 이웃에게 가까이 갈 때 나는 이미 이웃에게 뒤처져 있고 그 뒤처짐의 과오로 인해 이웃에게 종속되어 있다. 나는 이른바 외부로부터 명령을 받고 있는데 (외상적인 방식으로 명령을 받고 있긴 한데) 나에

게 명령을 내리는 권위를 표상과 개념에 의해 내재화하는 일은 없다. (*AQE*, p. 110)

'외상적인 방식으로traumatiquement'라는 부사에 주의를 기울여 보겠습니다. 프로이트가 '외상'이라는 말로 가리킨 것은 나의 신경증의 병인病因이면서 내가 결코 '그것'이라고 가리킬 수 없는 경험을 의미합니다. 나는 '그것'을 결코 의식에 떠올릴 수가 없습니다. 나의 인격특성과 어법은 다름 아닌 '그것'이 결코 의식화되지 않도록 구조화되어 있기 때문입니다.

내가 만약 '그것'을 말할 수 있다면 나는 이미 '내'가 아니고 '그것'은 이미 '그것'이 아닙니다. 그렇게 나의 기억의 정사正史로부터 배제되었으므로 결코 내가 말할 수 없는 경험, 그것을 프로이트는 '외상Trauma'이라고 명명했습니다.

레비나스가 여기서 '이웃사람으로부터의 명령'의 도래를 '외상적인 방식'으로 부른 것은 프로이트의 '외상' 개념을 고려한 것으로 생각해도 좋습니다. 명령은 확실히 도래하였습니다. 단, 그 명령은 누가 언제 발한 명령인가를 명령을 받아든 나는 결코 알 수 없는 방식으로 도래합니다.

그래서 나는 이렇게 물을 수 없습니다. "이 권위는 나에게 무엇인가?", "그 명령권은 무엇에서 유래하는가?", "이미 내가 빚을 지고 있다는 것은 내가 무엇을 하였기 때문인가?"(같은 책)

나는 역사적으로 어떤 사실이 있었는지 어땠는지 관계없이 나로 있는 한 유책입니다.

그것은 이웃을 환대하든지 추방하든지의 선택을 하는 '이전'의 '과거'에서 내가 이미 '주'를 추방하였다는 것입니다. 그러나 '내가 주를 내쫓은 과거'는 '지금껏 도래하지 않고 한 번이라도 현재가 된 적이 없는'¨시간에서의 일입니다.

놀라운 일인데, 레비나스가 말하는 윤리를 최종적으로 기초 짓는 것은 나에게 명령을 내린 신이 아니라 신의 명령을 '외상적인 방식'으로 듣고만, 나 자신입니다.

나 자신이 나 자신의 선성의 최종적인 보증인이어야 합니다. 신에 대한 두려움이, 신의 공정한 재판에 대한 예감이 나를 선으로 유도하는 것이 아니라 선의 지향은 나의 내부에서 발로해야 합니다.

내가 정말로 스스로 '주'을 쫓아내고 그 벌을 '주'로부터 받는 것을 두려워했다고 하면 그 유책감은 단순한 '징벌'에 대한 공포에 지나지 않습니다. 나는 선을 지향하는 것이 아니라 단지 공포에 떨고 있는 것에 불과합니다. 그러한 나는 스스로의 양심에 기초해서 선을 지향하는 성숙한 '어른'이 아니라 외부에 있는 계율에 맹종해서 처벌을 벗어나려고 하는 '유아'에 지나지 않습니다. 그래서 내가 '주'를 쫓아내는 기원적 사실은 선성을 기초 짓기 위해서는 있어서는 안 되는 일입니다.

반대로 나의 선성을 기초 짓기 위해서 나는 '이전에 주를 쫓아

냈다'는 기원적 사실의 기억을 자발적으로 받아들이는 것입니다. 실제로 죄를 범했으므로 유책성을 각성하는 것이 아니라 유책성을 기초 짓기 위해서 '범하지 않은 죄'에 관한 죄상을 고백하는 것입니다. 그것이 레비나스가 '나는 자신이 범하지 않은 죄에 관해서 유책하다'는 말에 위탁한 의미입니다.

이것은 이른바 자기 자신의 머리카락을 붙잡고 나 자신을 공중에 끌어올리는 일에 비유할 수 있습니다. 공중에 뜨기 위해서는 자신의 머리카락을 위에 끌어올리고 있는 것이 '하늘로부터 내려온 손'이라고 믿어야 합니다. 그러나 실제로 '하늘로부터 내려온 손'이 나를 끌어올리고 있다면 나 자신은 윤리적일 수 없고 단지 저항하기 힘든 힘에 굴복하고 있을 뿐입니다.

그래서 내가 공중에 끌어올려지고 동시에 내가 자발적으로 윤리적인 사람이 되기 위해서는 '하늘에서 내려온 손'은 지워지기 위해서만 지시되는 '취소선'의 시니피앙이어야 합니다.

그러므로 유책성의 각성이 일어나기 위해서는 나의 '두 가지 심급'이 필요하게 됩니다. '죄를 저지른 나'와 '자책하는 나'가 함께 여기에 있어야 합니다. '죄를 범한 나' 그것은 '나'라는 이름을 내건 타자'입니다. 그것은 '나'인 동시에 '나'가 아닙니다. '죄를 저지른 나'란 '자책하는 나'가 자신의 선성의 기초를 확보하기 위해서 만들어 낸 나의 이른바 '위장기억'입니다. 그러나 나는 그것을 자책을 위해 외부에 투사된 의제로서가 아니라 다름 아닌 사실 자체로서 받아들여야 합니다.

그럼에도 '죄를 저지른 나'는 사실로서는 결코 존재해서는 안 됩니다. 왜냐하면 사실로서 존재한 순간에 나의 유책성은 나의 외부에 실증적인 근거를 갖게 되고 그것은 윤리의 문제가 아니라 단순한 '복수'와 '손해배상'의 법적 문제로 넘겨지기 때문입니다.

'눈에는 눈, 이에는 이'가 추구하는 동죄형법과 '고통의 상칭성'의 원리는 어떠한 선성도 기초 짓지 않습니다. (그 사실은 매일 세계 각지에서 '학살당한 동포의 보복'을 위해 반복되는 테러를 보면 확실히 알 수 있습니다.)

그래서 원리적으로는 '타자'가 나의 죄를 고발하고 그 고발에 반응해서 내가 유책감을 각성한다는 '인과응보' 도식에 머무는 한, 나의 선성은 결코 기초 지어지지 않습니다. '내가 범한 죄'에 대한 '자책하는 나'의 절대적인 뒤처짐이 있는 한 거기에는 회한과 공포와 치욕은 있어도 '선'은 존립하지 않습니다.

그것은 내가 문책하는 '타자'가 신이라 해도 똑같습니다.

신의 재판이 완전하다면 역설적이게도 인간들의 윤리성은 쇠미衰微합니다. 왜냐하면 인간이 윤리적으로 행동하는 노력을 하지 않아도 신이 기적적으로 개입함으로써 인간 세계는 윤리적으로 될 것이기 때문입니다. 신이 반드시 권선징악을 '청산'해 줄 것이라 믿는 인간은 설령 눈앞에서 부정이 저질러져도 그것을 바로 잡을 책무가 자신에게 있다고는 생각하지 않게 됩니다. 그래서 '월광가면'이 활약하고 악이 반드시 지는 것이 약속된 사회에서는 시민도 경찰도 흉악범죄가 발생해도 그 일에 대해 별로 마음 아파하지 않게 됩니다. 왜냐하면 범죄를 수수방관해도 언젠가 멀리서 '월광가면'이 오토바이를 타고 모든 것을 해결해 주기 위해 등장할 것이 확실하기 때문입니다. 그것은 복지가 충실하고 어떠한 가난한 자도 정부의 극진한 보호를 보장받는 사회에서는 가난한 사람을 위해 자신의 집 문을 열어 주는 동기가 약해지는 것과 똑같은 심리입니다.

신이 완전 관리하는 세계에는 선을 지향하는 행위는 뿌리내리지 않습니다. 역설적인 일이지만 그렇습니다. 우리의 외부에 있는 '타자'가 먼저 나의 죄를 책망하고 그것에 대응해서 내가 유책감을 각성하는 'Chrono logic'[16]순서로 일이 진행되는 한 인간의 선성은 기초 지어지지 않는다. 인간의 선성을 기초 짓는 것은 인간 자신입니다. 동형범죄적 사고에 기초하지 않고 신의 힘을 빌리지 않고 그럼에도 선을 수행할 수 있다는 사실, 그것이 인간의 인간성을 진정으로 기초 짓습니다.

레비나스는 '신 없는 세계'에서의 선의 가능성에 관해서 짧고 아름다운 말을 남겼습니다.

무질서한 세계, 선이 승리에 도달하지 못하는 세계에서 희생자

16 옮긴이 주: Chrono logic이란 우리가 갖고 있는 상식적이고 통상적인 시간의식이다. 시간은 과거-현재-미래로 흐른다.

> 의 입장, 그것이 수난이다. 수난이 신을 세운다. 구원을 위해서 어떠한 현현도 단념하고 전면적으로 유책인 인간의 성숙을 바라는 신을. (*Dl*, p. 203)

그것을 위해서 나의 폭력의 희생자도 아니고 나를 천상으로부터 단죄하는 신도 아닌, '죄를 범한' 것이 자백하는 '나'라고 이름을 내거는 타자가 지금 여기에 있는 나를 향해 유책적이 되길 바라는 비논리적인 상황이 이렇게 해서 논리적으로 요청됩니다.

단행본 저자후기

이 책은 『레비나스와 사랑의 현상학 レヴィナスと愛の現象学』(せりか書房, 2001)에 이어 제가 쓴 두 번째 레비나스론에 해당합니다. 부제 '라캉에 의한 레비나스'[17]가 잘 보여 주고 있듯이 라캉의 정신분석이론을 단서로 해서 레비나스 철학을 독해하는 시도입니다.

솔직히 말씀드리지만 저는 라캉 전문가도 아니고 레비나스 전문가도 아닙니다. ('자칭 제자'이긴 하지만) 두 사상 모두 잘 이해하지 못하는 사람이 이런 당찮은 책을 써도 좋을지 하는 염려가 없지는 않았을 것인데 '잘 모르는 것'과 '잘 모르는 것'을 겹쳐서 보면 '양자에 공통적인 잘 모르는 것'을 추출할 수 있지 않을까 하는 착상을 얻었

17 편집자 주: 일본어 원본에는 해당 부제가 포함되어 있으나 한국어판의 편집 과정에서 삭제했다.

기 때문에 일단 써 보기로 하였습니다.

쓰다가 보니 예상한 대로 이 두 위대한 사상가가 똑같이 거대하고 곤란한 사상적 과제와 마주하고 있다는 것을 점점 알게 되었습니다. 생각해 보면 거의 같은 나이였고 같은 대전 기간에 프랑스에서 지적형성기를 보낸 두 명의 탁월한 지성이 '지금 긴급하게 착수해야 하는 인간적 과제란 무엇인가?'와 같은 물음에 대해 최대한 쥐어짜 내듯이 제출한 대답이 전혀 다를 리가 없습니다. 예부터 현자라 불릴 자격이 있는 사람들이 인간에 관해서 가르쳐 주는 것은 '대개는 같다'는 것이 제 경험적 확신입니다. 그러지 않고서는 우리 같은 범인이 설 곳이 없습니다.

그래서 라캉과 레비나스도 '대체로 같은 이야기'를 하고 있다고 단정해도 크게 틀리지 않을 것입니다. 물론 이런 가설이 꽤 충동적이긴 하지만, 이런 별로 근거가 없어 보이는, 그냥 떠오른 가설은 엄밀하게 과학적인 절차로 도출된 가설보다 오히려 '맞을' 확률이 높습니다.

물론 '맞다'는 것은 가설이 객관적으로 옳다는 것이 아니라 그 가설에 기초해서 수행하는 작업이 주관적으로 즐겁다는 것입니다. 이 책에서 제가 라캉과 레비나스에 관해서 진술한 것이 학술적인 검증에 얼마나 견딜 수 있는지 개인적으로 별로 자신이 없긴 하지만 이 책을 쓰는 작업이 제게는 매우 즐거운 시간이었다는 것은 자신 있게 단언할 수 있습니다.

어떤 지적행위가 즐겁게 느껴지는 것은 보통 거기서 이루어지고 있는 행위가 어딘가에서 '인간의 본성에 닿아 있기' 때문입니다. 제 경우는 이 책을 쓰는 동안은 '비교적 느낌이 좋은 사람'이었다는 생각이 듭니다. (비교 기준이 되는 '평소의 저'를 아시는 분에게는 별로 설득력이 없는 설명이긴 하지만) 그래서 아마도 괜찮을 것으로 생각합니다. '인간으로서 본성에 닿은 상태'로 쓴 책이 말도 안 되는 곳으로 독자 여러분을 납치할 리가 없겠죠.

이 책의 첫 아이디어가 언제 싹텄을까요. 기억이 정확하지는 않지만, 2년 전 가을에 후쿠오카의 가이초사[海鳥社]의 벳부 다이고[別府大悟] 씨가 사무국을 하고 있는 '라이온과 펠리컨회'에 강연으로 초대받았을 때 '레비나스와 라캉'이라는 주제로 이야기를 한 것이 기록으로서는 처음이라고 생각합니다. 그때는 준비가 충분하지 못해서 두 시간 강연에서 좀 지리멸렬한 내용을 이야기하고 말았습니다.

'영문을 알 수 없는 것을 말하는 사람'이라는 인상을 남기고 후쿠오카를 떠나는 것이 마음에 걸려서 다음 날 벳부 씨에게 모처럼 제공해 주신 기회에 생각난 주제이니 이것도 인연이라고 생각해서 '레비나스와 라캉'이라는 제목의 책을 가이초사에서 내어 주십사 하고 부탁을 드리니 흔쾌히 제안을 받아 주셨습니다. 그러고 나서 2년간 학교가 방학일 때마다 열심히 써 둔 덕분에 한 권 분량의 원고가 갖추어졌습니다. '사제론', '텍스트론' 등 그러고 보니 『레비나스와 사랑의 현상학』과 중복되는 부분도 보입니다. 이미 다른 저작에서 쓴 논의도 몇 가지 재이용하였는데 '이 부분은 다른 책에 상세히 기술하였으니, 그쪽을 참조하시기 바란다'는 식으로 독자를 내팽개치는 것은 불친절하므로 다른 저작을 읽지 않은 독자에게도 이야기가 통할 수 있도록 체제를 갖추었습니다. 제 작은 뜻으로 헤아려 주시기를 바랍니다.

레비나스론은, 이 책을 포함한 지금까지 두 개의 논고에서는 충분히 논할 수 없었던 '시간론'과 '신체론'을 제3부로서 정리할 예정입니다. 그것으로 인생과업인 「레비나스 3부작」 완성을 목표로 하고 그 인생과업을 완성한 이후에는 얌전하게 유유자적하는 여생을 보내고 싶습니다.

이번에도 책 표지는 오랜 친구인 야마모토 코지[山本浩二] 화백에게 부탁했습니다. 「레비나스 3부작」을 가지런히 나열하면 자그마한 〈야마모토 갤러리〉가 만들어질 예정입니다.

끝으로 이 책 집필의 계기를 제공해 준 '라이온과 펠리컨회'의 여러분과 가이초사의 벳부 다이고 씨의 후의에 감사드리고 싶습니다.

2004년 5월

우치다 다쓰루

문고판 저자후기

여러분 안녕하세요, 우치다 다쓰루입니다. 『레비나스, 타자를 말하다』 문고판을 구입해 주셔서 고맙습니다.

단행본 후기를 보니까 2004년 5월에 나온 책으로, 그 전 2년에 걸쳐서 대학이 방학일 때 꾸준히 썼다고 쓰여 있었습니다. 그것을 읽고 아련한 눈을 하고 "좋은 시절이었구나…." 하고 중얼거리고 말았습니다.

저는 그 1년 후 2005년 4월에 대학의 교무처장이라는 직책에 임명되어 교학의 총괄책임자로서 4년 동안 일하고 그 후 입시처장이라는 직책을 맡게 되어 2년간 입시업무를 총괄하였습니다. 그러니까 6년간 문자 그대로 앉은 자리를 덥힐 새도 없이 대학관리직 샐러리맨 인생을 보냈습니다. 긴 휴식 시간에 돌입하여 인생과업인 연구논문을 부지런히 쓰는, 목가적인 시간을 보내는 것은 그동

안 저에게 있어 '아득한 꿈'이었습니다.

2011년 3월 말을 끝으로 선택정년제로 좀 이른 정년퇴직을 선택한 것은 매일 책상 앞에 앉아서 어디에도 나가지 않고 누구도 방문하는 사람이 없는 '은둔형 외톨이' 상태로 또 논문을 쓰고 싶었기 때문입니다. 물론 이 6년 동안 꽤 많은 책을 썼습니다. 그런데 그것은 좀 다릅니다.

『레비나스와 사랑의 현상학』과 이 책, 레비나스 철학에 관한 두 권은 모두 '그것을 위해서만 확보한 특별한 시간'에 쓴 것입니다만 그것 이외의 책은 '일과 일 사이의 시간'에 쓴 것입니다.

그렇다고 해서 책의 질이 떨어진다는 것은 아닙니다. 꼼꼼하게 정성을 들여 한 일에 날카로움이 부족하고 시간에 쫓겨 날려서 쓴 책이 질주감이 있는 경우는 자주 있는 이야기입니다. 마감에 쫓겨서 필사적으로 원고지 매수를 채워 나간 책에서는 숙성의 시간이 없어서 "뭐 이렇게 된 이상 사용할 수 있는 것은 무엇이든지 사용할 수밖에 없다"라고 생각하는 지경까지 내몰리기 때문에 자신의 수중에 있는 지식정보의 독해 가능성을 파고 들어가서 철저하게 음미하게 됩니다. 그런 일을 통해서 평소에 익숙해져 있고 당연하다고 생각하고 있던 기지의 현실이 느닷없이 '이상한 것—비상한 것'으로서 나타나는, 생각지도 못한 결과를 얻는 경우가 있습니다.

이런 경험은 "자신이 쓰고 싶을 때 쓰고 싶은 것만 쓰는" 방식을 취하면 좀처럼 맛볼 수가 없습니다. 그런 '즐거움'이 있는 덕분에(?)

"괴롭다 괴롭다" 불평을 하면서도 빡빡한 마감 일정에도 결국 일을 맡고 마는 것입니다. 그런데 그것은 그 나름대로 좋다고 생각합니다.

실제로 그렇게 해서 수십 권이나 책을 썼고 그중에는 "재미있었어요" 하고 칭찬을 받는 때도 있기 때문이지요.

레비나스 선생님에 관해서 쓴 이 두 권의 책을 읽으신 분들은 동의해 주실 것이라 생각합니다만 여기에 쓰여 있는 것은 "나는 레비나스 선생님이 이렇게 말씀하신 게 아닌가 하고 생각한다"와 같은 개인적인 '해석'입니다. 세상은 이런 식으로 만들어져 있다든지 인간이란 존재는 원래 이러이러하다는 것에 관한 저의 독창적인 생각은 어디에도 쓰여 있지 않습니다. 모두 제가 '레비나스 선생님은 세상과 인간을 어떻게 생각하고 계신가'에 대해 원문을 알기 쉽게 다른 말로 바꾼 것입니다. 그것뿐입니다.

본문을 옆에 두고 그것을 힐끔힐끔 보면서 모지라진 붓으로, 서툰 글씨로 열심히 원문을 보고 그대로 써 내려간 것입니다. 이런 작업은 종교의례와 같은 것이라서 매일 정해진 시간에 정해진 순서로 앉음새를 고치고 의례대로 해야 합니다. 신칸센 안이라든지 공항의 라운지 혹은 치과의 대합실에서 "아, 잠깐 시간이 생겼으니까 그거 한번 해 볼까"라는 식으로 쓸 수 있는 것이 아닙니다.

밝은 창을 앞에 두고 청결한 서재에 앉아서 떫은 차를 마시면서 호흡을 가다듬고 나서 등을 쫙 펴고 "자 그럼 써 볼까" 하고 쓰는 것입니다. 겉으로 보기에는 꽤 다르지만, 뇌의 사용방식에 관해서는 번역과 비슷하다는 느낌이 듭니다. 타인의 사고에 동조하기 때문에 그렇지요.

타인의 숨결, 맥박과 스텝에 자신을 맞추는 것이지요. 자신 안에 애당초 존재하지 않았던 개념과 감각을 자신이 사용할 수 있는 언어로 표현해 보는 것이지요. 그것이 '사경寫經'적 행위라고 생각합니다. 물론 이런 말을 한다고 해서 그것이 그다지 특별한 것은 아닙니다. 옛날 아이들이 한문을 암기한 것과 크게 차이가 없습니다. 다섯 살 혹은 여섯 살 된 아이가 '바람은 쓸쓸하게 불고 역수 강물 차갑도다. 장사가 한번 가면 돌아오지 못하리' 라든지 '사람은 때로는 상대방의 기상에 감격하여 돈과 성공과 같은 것과 관계없이 일하는 법'이라는 말을 이해할 리가 없습니다.

먼저 타인의 말이 선행합니다. 그러고 나서 그 말을 신체화할 수 있는 수준까지 자기 자신의 심신의 성숙을 기다립니다. 언어의 습득이라는 것은 그런 자연과정을 거치는 일입니다.

제게 있어 레비나스 선생님의 책을 번역하는 것과 연구논문을 쓰는 것은 두 가지 모두 '사경'이었습니다. 외부에서 도래한 '이상한-비상한' 개념과 감각을 육화할 수 있도록 저 자신의 말과 사고와 감각을 바꾸는 것이지요. 어휘를 무리하게 넓히고 통사법을 탈구시키고 가청 음역 외의 음운을 듣는 것에 비견할 수 있겠지요. 이처럼 자신의 신체를 째어서 벌리고 늘어나지 않는 근육을 늘이고 굽

히지 않는 관절을 굽히는 일을 하지 않으면 사경 같은 것은 불가능합니다.

사경이라는 것은 단지 쓰여 있는 것을 옮겨 적으면 되는 것이 아닙니다. 타자의 텍스트가 자신의 신체를 통과하는 셈이기 때문에 예컨대 "그랜드 피아노를 샀는데 집 현관에서 막혀서 들여놓을 수가 없어서 벽을 뚫어 구멍을 내서 안에 넣었습니다"와 같은 이야기를 때때로 듣습니다만 위대한 철학자의 텍스트는 거대한 '그랜드 피아노'와 같은 것입니다. 그것을 '우리집'에 넣기 위해서는 문을 떼어 내고 벽을 부수고 마루 보강공사를 하고 방음공사를 해야 합니다. 자기 자신을 부수고 재구축할 각오가 없으면 '그런 거대한 것'은 내 안에 들어오지 않습니다.

그런데 그런 일을 하기 위해서는 '외래의 것'에 대한 100% 신뢰가 없으면 안 됩니다. 세상에는 단지 '이상한 것'뿐으로 완전히 지리멸렬하거나 몰이성적이거나 사악한 사고 같은 것도 존재하기 때문이지요. 자신과 사고나 언어 사용법이 다르다는 이유만으로 자신의 언어와 사고를 무조건 해체할 수는 없는 노릇이니까요.

자, 그렇다면 어떤 상대라면 자신의 경험 틀 그 자체를 바꾸어도 상관없다고 생각할 수 있는가? 어떤 상대라면 몸을 던질 수 있는가?

저는 직감에 따라서 그렇게 하고 있습니다. 여러분도 그럴 것으로 생각합니다. 원리적으로 눈앞에 있는 타자는 나에게 이해도 공감도 되지 않는 존재입니다. 그 타자를 눈앞에 두고 자신을 열고 용량을 확대해서 자신이 가진 판단기준을 잠시 괄호 안에 묶고 때에 따라서는 그것을 버리고 새로운 것으로 교체해도 좋은지 아닌지, 그것을 자력으로 판단하지 않으면 안 됩니다.

누구도 나의 판단이 옳은지 그른지를 가르쳐 주지 않습니다.

이것은 실존적으로 뭔가를 거는 것에 비유할 수 있습니다. 그런데 그다지 어려운 이야기는 아닙니다. 실제로 우리는 평소 생활에서도 '제일 중요한 일' 그것을 하고 있기 때문이지요. '청수사의 무대로부터 뛰어내릴 각오'[18]로 상대방을 믿지 않으면 결혼 같은 것도 할 수 없고 스승 밑에서 배울 수도 없고 친구와 사업을 시작할 수도 없습니다.

그런데 우리는 (때론 실패도 하면서) 이 '감'으로 그럭저럭한 전적을 올리고 있죠. 그것이 가능한 것은 눈앞에 서 있는 '타자'가 그 뒤를 따라가도 좋은 사람인지 아닌지, 자신의 집 문을 열어서 맞이할 수 있는 사람인지 아닌지, 자신의 등을 맡겨도 좋은 사람인지 아닌지 그 판단을 선험적인 방식으로 내리고 있기 때문입니다. 그런 확신이 없으면 그렇게 쉽게 상대가 누구든지 상관없이 청수사의 높

18 옮긴이 주: 청수사에는 높은 낭떠러지 밖으로 내밀듯이 만들어진 무대가 있는데, 그 낭떠러지에서 뛰어내려 다치지 않고 살아남으면 소원이 이루어지고, 혹은 죽어도 성불한다는 전설이 있었다. 이 때문에 몸을 던지는 사람이 계속 나왔다고 한다. 그 무대로부터 뛰어내릴 정도로 필사의 각오로 실행한다는 의미다.

은 무대로부터 뛰어내릴 수 없습니다.

그런데 그 선험적 판단 같은 것을 우리는 어떻게 내리고 있는 것일까요?

제 자신은 책을 읽는 것뿐만 아니라 레비나스 선생님을 직접 만나서 이야기를 듣는 행운을 얻었기 때문에 심신이 동원할 수 있는 최대한의 센서를 사용해서 "이 사람을 따라가도 괜찮을지 아닐지"를 음미할 수 있었습니다. 그런데 보통 사람들은 책을 읽을 수밖에 없는데 그것으로 족할까요?

저는 족하다고 생각합니다.

배우잣감을 결정할 때도 상대방에 대해서 다 알고 나서 판단할 수 없는 노릇입니다. '만나자마자 사랑에 빠져서 상대의 데이터를 거의 모르는 상태로 결혼하고 말았다'라는 식의 같은 일은 자주 있습니다. 데이터를 제대로 읽고 조사하지 않고서는 결혼 상대의 선택에 실패할 확률이 높은 일 같은 것은 없습니다. 만난 순간에 "이 사람이다"라고 직감하고 그대로 검은 머리 파뿌리 되도록 행복하게 산 커플은 많이 있습니다.

사람은 그런 것을 '알 수 있는 것'입니다. 자신의 인생을 풍부하게 해 줄 가능성을 잠재하고 있는 사람과 만나면 생물적으로 뭔가를 느낄 수 있습니다. 오성적인 판단이 아닙니다. 다만, 알 수 있습니다. 인간도 생물이다 보니 자신이 만나는 상대가 '자신의 사는 지혜와 힘을 높여 주는 사람'인지 아닌지는 알 수 있는 겁니다. 그것은 맥박이 조금 올라가고, 볼에 홍조를 띠게 되고, 등줄기가 펴지고, 호흡이 깊어지고, 배가 고파지고, 맥주를 마시고 싶어지는 것 등과 같은 생리적인 징후를 신중하게 모니터링하다 보면 알게 되는 것입니다.

저는 철학자도 똑같다고 생각합니다. 그래서 저는 자신의 선험적 직감을 믿습니다.

이런 식으로 쓰면 "그것은 주체의 자기이익 추구를 판단의 최종근거로 생각하는 것은 아닌가"와 같은 반론이 있을 것 같습니다. 레비나스의 철학은 확실히 타자의 절박에 의해서 주체의 권력성이 심문받는 경험을 중핵으로 한 체계가 아니었는가? 우치다 군이 말하는 출신성분이 수상한 '선험적 직감' 같은 것으로 '타자'로서 대우해도 좋을 타자와 '그 밖 유상무상'을 차별화하는 것을 허용하면 그것은 앞문에서 바깥으로 내쫓은 '주체의 권력성'을 뒷문으로 끌어들이는 것과 같은 것은 아닌가?

앗, 듣고 보니 그럴지도 모르겠습니다. 그런데 실제 문제로서 주위에 있는 사람들 전원에게 사사師事하는 것도 전원을 키우는 것도 우리는 할 수 없습니다. 우리가 타자와의 만남을 위해서 동원할 수 있는 자원은 유한합니다. 그것을 할 수 있는 시간도 한정되어 있습니다. (언젠가는 죽는 것이 사람이니까요.) 그렇다면 거기에는 '선택'이라는 것이 이루어지지 않으면 안 됩니다. 어느 타자를 먼저 집에 맞이하고 그 굶주림을 돌보고 옷을 입힐 것인가, 어느 타자들에게는 조금 시간을 달라고 말할 것인가 그 우선순위를 정하지 않으면 안 됩니다.

그런데 레비나스 철학을 말하는 사람들은 이 '우선순위' 문제를 주제로 삼아서 논하는 것을 선호하지 않습니다. 이 문제를 꺼내면 매우 번잡한 일이 되기 때문입니다. 그런데 이것이야말로 우리가 일상생활에서 가장 빈번하게 직면하고 그때그때 회답에 어려움을 겪는 해당 문제가 아닐까요?

원리적으로는 "타자에 의한 주체의 권력성의 심문에 동의한다"라고 말할 수 있습니다. "고아, 과부, 이방인을 위해서 자신의 막사의 네 개의 문을 열어 둔다"고 말할 수 있습니다. 그런데 자기 심문에도 정도가 있습니다. (자아가 해체할 때까지 철저하게 심문해 버리면 '심문을 받아들이는 주체' 그 자체가 붕괴하고 맙니다.)

타자의 환대에도 정도가 있습니다. (누구든지 상관없이 막사 안에 들여놓으면 거기는 곧바로 쓰레기장과 같은 카오스 상태가 되고 맙니다.)

그래서 레비나스 철학의 실천자에게 있어서는 (말씀드리는 것이 늦었습니다만 저는 그렇습니다. 제자이므로 당연한 말입니다만) 자신이 가진 한정된 자원을 어느 타자를 위해서 우선해서 증여할 것인가 하는 문제가 아무래도 전경화될 수밖에 없습니다. 그 '제자'의 입장으로부터의 잠정적인 결론은 '선험적 직감'을 믿는 것입니다.

이것은 제 자신의 35년에 걸친 무도의 수련으로부터 얻게 된 확신이기 때문에 일반화하기 어려운 점이 있습니다. 그럼에도 여기서는 제가 하는 말을 믿어 주시길 부탁드립니다.

왜 무도를 하면 그것을 알 수 있는가 하면…. 앗, 여기서 멈추도록 합시다. 이래서는 이야기가 끝이 없기 때문에. 이쯤 해서 마무리에 들어가도록 하겠습니다.

지금까지 「레비나스 3부작」 중 2부까지 끝냈기 때문에 이후에 퇴직 후에 할 수 있는 (할 수 있음에 틀림없는) 시간을 제3부 『레비나스 시간론』을 위해서 할애하고자 합니다.

이 「저자후기」에서 몇 번이나 사용한 '선험적'이라는 말은 보시는 대로 시간에 관련된 형용사입니다.

레비나스적 주체는 꽤 자유롭게 시간 안을 왔다 갔다 합니다. 시간 속을 오가는 것도 오랫동안 무도를 수련해 봐서 실감할 수 있었던 일 중 하나입니다. 신체를 세세하게 나눔으로써 시간의식이 바뀌고 동시에 주체 그 자체가 무너집니다. 주체와 타자, 주체와 환경 사이의 디지털 경계선이 녹아서 무정형의 장이 생성됩니다. 일단 거기까지 내려가 보지 않으면 레비나스 선생님이 말씀하시는 "시간은 주체와 타자와의 관계 그 자체이다"라는 명제를 검증할 수 없는 것은 아닌가. 저는 무도가로서 그렇게 생각하고 있습니다.

「무도가의 관점에서 접근한 레비나스 철학의 해석」

이것이 아마도 제가 20대부터 언젠가 달성하고 싶다고 바랐던 연구주제라고 생각합니다. "아이키도와 레비나스는 어떻게 연결되는가?"와 같은 30년 내력을 가진 개인적 물음에는 역시 일단 결착을 짓지 않으면 죽어도 여한이 남을 것 같습니다.

빨리 『레비나스 시간론』 집필에 착수하고 싶습니다만 편집자들은 좀처럼 이런 상식을 벗어난 (속세를 떠난) 일에 제가 몰두하는 것을 허용해 주지 않습니다. 그런데 가이후칸[凱風館]의 완성으로 도장과 서재가 계단 하나로 연결되는 꿈의 생활이 오는 가을부터 시작됩니다. 문자 그대로 '무도와 철학'이 공간적으로도 하나가 되는 셈입니다. 틀림없이 그러한 환경의 변화가 저의 레비나스 이해에도 새로운 방향성과 힘을 제공해 줄 것으로 생각합니다.

2011년 6월

우치다 다쓰루